W0309821

Google

story

Consultez nos catalogues sur le Web

www.dunod.com

iPod Backstage
Les coulisses d'un succès mondial
Gilles Dounès et Marc Geoffroy
224 pages
Dunod, 2005

Blogs pour les pros
Loïc Le Meur et Laurence Beauvais
288 pages
Dunod, 2005

Google story

David A. Vise

Mark Malseed

Traduction
Dominique Maniez
Avec la collaboration de François Maniez

DUNOD

The Google Story, published by Bantam Dell, a division of Random House Inc.
New York, New York
Tous droits réservés
Copyright © 2005 by David A. Vise

The Bantam Dell Publishing Group
Editions Dunod
The Google Story
10/27/2005
This translation is published by arrangement with The Bantam Dell Publishing Group, a division of Random House, Inc.

Test GLAT reproduit avec l'aimable autorisation de Google

Crédits photos

Larry et Sergey, dans le garage qu'ils louaient à Menlo Park : © william mercer mcLeod – Un des premiers ordinateurs de Google : avec l'aimable autorisation de Google – John Doerr : © 1998, *The Washington Post* ; Photo de Todd Cross, reproduit avec autorisation – Michael Moritz : Avec l'aimable autorisation de Sequoia Capital – Craig Silverstein : Avec l'aimable autorisation de Google – Marissa Mayer : Avec l'aimable autorisation de Google – Serveur de la toute première époque de Google : © Till Moepert – Charlie Ayers : Avec l'aimable autorisation de Charlie Ayers – Danny Sullivan et Sergey Brin : © Judy Miller – Sergey et Larry au Googleplex : © Kim Kulish Photography – Cybercafé du Caire : © Daniel Doubrovkine – Matt Cutts, alias "the Porn Cookie Guy" : © AP Photo/John Todd – Sergey et Larry dans la baignoire balnéo de leur bureau : © william mercer mcLeod – Craig Venter : Avec l'aimable autorisation du J. Craig Venter Institute – Interview de Playboy magasine : Avec l'aimable autorisation de *Playboy* ; photographies © 2003 Kim Kulish – Larry Page présidant la cérémonie d'ouverture du NASDAQ : © 2004, The Nasdaq Stock Market, Inc. – Larry, Sergey, et le PDG Eric Schmidt : © Markham Johnson Photography

Le pictogramme qui figure ci-contre mérite une explication. Son objet est d'alerter le lecteur sur la menace que représente pour l'avenir de l'écrit, particulièrement dans le domaine de l'édition technique et universitaire, le développement massif du photocopillage.
Le Code de la propriété intellectuelle du 1er juillet 1992 interdit en effet expressément la photocopie à usage collectif sans autorisation des ayants droit. Or, cette pratique s'est généralisée dans les établissements d'enseignement supérieur, provoquant une baisse brutale des achats de livres et de revues, au point que la possibilité même pour les auteurs de créer des œuvres nouvelles et de les faire éditer correctement est aujourd'hui menacée.
Nous rappelons donc que toute reproduction, partielle ou totale, de la présente publication est interdite sans autorisation de l'auteur, de son éditeur ou du Centre français d'exploitation du droit de copie (CFC, 20, rue des Grands-Augustins, 75006 Paris).

© Dunod, Paris, 2006, pour la version française
ISBN 2 10 049894 0

Le Code de la propriété intellectuelle n'autorisant, aux termes de l'article L. 122-5, 2° et 3° a), d'une part, que les « copies ou reproductions strictement réservées à l'usage privé du copiste et non destinées à une utilisation collective » et, d'autre part, que les analyses et les courtes citations dans un but d'exemple et d'illustration, « toute représentation ou reproduction intégrale ou partielle faite sans le consentement de l'auteur ou de ses ayants droit ou ayants cause est illicite » (art. L. 122-4).
Cette représentation ou reproduction, par quelque procédé que ce soit, constituerait donc une contrefaçon sanctionnée par les articles L. 335-2 et suivants du Code de la propriété intellectuelle.

Table des matières

© Dunod – La photocopie non autorisée est un délit

Annexes

Introduction

Il y a cinq siècles, l'invention de l'imprimerie grâce à Gutenberg, rendait les livres et la littérature scientifique accessibles à un large public. Depuis cette date, aucune autre invention que Google n'a modifié aussi profondément l'accès à l'information. Avec son logo aux couleurs chamarrées et à l'allure enfantine qui se détache sur un fond blanc, Google et sa capacité magique à fournir des réponses rapides et pertinentes aux questions que posent les internautes des centaines de millions de fois par jour ont changé notre accès à l'information. Ancré dans la vie quotidienne, Google semble soudain être devenu indispensable. Des millions d'internautes, parlant plus d'une centaine de langues, l'utilisent quotidiennement et considèrent que Google et Internet ne font plus qu'un. Grâce à un ordinateur ou un téléphone mobile, Google permet à chacun de trouver immédiatement des informations sur n'importe quel sujet. Hommes, femmes ou enfants, nous avons tellement pris l'habitude de compter sur Google que nous nous demandons comment nous avons pu nous en passer auparavant.

Les qualités exceptionnelles de Google, quasi humaines, le rendent particulièrement attrayant pour des internautes d'origines extrêmement diverses, novices ou experts qui font confiance à ce moteur de recherche devenu une extension de leur cerveau. Cet attrait est universel, ce qui permet à Google de surmonter les différences culturelles, linguistiques et géographiques pour devenir un outil planétaire. Pour une jeune entreprise qui n'a pas investi dans la publicité ou la promotion de sa marque, il s'agit d'une réussite sans précédent. Google s'est développé entièrement grâce au bouche-à-oreille, au fur et à mesure que les utilisateurs satisfaits le recommandaient à leurs amis, tandis que d'autres en entendaient parler dans les médias et sur Internet. Aucune campagne publicitaire n'en a fait la promotion, mais les

© Dunod – La photocopie non autorisée est un délit

internautes ont commencé à tisser une relation intime avec ce moteur de recherche et à y recourir chaque fois qu'ils désiraient satisfaire leur curiosité. Dans notre monde incertain, Google fournit des informations gratuites et fiables à tous ceux qui en cherchent. Il s'agit là d'une forme séduisante de satisfaction intellectuelle immédiate.

La plupart des utilisateurs de Google n'ont aucune idée de la manière dont le moteur de recherche a été créé, ne savent pas ce qui le rend si rentable et si précieux, ignorent pourquoi il s'est imposé au détriment de concurrents plus fortunés et ne savent rien de ses futures orientations. Cet ouvrage répond pour la première fois à toutes ces questions. Jusqu'à présent, la plupart des réponses à ces questions étaient restées secrètes, enfouies profondément au cœur de Googleplex, le campus futuriste de Google qui est situé dans la Silicon Valley.

John Hennessy, brillant informaticien qui est président de l'université de Stanford et qui siège au conseil d'administration de Google, estime que cette entreprise constitue un cas à part dans l'univers actuel des sociétés du hardware et du software car elle est leader sur ces deux marchés. La puissance de ses services de recherche repose sur des logiciels spécifiques brevetés par ses soins sur des centaines de milliers de machines qu'elle a également assemblées dans ce but précis. La combinaison parfaite de ces technologies par la société la plus innovante du monde répond aux requêtes des internautes de manière instantanée et de façon optimale. Comme il n'existait aucun mot en anglais pour décrire cette fusion idéale de matériel et de logiciel à une si grande échelle, nous avons choisi de lui donner le nom de *Googleware.*

Hennessy prétend que l'avantage technologique le plus important qui distingue Google de ceux qui souhaitent lui faire concurrence est le fait que ses employés assemblent et personnalisent tous les ordinateurs personnels que l'entreprise utilise pour effectuer les recherches. C'est peut-être le secret le mieux gardé de Google. Les experts considèrent généralement les PC comme des produits de base, comparables à des grille-pain, mais Google les assemble, les déploie et améliore constamment les performances de plus de 100 000 PC bon marché. Ces PC sont empilés dans des racks de la taille d'un réfrigérateur puis reliés entre eux par des câblages et des logiciels maison. Aucune entreprise n'a plus de puissance informatique que Google avec son réseau de PC insignifiants gonflés aux stéroïdes.

« La taille de leur système informatique est unique au monde » déclare Hennessy. « Je ne pense même pas qu'il existe quelque chose de comparable ».

À l'époque de la spécialisation du travail, Google assemble en secret chacun des PC de son immense réseau au sein d'une infrastructure sécurisée dont l'accès est strictement interdit, y compris aux visiteurs du Googleplex qui pensent avoir tout vu. Google peut s'offrir cela car à très grande échelle cette opération devient rentable et offre une qualité supérieure par rapport à l'achat de PC à une autre société. En travaillant de concert, ces ordinateurs spécialisés exécutent rapidement les recherches en décomposant les requêtes en éléments plus petits. Ces parties sont traitées simultanément en les comparant aux contenus d'Internet qui ont été indexés et organisés auparavant.

Grâce à son réseau bâti sur une architecture redondante, Google est capable de fournir des résultats de recherche sans aucune intervention humaine, même si des PC tombent en panne et ne sont pas remplacés. Quand c'est le cas, d'autres PC prennent automatiquement le relais. Comme Hennessy le faisait remarquer à juste titre, il n'existe dans le monde aucun réseau informatique ni base de données comparables dans le secteur privé ou le secteur public.

« Ils se sont vite rendus compte que s'ils mettaient l'accent sur le matériel, cela pouvait constituer un atout majeur pour l'entreprise » dit-il. « Le matériel est le facteur clé car il permet des recherches efficaces. Comme ils ont besoin d'une très grande quantité d'ordinateurs, il est logique qu'ils en assurent eux-mêmes l'assemblage. C'est la raison pour laquelle le lancement d'un moteur de recherche concurrent de Google nécessiterait aujourd'hui un investissement financier bien plus important que les gens ne l'imaginent. »

Grâce à l'inclusion de petits textes publicitaires très ciblés sur lesquels les internautes peuvent cliquer pour obtenir des informations, « Google le moteur de recherche » est devenu il y a quelques années « Google la poule aux œufs d'or ». C'était l'époque où Google n'était pas encore coté en Bourse : l'entreprise était donc entourée d'un certain mystère que seuls pouvaient percer ses employés et ses investisseurs initiaux. Mais une fois que sa croissance extrêmement rapide et les milliards de dollars de profits générés par la publicité furent portés à la connaissance du grand public, une armée grandissante

© Dunod – La photocopie non autorisée est un délit

d'investisseurs comprit que quelque chose d'unique était en train de se produire et chercha à obtenir une part du gâteau. Le 19 août 2004, Google fit son introduction en Bourse de manière peu conventionnelle au prix de 85 dollars par action, levant ainsi presque deux milliards de dollars de capitaux dans la plus grande offre publique jamais vue dans le domaine des valeurs technologiques. En moins d'une année, le cours de l'action est monté en flèche à plus de 300 dollars, faisant de Google une locomotive financière et technologique sans égal. Google a été fondé en 1998 et en sept ans sa capitalisation boursière a atteint 80 milliards de dollars. Pendant la même période, le capital de Microsoft n'a pas évolué...

Si vous avez laissé passer cette opportunité, consolez-vous en vous disant que les experts n'ont pas fait mieux. Des grandes sociétés de financement de l'innovation comme Yahoo!, AltaVista et beaucoup d'autres grandes entreprises technologiques qui avaient été approchées par l'université de Stanford rejetèrent la proposition d'achat du moteur de recherche de Google à un million de dollars. Leur refus força les deux thésards de Stanford, Sergey Brin et Larry Page, à abandonner à contrecœur leurs études pour créer leur société. À l'été 2005, le patrimoine de chacun des fondateurs s'élevait à plus de 10 milliards de dollars.

Hennessy se souvient de la première fois où un professeur de Stanford attira son attention sur Google au milieu des années 1990. Tout comme Brin et Page, Hennessy était de plus en plus frustré par l'utilisation d'AltaVista, le meilleur moteur de recherche de l'époque. Certes, le ratissage d'Internet était correctement effectué, mais le classement des résultats de recherche n'était pas à la hauteur. Hennessy se rappelle avoir entendu dire sur le campus que les créateurs d'un moteur de recherche, grâce à une nouvelle formule mathématique appelée PageRank, avaient trouvé le moyen de fournir aux internautes de meilleurs résultats de recherche en quelques fractions de seconde.

Informaticien renommé, il saisit son propre nom dans Google à titre d'essai. « Le premier résultat qui apparut concernait mes activités à l'université de Stanford » déclare Hennessy. « Ce n'était pas le cas sur les autres moteurs de recherche, bien que j'en fusse le président ».

Dans les pages de cet ouvrage, nous allons expliquer les stratégies commerciales et la devise de l'entreprise, « Ne faites pas de mal », que Google utilisa pour établir des relations étroites avec des annonceurs et des sites Web. Pour ces partenaires de Google, qui se comptent en centaines de milliers, la poursuite de la croissance et du succès du moteur de recherche a des retombées financières considérables. Nous avons baptisé ce réseau solide et auto-renforcé « l'économie Google » ; c'est cette structure qui a permis au moteur de recherche de multiplier sa capitalisation par sept pendant l'année qui a suivi son entrée en Bourse. Tant que l'usage d'Internet et les dépenses de publicité en ligne continuent à être conformes aux projections de croissance, l'économie Google va probablement continuer à progresser.

Google apparaît lui-même destiné à croître et à s'étendre étant donné la relative jeunesse d'Internet en tant que média de masse, et la migration croissante de la manne publicitaire de la télévision et de la presse papier vers le monde en ligne. La raison est simple : Google a trouvé comment faire de la publicité efficace sur Internet en la ciblant sur les individus au moment où ils en ont le plus besoin, c'est-à-dire quand ils cherchent des informations.

Le succès de Google repose sur l'engagement quotidien et constant des cofondateurs Brin et Page. Leur opiniâtreté, leur autorité et leur ambition sont les clés du succès de Google. Tant qu'ils resteront aux commandes, Google va probablement rester un moteur de recherche populaire auxquels les gens se sentiront liés à la fois électroniquement et émotionnellement. Pourtant, la méfiance à l'égard de Google va augmenter au fur et à mesure qu'il croîtra en taille et continuera d'affiner sa perception de notre comportement en ligne. Certains finiront par réclamer un effort de réglementation de la part du gouvernement américain. Un autre problème, qu'il faudra résoudre tôt ou tard, réside dans le fait que Google tire profit des clics frauduleux sur ses liens sponsorisés.

De concert, Brin et Page motivent constamment l'ensemble de leurs brillants collaborateurs du Googleplex, mathématiciens, ingénieurs et informaticiens, pour qu'ils s'attaquent à des problèmes de plus en plus ardus. Ils insistent aussi beaucoup pour donner la possibilité aux utilisateurs de tester les nouveaux produits avant qu'ils ne soient finalisés ; cette méthode maintient une innovation permanente et tire parti des remarques pertinentes qui permettent de se débarrasser des bugs.

© Dunod – La photocopie non autorisée est un délit

Google est gratuit pour les utilisateurs. Les milliards de dollars de profits qui sont dégagés sont un effet secondaire des efforts intenses de la société en matière d'innovation, plutôt qu'un point de référence utilisé en interne pour mesurer le succès ou déterminer si un projet vaut la peine d'être entrepris. À la différence de la plupart des sociétés où les cadres supérieurs et les chefs de produit tentent d'abord de trouver des moyens de dégager des bénéfices puis créent des produits, Google est un lieu où les ingénieurs se concentrent avant tout sur les moyens de résoudre des problèmes ; ce n'est que plus tard (et parfois jamais) qu'ils se soucieront de l'impact financier. Des équipes d'ingénieurs sont encouragées à imaginer des concepts totalement nouveaux dans le seul but de rendre le moteur de recherche meilleur et plus rapide. L'entreprise n'a pas besoin de faire du marketing car sa culture encourage à se concentrer sur les intérêts des utilisateurs de Google. À leur tour, ces derniers deviennent ses meilleurs supporters.

Google ne cherche pas à gagner le maximum d'argent à court terme. L'exemple le plus flagrant de cette politique est sa page d'accueil Une page d'accueil est toujours considérée comme l'emplacement le plus rentable d'un site web, mais un rapide tour sur www.google.fr vous confirmera que Google n'affiche aucune publicité sur cette page, renonçant ainsi à des millions de dollars de revenus, afin de procurer à ses utilisateurs une meilleure navigation.

L'esprit Google, c'est l'innovation rapide, sujet capital qui est abordé à presque toutes les réunions du conseil d'administration, Pour Brin et Page, poursuivre l'innovation au fur et à mesure que Google se développe constitue le plus grand défi car l'innovation est la raison du succès de la société par rapport à ses concurrents. Ses fondateurs sont parfaitement conscients qu'à chaque instant quelqu'un, quelque part, est en train d'essayer de trouver un moyen meilleur, plus rapide et plus intelligent, pour réaliser ce que fait Google. Maintenir un degré élevé d'innovation quand on a une croissance vertigineuse est une entreprise complexe sur laquelle d'autres jeunes sociétés prometteuses se sont cassé les dents.

En matière de produits, Brin et Page opèrent de manière pragmatique, en insistant fortement pour que l'introduction de nouvelles offres et de nouveaux services se fasse à un rythme effréné. Certains changements sont bien visibles alors que d'autres qui sont cachés procurent aux utilisateurs des résultats de recherche meilleurs et plus rapides. Les fondateurs de Google ont du temps pour se concentrer sur ce qui intéresse les utilisateurs car leur collègue, Eric Schmidt, le PDG de l'entreprise, veille sur les affaires de la société. Cela les laisse libres de faire ce qu'ils font le mieux. Néanmoins, le trio de tête s'implique tout entier dans les affaires et le développement des produits. Brin, finalement, est plutôt un bon négociateur et Page est expert pour trouver des moyens de réduire les coûts, notamment dans le secteur extrêmement important de l'électricité qui sert à alimenter et refroidir les ordinateurs de Google.

Chez Google, on préfère travailler en petites équipes de trois personnes, chaque employé étant censé passer 20 % de son temps à explorer toutes les idées qui le passionnent. Cette notion des 20 % de son temps est empruntée au monde universitaire où on accorde aux professeurs un jour par semaine pour effectuer des recherches personnelles. Comme la couche habituelle des cadres intermédiaires est absente de l'entreprise, la structure hiérarchique que l'on trouve dans les sociétés traditionnelles n'existe pas. En même temps, aucune autre société ne possède une telle richesse de cerveaux et de ressources informatiques gigantesques tout en misant sur les résultats à long terme. Aujourd'hui, les temps sont durs pour les entreprises concurrentes de Google qui cherchent à recruter.

Opérant à l'épicentre d'Internet, Google est l'endroit branché où les meilleurs ingénieurs de la planète affluent pour travailler. Ils quittent les universités, la NASA, les laboratoires Bell, Microsoft et d'autres sociétés pour un cadre dynamique qui ressemble plus à un campus universitaire qu'au siège social d'une entreprise traditionnelle. Il faut ajouter à cela que l'ascension vertigineuse du prix de l'action depuis son entrée en Bourse a procuré à Google une notoriété mondiale, qui facilite le recrutement.

Le fait que Google soit devenu le chouchou des médias provient de l'énorme attrait qu'exerce le moteur de recherche sur les journalistes et les éditeurs qui en font un usage quotidien. Google est synonyme de recherche et le nom de cette entreprise est devenu un verbe en anglais, en allemand et dans d'autres langues, ce qui témoigne bien de son influence envahissante dans la culture planétaire.

Le potentiel de Google apparaît plus important que celui des autres sociétés emblématiques qui l'ont précédé. Au cours des décennies, toute une série de technologies ont traversé le

© Dunod – La photocopie non autorisée est un délit

paysage, chaque vague étant plus haute que la précédente. IBM et les grands systèmes ont résolu le problème du traitement des données des entreprises. Puis ce fut le tour d'Intel et de Microsoft, qui contribuèrent à l'avènement de l'ordinateur personnel et donnèrent aux individus une nouvelle source de pouvoir, finissant par catapulter l'industrie du PC devant l'industrie des grands systèmes. À présent, c'est Internet, au départ un projet militaire, qui a émergé comme plate-forme de choix, propulsant Amazon, Yahoo, eBay et Google sur le devant de la scène. Parmi les icônes caractéristiques de cette vague, aucune ne surfe aussi haut que Google, qui constitue la seule nouvelle mégamarque créée parmi les sociétés Internet de la dernière décennie. L'action de Google est le moteur de la confiance que placent les investisseurs dans le futur d'Internet et dans le modèle d'entreprise créé pour attirer les dollars de la publicité ciblée.

La biologie moléculaire et la génétique sont deux des secteurs les plus fascinants sur lesquels travaillent tranquillement Google et ses fondateurs. Les millions de gènes et la masse énorme des données biologiques et scientifiques constituent le défi idéal pour le moteur de recherche de Google, son immense base de données et sa puissance informatique infinie. Google a déjà téléchargé une carte du génome humain et travaille étroitement avec le biologiste Craig Venter et d'autres leaders de la génétique sur des projets scientifiques qui pourraient conduire à d'importantes avancées en science et en médecine. En d'autres termes, il se peut que l'on se dirige vers une époque où les gens pourront utiliser Google pour rechercher des informations concernant leur code génétique.

« Il s'agit de l'intersection suprême de la technologie et de la santé qui va donner le pouvoir à des millions d'individus » déclare Venter. « La puissance informatique de Google est supérieure à celle de toutes les autres entreprises et dépasse de très loin celle des bases de données gouvernementales. Aider les gens à comprendre leur propre code génétique est un service qui devrait se généraliser d'ici une dizaine d'années grâce à Google ».

Selon Brin et Page, Google n'est pas une entreprise conventionnelle et n'entend pas le devenir. Si Google était une personne, dit Brin, elle aurait commencé l'école primaire le 19 août 2004, le jour de l'introduction en Bourse, et elle viendrait de terminer le CP à l'été 2005. Google est en train de numériser des millions d'ouvrages des bibliothèques des universités de Stanford, d'Harvard, du Michigan et d'Oxford ainsi que de la bibliothèque publique de New York. Son but est de mettre en ligne autant de ces livres que possible afin que l'on puisse y effectuer des recherches, faisant ainsi exploser les limites physiques des bibliothèques. En soi, il s'agit d'un projet extrêmement ambitieux qui a des conséquences positives et une portée considérable dans le domaine éducatif et social à l'échelle mondiale.

Google et ses fondateurs ont fait un sacré chemin, mais ils sont encore jeunes et l'histoire ne fait que commencer.

Chapitre 1

Une saine désinvolture vis-à-vis de l'impossible

La montée sur scène de Sergey Brin et Larry Page déclencha des hurlements et une excitation réservée habituellement aux rock-stars. Portant des lunettes de soleil et arrivés dans des voitures de location avec chauffeur, une jolie jeune femme accompagnant Sergey, ils avaient pénétré dans l'auditorium par une porte dérobée, distançant ainsi les photographes. Habillés simplement, ils s'assirent en souriant, heureux de l'accueil triomphal qu'on leur réservait. Ils étaient près du berceau de la civilisation, à des milliers de kilomètres de l'endroit où leur aventure avait commencé. L'endroit semblait bien choisi pour ces superstars qui rêvaient tous deux de changer le monde pour parler de ce qu'ils avaient réussi à faire, de la manière dont ils l'avaient accompli et des rêves qu'ils avaient pour l'avenir.

Page demanda : « Connaissez-vous l'histoire de Google ? Voulez-vous que je vous la raconte ? » La foule cria « Oui ! »

C'était en septembre 2003 et les centaines d'élèves et d'enseignants de ce lycée israélien pour petits génies matheux voulaient tout savoir sur ces deux jeunes inventeurs. Beaucoup d'entre eux s'identifiaient à Brin parce que, comme lui, ils avaient fui avec leur famille la sainte Mère Russie en quête de liberté. Ils se sentaient tout aussi proches de Page puisqu'il appartenait au duo qui avait créé le moteur de recherche le plus puissant de l'époque, un outil qui avait provoqué des bouleversements dont l'effet se ressentait partout dans le monde. De la même manière que les jeunes basketteurs rêvent d'être le prochain Michael Jordan, les lycéens voulaient ressembler à Sergey Brin et Larry Page.

« Google a démarré quand Sergey et moi étions étudiants en thèse d'informatique à l'université Stanford » commença Page ; « Nous ne savions pas exactement ce que nous voulions faire. J'avais l'idée insensée que j'allais télécharger tout le Web sur mon ordinateur. Je pensais que cela ne prendrait qu'une semaine, mais au bout d'un an, je n'en avais qu'une petite partie. » Les lycéens s'esclaffèrent.

« L'optimisme est donc important » continua-t-il. « Vous devez être un peu irréaliste par rapport aux objectifs que vous poursuivez. Il y a une expression vraiment formidable que j'ai apprise à la fac : avoir une saine désinvolture pour l'impossible. Vous devez tenter de faire des choses auxquelles les gens ne pensent pas. »

Brin et Page, qui aimaient s'attaquer à des problèmes importants et rechercher des solutions innovantes, avaient certainement une solide dose de désinvolture pour l'impossible. Et s'ils n'étaient guère plus âgés que la foule de ces lycéens massés dans l'auditorium, ils étaient clairement uniques en leur genre. Dans la riche histoire des différents stades du capitalisme américain, il n'y a jamais eu d'ascension aussi vertigineuse que la leur. Il avait fallu un quart de siècle à Thomas Edison pour inventer l'ampoule électrique ; Alexander Graham Bell avait passé de nombreuses années à concevoir le téléphone ; Henry Ford avait mis plusieurs dizaines d'années à mettre au point la chaîne de montage moderne et à passer à la production de masse d'automobiles ; Thomas Watson Jr. travailla dur et longtemps avant qu'IBM ne sorte le micro-ordinateur. En seulement cinq ans, Brin et Page avaient transformé un projet de recherche universitaire en une entreprise internationale multimilliardaire. Ils se trouvaient à Tel Aviv, mais ils auraient reçu le même accueil triomphal à Tokyo, Toronto ou Taipei.

Les dirigeants de Google étaient des hommes d'affaires avisés et ils savaient que pour réussir durablement dans le temps il était impératif qu'ils restent totalement maîtres de leur entreprise et de sa culture si particulière. Page était attristé par le fait que de nombreux inventeurs soient morts sans avoir pu profiter du fruit de leur travail. Déterminés à éviter pareil sort, Brin et Page avaient compris comment jouer de leurs relations, accéder à l'argent et aux esprits brillants, tirer toute la puissance des ordinateurs et s'affranchir de toutes les limites afin de faire de Google un pôle d'attraction. En un clic de souris, Google avait détrôné Microsoft de sa place de leader technologique. Pourtant, tous deux savaient que rester

© Dunod – La photocopie non autorisée est un délit

au sommet de l'innovation ne serait pas facile car Microsoft était un concurrent qui avait des moyens financiers énormes et son dirigeant, Bill Gates, était un adversaire impitoyable.

Totalement confiants dans leur réussite et leur vision des choses, Brin et Page avaient connu le succès dès qu'ils avaient commencé à travailler ensemble. Ils voulaient rester leur propre patron et ne voulaient voir personne, qu'il s'agisse de concurrents ou d'investisseurs, se mêler de leurs affaires. Ce mélange de dépendance mutuelle et d'indépendance vis-à-vis de tous les autres a contribué sans commune mesure à leur incroyable succès.

Page continua l'histoire de leur duo : « J'ai donc commencé à télécharger le Web et Sergey me donnait un coup de main car il s'intéressait à la fouille de données. Quand nous nous sommes rencontrés, nous n'avions pas du tout une bonne opinion l'un de l'autre, puis nous avons commencé à bien nous entendre et nous sommes vraiment devenus de bons amis. » Page voulut insister sur un point capital : l'inspiration nécessite toujours beaucoup de transpiration. « C'était pour nous une leçon importante. Nous travaillions aussi pendant les vacances et nous ne comptions pas nos heures. Cela a fini par payer, mais cela a été dur et a demandé beaucoup d'efforts. »

Page dit qu'au fur et à mesure qu'ils parlaient de Google à leurs amis, de plus en plus de gens l'utilisaient. « Assez vite, 10 000 requêtes par jour étaient exécutées à Stanford. Dans notre bureau, nous avons regardé les machines et nous nous sommes dit qu'il nous en fallait plus pour augmenter le nombre de recherches. Toute notre histoire se résume à cela : nous avons toujours besoin de plus d'ordinateurs. »

« Nous avons donc créé une société. À cette époque, dans la Silicon Valley, il était relativement facile de le faire. Ici, vous avez aussi un certain nombre de très bonnes entreprises. » ajouta-t-il en faisant allusion au secteur en pleine expansion des technologies en Israël. « Vous bénéficiez également d'un bon environnement pour réaliser des choses du même genre. Nous avons démarré la société et elle a grandi, grandi, grandi... et c'est la raison pour laquelle nous sommes ici. Telle est l'histoire de Google. » conclut-il.

Il voulait cependant transmettre encore un message et terminer par un message motivant.

« Laissez-moi vous expliquer pourquoi je suis si heureux d'être là. La science et les technologies sont véritablement des outils très puissants et je pense que la plupart des gens ne s'en rendent pas compte. On peut faire tellement de choses avec les nouvelles technologies. Nous en sommes un exemple vivant. Deux gamins un peu fous ont eu un impact considérable sur le monde à cause de la puissance d'Internet, des réseaux de distribution et du pouvoir des logiciels et des ordinateurs. Et il reste encore tant de choses à faire dans ce domaine. Il y a tant de possibilités de faire bouger le monde grâce aux nouvelles technologies. Chacun d'entre vous occupe une position unique et vous devez vous en réjouir. »

Brin ajouta que leur voyage, outre Israël, les mènerait aussi dans plusieurs pays européens. Ils étaient en quête de talents et envisageaient d'ouvrir de nouvelles agences. Pour Sergey, qui possède un solide sens de l'humour, la recherche de cerveaux était en cours...

« Nous passons le plus clair de notre temps à tenter d'avoir accès à Internet » plaisanta-t-il. « Nous naviguons chaque jour. La nuit dernière, j'ai surfé jusqu'à 4 heures du matin. Internet est un outil inestimable qui est devenu pour nous une sorte de respirateur artificiel. »

Ayant fui la Russie avec sa famille à cause de l'antisémitisme et des discriminations, Brin avait vécu la même chose que bon nombre des élèves de ce lycée israélien qui étaient nés en Russie. Son père, Michael Brin, avait coutume d'exprimer les raisons profondes de son exil de Russie en disant que l'amour que l'on porte à son pays d'origine n'est pas toujours réciproque. Sergey comprit qu'il avait une bonne occasion de motiver ces lycéens : il prit donc le micro HF et se leva. On lui avait signalé, avant sa venue dans ce lycée, que ce groupe était vraiment extraordinaire, trié sur le volet et avait raflé tous les prix (à l'exception de trois) des plus grands concours de mathématiques du pays.

« Mesdemoiselles et messieurs » dit-il avant de parler en russe, à la grande joie des élèves qui l'interrompirent par des applaudissements spontanés.

« J'ai émigré de Russie pour venir aux États-Unis quand j'avais six ans. Comme c'est le cas pour beaucoup d'entre vous, mes parents sont des juifs russes ordinaires (son père enseigne les maths à l'université). Ils ont une certaine façon de voir les études. Je pense que cela a un rapport avec ce qui passe ici car on m'a dit que votre lycée avait obtenu récemment sept prix sur dix dans un concours national de mathématiques. »

© Dunod – La photocopie non autorisée est un délit

Les lycéens, ne sachant pas ce qui les attendait, applaudirent leur réussite et les félicitations de Sergey.

« Ce que j'ai à vous dire... c'est ce que dirait mon père : » poursuivit Sergey « ...et les trois autres prix ? »

Une cascade de rires parcourut la foule.

« Vous bénéficiez de plusieurs choses que je n'avais pas quand j'allais au lycée. La première est ce temps merveilleux et les fenêtres. Mon lycée, situé dans le Maryland, avait été construit pendant la crise pétrolière des années 70 ; il avait des murs d'un mètre d'épaisseur et ne comportait aucune fenêtre. Vous avez beaucoup de chance de vivre dans un cadre aussi beau. L'autre chose que nous n'avions pas à l'époque était l'accès à Internet. »

« On va faire un petit sondage à main levée. Combien d'entre vous ont utilisé Internet hier ? »

Pratiquement toutes les mains de l'assistance se levèrent.

« Qui a effectué des recherches ? »

Une nouvelle fois, les mains se levèrent. Brin savait que les Israéliens férus de technologie et friands d'information appréciaient Google et l'utilisaient intensivement, mais il ne put s'empêcher de s'amuser un peu avec les lycéens. Il a un côté joueur que beaucoup trouvent attachant, mais aussi un côté espiègle, qui déroute ceux qui n'arrivent pas à savoir s'il est sérieux ou bien s'il plaisante.

« Utilisez-vous AltaVista ? » demanda-t-il en levant sa main droite pour signaler aux élèves ce qu'ils devaient faire s'ils utilisaient le principal moteur de recherche que Google avait surclassé.

« Excite ? » interrogea-t-il en citant un autre moteur de recherche en vogue jadis.

Sans briser la cadence, il demanda : « Par curiosité, quel moteur de recherche utilisez-vous ? »

Sans s'arrêter, ce qui aurait signifié qu'il plaisantait avec les lycéens, il revint au message qu'il avait commencé à délivrer.

« En grandissant, je n'avais pas Internet, en tout cas pas dans sa forme actuelle, ni de World Wide Web. Aujourd'hui, le monde est très différent parce que chacun d'entre vous peut obtenir des informations sur n'importe quel sujet. C'est vraiment très très différent de l'époque où j'allais à l'école. »

« Vous avez réellement beaucoup de possibilités que notre génération n'avait pas » ajouta Brin. « Je pense que cela vous permettra de réussir plus tôt dans la vie et mieux que je ne l'ai fait. »

« Pour finir, la chose la plus importante qui me faisait défaut quand j'étais enfant et que vous possédez tous, ce sont des camarades merveilleux qui sont également travailleurs et enthousiastes. Je ne devrais pas dire du mal de mes camarades, mais mon école était un petit peu différente de la vôtre. Elle était située dans la banlieue de Washington et tant le système scolaire que les objectifs des enfants étaient différents. Le groupe de camarades talentueux que vous formez doit apprécier à sa juste valeur ce que vous possédez ici. Je suis certain que vous allez rester amis toute votre vie avec de nombreux camarades de classe. »

Brin et Page conclurent leur conférence en indiquant que c'était le moment des questions, sans se rendre compte de l'émoi qu'ils avaient suscité dans l'assistance.

Pensez-vous que Google constitue le sommet de votre carrière ? demanda le premier lycéen à Brin et Page.

« Je pense qu'il s'agit d'un succès qui pâlira en comparaison de ce que nous espérons accomplir dans les vingt prochaines années » dit Brin. « Mais si nous nous limitons à Google, je ne pense pas que j'en serai très déçu. »

Page était d'un avis contraire. « Je serais personnellement très déçu car nous avons encore beaucoup d'années devant nous. »

La question suivante concernait les nouveaux projets en cours chez Google.

« Google est géré un peu comme une université » expliqua Brin. « Nous avons beaucoup de projets, à peu près une centaine. Nous aimons constituer de petits groupes de deux à quatre personnes pour travailler sur les projets. Par exemple, certains projets concernent la biologie moléculaire. D'autres sont consacrés à l'assemblage de matériel. Nous faisons beaucoup de choses. Le seul moyen de remporter des succès c'est de commencer par connaître de nombreux échecs. »

Les lycéens applaudirent. L'idée de réussir finalement après un premier échec et de ne pas avoir peur d'échouer avait pour eux un attrait immédiat. Les Israéliens, par nature, aiment prendre des risques, les Russes beaucoup moins. Les familles de ces lycéens russes avaient pourtant pris le risque de partir vers l'inconnu en quittant leur maison, à la recherche d'une

© Dunod – La photocopie non autorisée est un délit

vie meilleure. Ils étaient à présent en compagnie de deux représentants de l'élite mondiale, et ils les questionnaient et plaisantaient avec eux d'une manière qui témoignait de la totale liberté dont ils jouissaient et qui semblait tout aussi importante pour les fondateurs de Google.

Comme aucune réponse n'avait véritablement été apportée à la question, un autre élève demanda une nouvelle fois quels étaient les nouveaux projets de Google.

« Nous sommes gênés de parler de nos nouveaux projets » déclara Brin, d'un ton qui semblait annoncer un bon mot. « Un de nos derniers projets vient d'Israël. Yossi [Vardi, l'inventeur de la messagerie instantanée] a un ami qui fait des sous-vêtements et se nomme Calvin Klein. Nous sommes en train de réfléchir à un partenariat pour avoir des sous-vêtements arborant la marque Google. »

« Si Google vend des sous-vêtements, qui va les acheter ? » demanda-t-il ? Des mains se levèrent dans l'assistance. « Nous allons devoir en envoyer une cargaison au lycée » dit Brin en ajoutant qu'il ne s'agissait probablement pas là de leur projet le plus à la pointe de la technique à l'heure actuelle.

« Un projet qui est peut-être plus proche de nos aspirations actuelles concerne la traduction et on m'a demandé de pouvoir traduire des textes hébreu en anglais, ce qui ne fait pas partie des projets sur lesquels nous travaillons en ce moment. Un des aspects les plus importants de l'accès à l'information est que de très nombreuses données sont dans des langues que vous ne comprenez pas. Nous avons déjà un service de traduction, mais nous pensons que nous pouvons l'améliorer considérablement. »

Un autre élève demanda la signification du mot Google.

« Google est un très grand nombre » dit Page. « Il s'agit du nombre 1 suivi de 100 zéros. Nous étions en train d'essayer de trouver un nom et nous ne savions pas très bien comment l'écrire ; en fait, nous avons fait une faute d'orthographe. C'est un terme mathématique et cela s'écrit g-o-o-g-o-l. Google n'est donc pas la bonne orthographe. Heureusement, la plupart des gens l'ignorent. »

Un étudiant demanda s'ils envisageaient de faire de la publicité pour des sites commerciaux dans les résultats de recherche de Google.

« Nous ne nous laissons pas influencer par des relations commerciales » dit Brin en ajoutant que les résultats du moteur de recherche étaient impartiaux.

Cela amena une nouvelle question : qu'est-ce qui rend Google profitable ?

« Google est rémunéré presque pour chaque requête, essentiellement grâce à la publicité » dit Page. « Les gens payent pour faire de la publicité. Nous avons beaucoup de chance car nous avons pris la décision de faire des publicités contextuelles plutôt que d'afficher des bandeaux publicitaires. Cela nous aide à avoir le meilleur moteur de recherche. Nous sommes également rémunérés par d'autres sociétés, comme AOL, qui utilisent notre moteur de recherche. »

Un élève demanda ce qu'ils pensaient de la pornographie, omniprésente sur Internet, et du fait que les internautes se servaient de Google pour accéder à de tels sites.

« Naturellement, cela dépend de ce que vous recherchez » répliqua Sergey, esquivant apparemment la question ; puis il continua. « Je voudrais vous parler de quelque chose d'autre que Larry et moi avons en commun. Tous les deux, dès notre plus jeune âge, nous sommes allés dans une école Montessori. La théorie de Montessori est qu'il faut laisser libres les enfants de faire ce qu'ils veulent quand ils ont six, sept, huit, neuf, dix, onze, douze ans. Mais après cette période, en raison des hormones masculines, il faut en fait imposer aux adolescents des travaux pénibles. Sinon, leur esprit vagabonde. » Brin semblait après tout répondre avec subtilité à la question sur la pornographie. « Dans le cas qui nous occupe, il s'agit d'un autre moyen de dépenser son trop plein d'énergie. Il n'est pas nécessaire d'effectuer des travaux pénibles dans une ferme, mais il est important de rester concentré pendant cette période difficile. »

Un autre élève posa une question sur les concurrents de Google.

« Au départ, il y avait Excite, AltaVista et quelques autres » dit Page. « Ils n'étaient pas fondamentalement axés sur la recherche et nous n'avons finalement pas eu beaucoup de problèmes avec eux. À présent, nous avons une concurrence bien plus importante et les défis sont bien plus grands. Google sera probablement une société technologique de taille moyenne. Nous employons un millier de personnes chez Google. Nous ouvrons des agences un peu partout dans le

© Dunod – La photocopie non autorisée est un délit

monde. C'est en partie la raison pour laquelle nous voyageons. C'est l'épreuve de vérité pour nous. La grande question est de savoir si nous pouvons continuer à long terme, pendant une vingtaine d'années, ou bien si nous allons être dépassés. »

« Rien que pour inventer quelque chose et avoir une idée géniale, il faut déjà beaucoup de travail, mais cela ne suffit pas » déclara Page. « Vous devez diffuser votre invention. Chez Google, il y a un concentré de compétences scientifiques, mathématiques et informatiques, mais aussi des compétences très fortes sur la manière de motiver les employés au travail. »

À ce moment-là, les regards se détournèrent de Brin et Page pour se porter sur deux hommes arrivant par une porte située à l'arrière de l'auditorium. Une onde d'excitation parcourut l'assistance quand les élèves ainsi que Brin et Page se rendirent compte qu'il s'agissait de Mikhail Gorbachev, l'ancien premier ministre de l'Union soviétique et de Shimon Peres, le leader politique israélien qui célébrait son quatre-vingtième anniversaire cette semaine-là. Gorbachev, dont la politique était à l'origine des transformations qui avaient apporté la liberté et le capitalisme en Russie, était un héros pour ces lycéens car il avait permis à leurs familles de changer de vie. Les élèves russes se levèrent et l'acclamèrent. Gorbachev, connu pour son air renfrogné, alla à leur rencontre d'un air jovial.

« D'après ce qu'on m'a dit, cette école est un peu une mini Union soviétique » déclara-t-il en s'adressant en russe à l'assistance. « Il y a ici des gens issus de l'ensemble des 15 républiques. Je suis heureux que vous vous entendiez bien et que vous vous entraidiez. Je vous souhaite beaucoup de succès dans vos études et j'aimerais vous dire qu'aujourd'hui nous avons deux jeunes invités en provenance des États-Unis qui illustrent la quintessence du savoir moderne et de sa signification. Ce sont des esprits brillants, je dirais même qu'ils sont uniques. Ils sont jeunes et pourtant ils ont déjà réalisé de grandes choses. Aujourd'hui, ce sont des leaders dans le développement des nouvelles technologies. »

C'est un Gorbachev souriant qui serra la main de Sergey et Larry, rayonnants. Âgés d'à peine trente ans, ils étaient là à partager la scène avec deux anciens hommes d'état, des leaders internationaux qui avaient marqué l'histoire. Pendant un moment, la scène de cette école devint la scène du monde, un lieu où le passé, le présent et le futur convergeaient vers un horizon sans limites.

Chapitre 2

Quand Larry rencontre Sergey

Quand Larry et Sergey se rencontrèrent au printemps 1995, cela colla tout de suite entre eux. Malgré leurs divergences, leurs affinités étaient incontestables, et on sentait qu'un fluide passait. C'était à Stanford, pendant un cours introductif réservé aux nouveaux étudiants, et Sergey faisait visiter à Larry ainsi qu'à d'autres futurs étudiants de master le campus californien baigné de soleil. Rapidement, le duo commença à discuter de problèmes divers. Le moment pouvait sembler bizarrement choisi pour entamer un débat passionné alors que les duettistes se connaissaient à peine, mais tous les deux adoraient cet exercice.

Plus jeune que Larry et les autres, Sergey était déjà à Stanford depuis deux ans. Petit génie des mathématiques, il avait terminé sa licence à 19 ans, réussi brillamment la totalité des dix examens obligatoires pour rentrer en doctorat à Stanford et participait souvent aux recherches des enseignants titulaires. Sergey était sûr de lui, et avait son franc-parler. Très sportif, il appréciait particulièrement la gymnastique, la natation et les activités en groupe à l'université, tout en passant du temps sur des problèmes de maths et d'informatique. Larry, originaire du Middle West, n'était pas à l'aise d'avoir été sélectionné, à la suite d'un concours de haut niveau, parmi l'élite des futurs thésards de Stanford et doutait de lui-même. Il espérait se faire des amis pendant la visite du campus.

« Au départ, c'était plutôt effrayant. Je n'arrêtais pas de me plaindre qu'on allait me renvoyer chez moi en bus » se souvient-il.

Heureusement, Larry et Sergey se lièrent rapidement d'amitié et leur passion commune pour les joutes oratoires avec des adversaires de leur niveau intellectuel les rapprocha, même

© Dunod – La photocopie non autorisée est un délit

si parfois cela impliquait des prises de position absurdes. Les sujets de leurs échanges animés n'avaient aucune importance. Seul comptait le fait de persuader son interlocuteur d'adopter sa manière de voir le monde.

Ces joutes verbales incessantes jetèrent les bases de ce qui devint une alliance empreinte d'un respect réciproque, même si de prime abord ils s'étaient mutuellement trouvés prétentieux et odieux. Tous les deux avaient grandi dans des familles où les débats intellectuels faisaient partie du pain quotidien particulièrement, mais pas exclusivement, quand il s'agissait de problèmes liés à l'informatique, aux mathématique ou à l'avenir. L'apprentissage de la rhétorique leur avait apporté à chacun une profondeur d'esprit qu'on rencontre rarement chez les jeunes de leur âge. La plupart des gens qui connaissaient Larry et Sergey les trouvaient brillants, sympathiques et un peu dingues.

Leurs intérêts et leurs ambitions étaient en grande partie similaires, et leur personnalité et leurs compétences étaient complémentaires. Sergey, qui avait un frère beaucoup plus jeune qui vivait encore chez ses parents dans la banlieue de Washington, était plus exubérant, extraverti et habitué à tenir la vedette. Larry, le cadet de deux frères, était plus calme et plus contemplatif. Mais quand Larry et Sergey furent de retour à Stanford pendant l'année universitaire 1995-1996, leur duel intellectuel se transforma en une amitié durable. Il s'avéra que cette évolution devait beaucoup à ce qu'ils avaient vécu bien avant de se rencontrer.

Dans un monde défini plus par la génétique et la technologie que par la géographie, Sergey Brin et Larry Page avait quelque chose d'important en commun : ils étaient des enfants de la seconde génération de l'informatique. Ils avaient grandi au milieu des ordinateurs dans leur école primaire, assistés par des parents qui avaient des ordinateurs et traitaient de problèmes mathématiques complexes à la maison comme au travail. Cela faisait de Larry et de Sergey des enfants différents de leurs camarades. Ils avaient aussi en commun d'avoir fréquenté une école Montessori, ce qui avait accéléré leur développement scolaire ; ils habitaient près de grandes universités où leurs pères étaient des professeurs appréciés et leurs mères travaillaient dans le secteur de l'informatique et des technologies. On ne se contentait pas d'insister sur l'importance de la réussite scolaire à la maison, elle faisait l'objet d'une véritable vénération. Le fait que Larry et Sergey poursuivent des études jusqu'au doctorat puis entrent dans la communauté scientifique et universitaire, tout comme leurs parents, semblait inéluctable.

En 1960, le père de Larry, Carl Victor Page, avait été un des premiers à obtenir une licence d'informatique de l'université du Michigan. Cinq ans plus tard, il obtint un doctorat dans cette discipline nouvelle. La mère de Larry, Gloria Page, était consultante en bases de données et possédait une maîtrise d'informatique. Larry admirait son père qui était sociable, avait le sens de l'humour et l'emmenait entre autres aux concerts des Grateful Dead quand il était enfant. Quinze avant que Larry ne déménage sur la côte ouest, Carl Page enseigna un temps à Stanford en temps que professeur invité. Il fit cependant l'essentiel de sa carrière à l'université d'état du Michigan où sa femme enseignait aussi la programmation.

Au cours du second semestre de Larry à Stanford, son père qui avait survécu à une polio contractée pendant son enfance, mourut à l'âge de 58 ans des suites d'une pneumonie. Sa santé s'était détériorée rapidement en quelques semaines avant qu'il meure à l'hôpital. Cette perte brutale fut traumatisante pour Larry. Sean Anderson, un camarade qui partageait son bureau à Stanford se souvient : « Larry était assis sur les marches du bâtiment Gates, très déprimé. Quelques amis l'entouraient et tentaient de le réconforter. »

Suite à son décès, Carl Page fut décrit comme un pionnier et un expert mondial en informatique et en intelligence artificielle. Spécialiste prolifique et professeur apprécié, il avait été le mentor d'innombrables étudiants. George Stockman, l'un de ses collègues de l'université du Michigan, se rappela que Carl espérait que Larry deviendrait professeur : « Il insinuait que le penchant de Larry pour les débats intellectuels était familial. En un certain sens, Carl était un peu difficile à vivre car il voulait débattre de tout et s'adonnait souvent à cette passion qu'il partageait avec son fils. » Cet aspect de la relation père-fils permet de mieux comprendre la dynamique des premiers échanges entre Larry et Sergey.

En dépit de son chagrin, Larry resta à Stanford. La présence de son frère aîné, Carl Jr., qui habitait et travaillait dans la Silicon Valley, lui fut d'un grand secours. Ils se soutenaient mutuellement et Larry avait quelqu'un avec qui partager le deuil de son père ; ils passaient beaucoup de temps ensemble

© Dunod – La photocopie non autorisée est un délit

à évoquer la mémoire de leur père et à évoquer leurs souvenirs d'enfance.

Ce n'était pas la première fois que Larry était obligé de faire face à une perte douloureuse. Né le 26 mars 1973, il vit ses parents divorcer alors qu'il n'avait que 8 ans et cette séparation l'affecta. Ses parents firent cependant tout pour élever Larry le mieux possible. Au bout du compte, Larry fut entouré d'amour et de sagesse par deux femmes : sa mère et Joyce Wildenthal, un professeur de l'université du Michigan qui eut une longue relation avec son père. Larry fréquentait le collège MacDonald de East Lansing où le chef de sa patrouille scout, Nick Archer, se souvient de lui comme un « penseur indépendant ». Carl Jr. se rappelle que son frère était très curieux et s'intéressait à de nombreux domaines qui dépassaient largement le cadre de l'informatique. Pendant leur enfance, les deux frères voulaient à tout prix savoir comment les choses fonctionnaient. Cet intérêt ne s'appliquait pas uniquement aux choses techniques, mais aussi aux organisations sociales, au gouvernement, à la politique, etc. Leur père fut tout au long de sa vie un ardent démocrate qui répandait constamment la bonne parole du parti sur l'éducation et l'égalité des chances pour tous. Leur grand-père paternel avait participé en 1937-1938 à la grève des salariés de l'industrie automobile à Flint, dans le Michigan, qui avait contribué à renforcer le pouvoir du mouvement ouvrier ; c'est l'un des nombreux facteurs qui influença leur approche progressiste des problèmes sociaux. Leur grand-père maternel avait émigré en Israël et était devenu un des premiers colons d'Arad, ville du désert où l'eau et les autres ressources étaient rares. Il endura les privations et travailla dans un environnement difficile en tant qu'ajusteur près de la mer Morte. Longtemps après sa mort en Israël, son esprit pionnier demeure chez ses petits-enfants.

Alors que la mère de Larry est juive, la religion de son père était la technologie et Larry fut élevé sans aucun sens de son judaïsme, que ce soit sur le plan social ou religieux. Il tenait cela de son père qui mettait régulièrement ses fils en contact avec les ordinateurs, considérant que cela faisait partie de l'éducation. « J'ai vraiment eu de la chance que mon père soit professeur d'informatique » dit Larry. « C'était rare à mon âge et nous avons eu notre premier ordinateur domestique en 1978. Il était immense et coûtait une fortune ; après son achat, nous avons dû faire des économies sur la nourriture.

J'ai toujours aimé les ordinateurs parce que je pensais qu'ils servaient à faire énormément de choses. »

En réalité, il était tellement en contact avec l'informatique à la maison que ses professeurs du collège de Lansing passaient de l'étonnement à la stupéfaction quand ils considéraient la manière dont il faisait ses devoirs. « J'avais rendu un devoir saisi avec un traitement de texte quand j'étais à l'école primaire et mes professeurs ne savaient pas ce qu'était une imprimante à aiguilles. Ils ne comprenaient pas grand-chose à tout cela. » Carl Jr. se rappelle du niveau impressionnant de Larry quand il n'était qu'au CP : « Je me souviens que Larry saisissait le texte de Frog and Toad Together sur son ordinateur, mot par mot, quand il avait six ans. » Plusieurs années plus tard, Larry s'empara d'un tournevis et démonta l'ordinateur familial. Il aimait aussi aider Carl Jr., de neuf ans son aîné, quand ce dernier était à l'université du Michigan et rapportait à la maison des devoirs d'informatique pendant les vacances. Avant d'aller au lycée d'East Lansing, Larry construisit également une imprimante à jet d'encre en Lego. « On ne m'a jamais poussé dans cette voie ; j'aimais tout simplement les ordinateurs » dit-il.

Larry suivit les traces de son père et de son frère en allant à l'université du Michigan à Ann Arbor, où il étudia l'informatique et le commerce afin de préparer sa licence en 1995. Il devint président de l'antenne locale de la Eta Kappa Nu, association nationale d'élèves ingénieurs en informatique, et travailla avec enthousiasme à la vente de beignets sur le campus.

Il tira aussi parti des programmes de développement des qualités de leader réservés aux étudiants de licence, notamment du cours nommé LeaderShape dont le but était de donner aux étudiants les compétences dont ils auraient besoin pour diriger le monde.

Ses professeurs le considéraient comme un excellent étudiant. Elliot Soloway, professeur de génie électrique et d'informatique rapporte que « Larry sortait du lot et était toujours en avance. Il utilisait un ordinateur de poche dans mes cours bien avant que l'on ne sache ce que c'était. »

Les parents de Sergey Brin ont également une culture scientifique et technique. Sa mère, Eugenia Brin, est une scientifique accomplie de la NASA au Centre Goddard des vols spatiaux. Elle travaille, entre autres, sur les simulations liées aux conditions atmosphériques et météorologiques qui affectent

© Dunod – La photocopie non autorisée est un délit

les vols spatiaux. Son père, Michael Brin, enseigne les maths à l'université du Maryland et a publié de nombreux articles scientifiques traitant de sujets mathématiques complexes qui vont de la géométrie abstraite aux systèmes dynamiques.

Michael Brin dit de Sergey que c'était un enfant normal, mais qu'il n'aimait rien tant que d'être devant un ordinateur, à commencer par les jeux auxquels il jouait sur un vieux Commodore 64, l'un des tout premiers micro-ordinateurs.

Né à Moscou le 21 août 1973, Sergey Brin quitta l'Union soviétique avec ses parents à l'âge de six ans. Fuyant l'antisémitisme, ses parents étaient en quête d'une plus grande liberté et d'un avenir plus prometteur, pour eux-mêmes comme pour leur fils. Sergey avait au moins un membre de sa famille qui avait été en Amérique bien avant qu'ils n'émigrent. Brisant les traditions de son époque, l'arrière-grand-mère de Sergey poursuivit ses études de microbiologie à l'université de Chicago. Mais en 1921, elle rejoignit tous ceux qui croyaient en l'idéal communiste et retourna à Moscou pour aider à la construction d'un nouvel état soviétique. Le grand-père de Sergey était professeur de maths à Moscou, tout comme son père qui y obtint son doctorat. Sa mère, qui était aussi mathématicienne, travaillait en Russie comme ingénieur des travaux publics.

Pendant dix ans, Michael Brin travailla comme économiste au Gosplan, le service central de planification de l'URSS, où il était obligé de faire de la propagande à l'aide de statistiques prouvant que la qualité de la vie en Union soviétique était meilleure qu'aux États-Unis.

« Je passais le plus clair de mon temps à tenter de démontrer que le niveau de vie des Russes était beaucoup plus élevé que celui des Américains » se souvient Michael Brin. « Comme j'en connais un rayon sur les chiffres, je restais volontairement vague. »

À leur arrivée aux USA, Michael Brin commença à enseigner les maths à l'université du Maryland. Il se rappelle avec fierté que Sergey ne s'intéressait pas qu'aux ordinateurs, mais également aux mathématiques. « C'était un très bon matheux et au collège on lui octroya un professeur particulier ainsi qu'à quelques camarades qui étaient en avance. »

La famille vivait modestement dans le comté de Prince George, dans la proche banlieue de Washington ; Sergey allait au lycée public Eleanor Roosevelt, un établissement difficile où les muscles comptaient plus que le cerveau. Un de ses camarades de classe raconte que Sergey était assez imbu de son intelligence et cherchait souvent à prouver aux professeurs qu'ils se trompaient.

En vérité, Sergey n'avait pas une très haute opinion de ses professeurs, ni de ses camarades de classe : il avait le sentiment qu'il apprenait mieux à la maison. Alors qu'il était encore au lycée, il s'inscrivit à l'université du Maryland. Étudiant à une cadence accélérée, le jeune génie de 19 ans obtint sa licence avec une mention Très Bien en maths et en informatique.

« J'avais beaucoup de cours particuliers et j'étais mieux préparé que les étudiants du MIT ou de Harvard » se rappelle Sergey quand il évoque sa formation à l'université du Maryland où il suivit de nombreux cours du niveau de la maîtrise.

Pendant les étés, Sergey travaillait sur de nouveaux outils d'analyse dans de nombreuses disciplines, notamment en développant un programme graphique en 3D pour un simulateur de vol. Au cours de ses jobs d'été chez Wolfram Research, General Electric Information Services et à l'Institut d'Informatique de l'université du Maryland, il eut l'occasion d'approfondir ses connaissances dans les domaines de l'informatique, du data mining (fouille de données) et des mathématiques.

Sergey hérita aussi du sens de l'humour de ses parents. Sur sa page Web perso, sa mère afficha sa photo à côté de la silhouette du dictateur communiste Lénine ; la légende disait : « Ma photo avec mon meilleur ami. »

Michael Brin aimait amuser sa famille et ses étudiants, mais aussi les prendre au dépourvu. Il rendait souvent à ses étudiants leurs devoirs notés avec un simple « Mes sincères condoléances » ou bien se moquait des mauvaises réponses en disant « C'est parfaitement incorrect ». Un de ses anciens étudiants se souvient de son style attachant, mais intimidant : « Le professeur Brin était un orateur de premier ordre qui commençait toujours son cours par une cigarette. En général, il s'amenait, posait un problème plutôt épineux puis sortait fumer une cigarette, laissant les étudiants en pleine confusion. Quand il revenait, il s'attendait à ce que la classe ait trouvé la réponse... À peu près la moitié de l'effectif de son cours de statistiques abandonnait après le premier trimestre car les étudiants ne pouvaient pas supporter l'effet du feu nourri de ses questions sur leur ego. Suivre ses cours était une expérience similaire à celle que vivent les soldats quand ils apprennent à marcher au pas dans le film *Full Metal Jacket.* »

© Dunod – La photocopie non autorisée est un délit

Chaque membre de la famille Brin possède sa page perso sur Internet et ces pages sont toutes liées entre elles. Sur sa page perso, Michael Brin a écrit : « Sergey est étudiant en thèse à Stanford (en informatique). Il fait du data mining et (avec son ami Larry) a développé un moteur de recherche nommé GOOGLE dont il prétend qu'il est le meilleur. »

Après avoir étudié à l'université du Maryland, Sergey alla à Stanford où il bénéficia d'une bourse de la National Science Foundation pour y faire de l'informatique. Michael Brin pensait que son fils allait probablement rentrer dans le monde universitaire comme son père et son grand-père.

« Je m'attendais à ce qu'il soutienne sa thèse et devienne enseignant dans le supérieur. Je lui demandai s'il suivait des cours de niveau supérieur ce semestre et il me répondit qu'il suivait effectivement des cours de natation avancée. »

Avant de rencontrer Larry en 1995, Sergey s'intéressa à Stanford à un grand nombre de domaines qui piquaient sa curiosité. Il n'avait pas besoin de suivre tous les cours de maîtrise, puisqu'il avait déjà étudié la plupart des disciplines à l'université du Maryland. Il apprit donc à faire de la voile et appréciait particulièrement de monter au trapèze. Son ouverture d'esprit à de nouvelles disciplines universitaires l'amena à faire toute une série de découvertes fortuites, mais importantes. Il collabora avec des thésards et des professeurs à un projet de détection automatisée de violation de copyright et à une étude de biologie moléculaire ; il était aussi emballé par une idée consistant à produire des cotations personnalisées de films : « Vous notez les films que vous avez vus, puis le système trouve d'autres utilisateurs qui ont les mêmes goûts que vous pour déterminer par extrapolation quels autres films vous allez aimer. » Brin était sur une piste ; une idée similaire sur la cotation des livres allait bientôt devenir populaire sur le site Web d'Amazon.

Sergey trouvait que Stanford était un régal intellectuel pour les esprits curieux : « J'ai essayé tant de choses différentes dans cette fac. Plus on tâtonne, plus on a de chances de tomber sur quelque chose d'intéressant. »

Après l'arrivée de Larry Page à l'automne 1995, les deux compères commencèrent à se fréquenter et à travailler ensemble. Brin laissa tomber son idée de cotation de films pour poursuivre d'autres projets qui complétaient certains des travaux que Page voulait réaliser. Ils commencèrent à satisfaire la curiosité qu'ils partageaient pour les merveilles que commençait à procurer Internet.

Pendant qu'ils bricolaient dans leur tour d'ivoire, le monde qui les entourait était en train de changer de manière radicale. De la Silicon Valley toute proche jusqu'à Wall Street, tout le monde parlait de l'introduction en Bourse d'une jeune pousse technologique créée 16 mois auparavant et baptisée Netscape. Le 9 août 1995, Netscape fit son entrée en Bourse avec une action à 28 dollars qui grimpa jusqu'à 75 dollars lors de son premier jour de cotation. Netscape, merveille de la haute technologie, capitalisa soudain plus de 3 milliards de dollars. L'entrée en Bourse de Netscape ouvrait la voie à l'ère Internet dans la Silicon Valley et allait créer une mentalité de chercheur d'or. Wall Street était prête. Les agents de change qui n'avaient aucune idée des affaires de cette société appelaient leurs clients et leur disaient que les investisseurs avertis considéraient qu'il ne s'agissait là que d'un début. Le fait que Netscape ne génère aucun profit semblait sans importance, puisque son chiffre d'affaires, bien que maigre, doublait tous les trimestres. Avec un beau produit appelé navigateur qui permettait aux ordinateurs de surfer sur Internet, les profits viendraient plus tard. Certains analystes prédirent même que Netscape allait éclipser son puissant rival Microsoft. Effectivement, avant la fin de l'année 1995, l'action atteint un prix de 171 dollars, poussant les financiers de Wall Street à partir à la quête d'autres sociétés du Net ayant des histoires à raconter et des actions à vendre.

Après l'épisode Netscape, l'odeur de l'argent s'infiltra dans le département d'informatique de Stanford. Il s'avéra que l'université ne voyait pas d'inconvénient à ce qu'une institution universitaire génère des profits financiers. Sa mission principale était de former la génération suivante de professeurs et de chercheurs, mais elle s'était également fait connaître en favorisant l'éclosion de quelques entreprises technologiques de renommée mondiale, notamment Hewlett-Packard et Sun Microsystems (« Sun » sont les initiales de Stanford University Network).

À la différence du MIT et de quelques autres grandes institutions de recherche, Stanford facilitait grandement la tâche de ses thésards qui travaillaient sur des projets commerciaux en utilisant les ressources de l'université. Son Bureau d'exploitation des licences technologiques avait également une idée relativement étendue de ses prérogatives. Au lieu d'attribuer tout le mérite des innovations mises au point sur le campus par

© Dunod – La photocopie non autorisée est un délit

ses étudiants et ses enseignants, le bureau leur venait en aide en payant les sommes nécessaires au dépôt des brevets puis passait des accords de licence à long terme qui permettaient aux brillants ingénieurs de Stanford de lancer leur start up et de devenir riche. En compensation, le Bureau d'exploitation des licences de Stanford recevait souvent des actions des sociétés de nouvelles technologies.

Le président de Stanford, John Hennessy, disait qu'il ne voulait jamais être un obstacle au transfert de technologies. « Nous possédons un environnement à Stanford qui encourage l'esprit d'entreprise et l'audace en recherche. C'est cet environnement qui permet de penser à des moyens de résoudre des problèmes d'avant-garde et qui facilite les retombées industrielles. Ici, on comprend bien que parfois le meilleur moyen de faire bouger les choses n'est pas d'écrire un article, mais de travailler sur un procédé auquel on croit et d'en faire quelque chose. À moins de deux kilomètres du campus, nos étudiants peuvent s'entretenir avec des gens qui financent ces sociétés et ont une grande expérience dans ce domaine. »

Non loin de là, à Sand Hill Road, quelques sociétés d'investissement parmi les plus agressives du pays misent de l'argent sur des start up et espèrent en retour des actions. Comme personne ne possède de boule de cristal, il y a eu forcément de mauvais investissements à ce jeu-là. Mais certaines sociétés ont beaucoup d'argent à injecter dans les entreprises innovantes car elles comptent toucher le jackpot quand celles-ci entreront en Bourse ou seront revendues... En autorisant ses professeurs les plus réputés à investir dans des sociétés et à faire des bénéfices occasionnels, Stanford a pu garder un grand nombre de ses meilleurs éléments. Certains sont devenus multimillionnaires et prennent du plaisir à ce jeu. Les professeurs de Stanford n'ont aucune raison valable de quitter leur poste qui leur procure un climat ensoleillé, des palmiers, des étudiants brillants et la liberté d'explorer des idées novatrices et lucratives. C'est bien plus intéressant que d'aller à la plage ou de travailler dans le secteur privé.

Larry et Sergey, fils de professeurs qui ont encadré des recherches et enseigné dans les milieux universitaires les plus classiques, se concentraient sur leur thèse et ne rêvaient pas de devenir riches. Dans leurs familles, rien ne remplaçait la valeur d'une bonne formation. Fiers du parcours de leurs parents, ils envisageaient simplement d'obtenir un jour leur doctorat de l'université de Stanford. Ils étaient loin de se douter que leur engagement sincère envers le monde universitaire allait rapidement être mis à l'épreuve.

Chapitre 3

Apprendre à compter

En janvier 1996, Larry et Sergey, ainsi que l'ensemble des étudiants et des enseignants d'informatique de Stanford emménagèrent dans un beau bâtiment de quatre étages, en pierres de couleur beige, où des lettres ciselées indiquaient « Informatique William Gates ». Le patron de Microsoft avait fait une donation de 6 millions de dollars pour la construction de ce bâtiment, ce qui expliquait que son nom soit inscrit. Même si Gates n'avait pas été étudiant à Stanford, Microsoft avait embauché de nombreux diplômés de cette université et Gates espérait que le fait d'avoir son nom à l'entrée du bâtiment favoriserait à l'avenir les chances de Microsoft d'attirer les meilleurs éléments. Gates avait déclaré qu'il faisait ce cadeau pour « investir dans le futur de l'industrie ». Lors de la cérémonie d'inauguration, James Gibbons, le doyen de l'école d'ingénieurs avait prédit qu'il s'y passerait quelque chose dans les 18 mois à venir et que les gens pointeraient du doigt un bureau en disant « C'est là qu'ils travaillaient sur le projet en 1996 et 1997. Et vous savez, c'était quelque chose. »

Larry Page emménagea dans le bureau 360 du bâtiment Gates avec quatre autres thésards. L'un d'entre eux, Sean Anderson, avait l'esprit créatif ; il était excentrique et sérieux à la fois. Il devait par la suite abandonner son appartement, et commença à vivre et à dormir au bureau. Un autre étudiant, Ben Zhu, parlait rarement. Puis il y avait Lucas Periera, un concentré d'énergie « très, très très sautillant, dynamique et remuant » selon Tamara Munzner, la seule fille de la bande, qui se décrivait elle-même comme une « geek »[1]. Le boom financier dans la Silicon Valley engendré par Internet et

1. Fana d'informatique.

© Dunod – La photocopie non autorisée est un délit

l'entrée en Bourse de Netscape faisait de la concurrence à l'université. « C'était une période difficile pour terminer sa thèse » se souvient Tamara. « Chaque fois que l'on allait à une fête, on recevait plusieurs offres d'emploi qui étaient toutes bien réelles. À la fin de chaque trimestre, je devais me convaincre de ne pas abandonner la fac. »

Malgré la promiscuité, ou peut-être à cause d'elle, la camaraderie se développait. Sergey Brin occupait un autre bureau, mais il commença rapidement à passer le plus clair de son temps dans le bureau 360 aux côtés de Page. L'administration de Stanford avait demandé à Brin de concevoir le système de numérotation des bureaux du nouveau bâtiment. Il accomplit cette tâche et il demanda en compensation que l'université fournisse des fauteuils plus ergonomiques que ceux qu'elle avait choisis au départ...

Grâce à Anderson, le bureau 360 se mit très vite à ressembler à une petite jungle car il disposait des plantes un peu partout, y compris des plantes suspendues et des plantes grimpantes qui montaient jusqu'au plafond. Il apporta aussi un seau d'une vingtaine de litres et une pompe contrôlée par son ordinateur. « J'avais installé un système d'arrosage automatique et nous avions beaucoup d'autres gadgets dans le bureau » confessait-il. Il avait également branché un piano sur son ordinateur qu'il avait mis à la disposition de tout le monde. Tamara avait apporté un matelas mousse au cas où quelqu'un voudrait faire une sieste à même le sol.

Larry et Sergey étaient toujours fourrés ensemble. Sur le campus, on les avait surnommés LarryetSergey, une expression qui venait naturellement à la bouche. Tamara disait qu'il était agréable de partager son bureau avec eux : « Nous étions au bureau à n'importe quelle heure du jour et de la nuit. Je me souviens d'une fois où un samedi, à trois heures du matin, le bureau était plein à craquer. Nous étions des vrais mordus de l'informatique. Nous étions tous à fond dans ce que nous faisions et nous étions parfaitement heureux. »

Les plaisanteries entre Larry et Sergey ne connaissaient aucune limite. Tamara admet qu'ils étaient d'une intelligence parfois excentrique, mais sans prétention. Ils aimaient se lancer des défis et entamer des débats dans lesquels ils entraînaient tous ceux qui étaient prêts à une discussion passionnée. Ils parlaient sans fin d'informatique, de philosophie et de tout ce qui leur traversait l'esprit. Un jour, ils se lancèrent dans une discussion animée sur la possibilité de faire une œuvre d'art gigantesque avec des haricots de Lima, ce qui provoqua un demi-tour de Tamara sur son fauteur pivotant et un cri de désespoir : « Là les gars, vous perdez la boule ! » Dans un coin du bureau 360, sous le bureau de Larry, ils avaient construit un rack d'ordinateurs tout en Lego. Les autres occupants du bureau trouvaient qu'il était véritablement impossible de pouvoir travailler si l'on n'arrivait pas à s'isoler du bruit qu'ils généraient. Tamara prétend que c'est dans ce bureau qu'elle a appris à programmer avec un casque sur les oreilles.

Un des premiers ordinateurs de Google, construit en partie à l'aide de pièces similaires à celles du Lego.

L'un des sujets favoris de discussion de Page était l'amélioration des modes de transport. Le fait d'avoir grandi près de Detroit l'avait amené à réfléchir à des solutions innovantes pour déplacer les personnes et les marchandises afin de réduire les accidents, les coûts, la pollution et les embouteillages. Anderson se souvient qu'il avait envisagé un système de voitures à pilotage automatique dans lesquelles il serait possible d'entrer à son gré et d'indiquer sa destination. C'est comme un taxi, mais c'est moins cher et ces véhicules pourraient s'assembler entre eux sur l'autoroute pour tenir moins de place. En fait, il a toujours cherché à résoudre les problèmes de société de diverses manières.

Rajeev Motwani, un universitaire de 30 ans qui avait été le tuteur de Sergey depuis son arrivée à Stanford en 1993, a vu naître les affinités intellectuelles entre Brin et Page. « Ils étaient tous les deux brillants et ils font partie des garçons les plus intelligents que j'ai jamais rencontrés. Mais ils étaient

© Dunod – La photocopie non autorisée est un délit

brillants de manière différente : Sergey était un pragmatique, un ingénieur qui aimait résoudre des problèmes. Quand il traitait un problème, ça marchait. C'était aussi un mathématicien vif comme l'éclair, et il était de plus ouvert et sociable. Quand il avait besoin de quelque chose, Brin faisait irruption dans mon bureau sans frapper. » De son côté, Page était un intellectuel solide. Il voulait savoir pourquoi les choses fonctionnaient. Empreint d'une ambition sans limites, Page avait cependant un comportement plus réservé et il frappait avant d'entrer dans le bureau de Motwani. S'il y avait une réunion d'une vingtaine de personnes, Sergey tenait le crachoir. On ne remarquait pas Larry s'il était dans un groupe, mais un peu plus tard, il disait : « Au fait, que pensez-vous de cette idée ? »

Brin travaillait en étroite collaboration avec Motwani sur les moyens d'extraire des informations d'énormes quantités de données. Il avait créé un nouveau groupe de recherche appelé MIDAS, ce qui signifiait *Mining Data at Stanford* (fouille de données à Stanford). Dans la mythologie grecque, Midas était ce roi dont les pouvoirs magiques lui faisaient transformer en or tout ce qu'il touchait. C'était Brin qui choisissait les sujets des séminaires de MIDAS et qui engageait les intervenants. Motwani et lui s'associèrent également pour écrire un certain nombre d'articles scientifiques sur ce sujet.

Le *Data Mining* est une technique utilisée pour déterminer quelles combinaisons d'articles les clients achètent dans un magasin afin que les chefs de rayon puissent améliorer l'agencement de leurs produits. Brin et Motwani cherchaient à appliquer ces mêmes techniques à Internet, qui commençait à percer mais manquait d'organisation. Au milieu des années 90, le Web était un Far-West virtuel sans loi ni contrôle. Des millions de gens étaient connectés et commençaient à utiliser le courrier électronique, mais les chercheurs se sentaient perdus dans le fatras des sites Web. La performance de toutes les entreprises censées aider les internautes à trouver de l'information sur Internet, y compris WebCrawler, Lycos, Magellan, Infoseek, Excite et HotBot, était notoirement insuffisante. Motwani se souvient qu'à cette époque les outils de recherche n'étaient pas très évolués. On avait un tas de résultats qui ne voulaient absolument rien dire. En 1995, Motwani avait testé un moteur de recherche baptisé Inktomi qui avait été développé à l'université de Berkeley, où il avait soutenu sa thèse. Il avait saisi dans le moteur de recherche le mot « Inktomi » pour voir ce qui se passerait. Le moteur de recherche était incapable de se trouver lui-même.

Pendant ce temps-là, deux thésards de Stanford, Jerry Yang et David Filo choisissaient une voie différente. Au lieu de se baser uniquement sur la technologie, ils avaient embauché une équipe d'éditeurs qui sélectionnaient des sites Web afin de constituer un annuaire alphabétique. Ils avaient baptisé leur société Yahoo! Bien que leur approche simplifiât la recherche d'information, elle n'était pas complète et n'arrivait pas à faire face à la croissance rapide du Web. Brin et Motwani testèrent aussi d'autres annuaires et d'autres moteurs de recherche, mais aucun outil ne fonctionnait correctement. Au contraire, une simple recherche engendrait des centaines, voire des milliers de résultats dans un ordre qui semblait aléatoire. Il leur fallait des heures pour passer les pages au crible manuellement afin de trouver ce qu'ils cherchaient. Brin et Motwani furent bientôt convaincus qu'il devait y avoir une meilleure façon de chercher de l'information sur Internet.

À la même époque, Page, qui avait travaillé sur un projet de bibliothèque numérique, utilisait un nouveau moteur de recherche appelé AltaVista. Même s'il fournissait des résultats un tantinet meilleurs et plus rapides, Page avait remarqué quelque chose de radicalement nouveau. En plus d'une liste de sites Web, les résultats de recherche d'AltaVista incluaient des informations apparemment obscures sur ce qu'on appelait des « liens ». Les liens contribuaient au dynamisme du Web car les internautes qui voyaient un mot ou une phrase en surbrillance pouvaient cliquer sur ce lien s'ils voulaient obtenir plus d'informations ; cela faisait s'afficher instantanément une autre page Web. Au lieu de se concentrer sur les principaux résultats de recherche d'AltaVista, Page commença à réfléchir à ce qui pouvait être retiré de l'analyse des liens.

Hector Garcia-Molina, un des tuteurs de Page, trouvait intéressante l'analyse des informations sur les liens. AltaVista ne semblait rien en faire, si ce n'est les afficher à l'état brut. Page voulait faire des recherches sur ces liens et voir si l'on ne pouvait pas en faire un meilleur usage. Cependant, pour tester ces théories, Page avait besoin d'une grosse base de données. Comme il ne manquait pas d'ambition, il fit rapidement quelques calculs puis dit à Garcia-Molina qu'il allait télécharger la totalité du Web sur son ordinateur.

© Dunod – La photocopie non autorisée est un délit

À première vue, l'idée de Page semblait plus absurde qu'ambitieuse. Il avait même déclaré que le téléchargement de la totalité du Web pouvait être facilement et rapidement réglé. Garcia-Molina et les autres s'étaient moqués de lui. Page, cependant, était parfaitement sérieux et bien décidé à arriver à ses fins. Il était en bonne compagnie : Tim Berners-Lee, l'informaticien anglais visionnaire qui avait inventé le Web en 1989, avait eu l'intuition qu'un clic sur des mots en surbrillance propulserait les internautes en quête d'information d'un document à un autre. Pour un expert visionnaire en informatique, les liens étaient l'aspect central du Web.

Dans le courant de l'année 1996, Page et Brin s'associèrent pour télécharger et analyser les liens du Web. Cela prit plus de temps que prévu pour récupérer les données ; Page estimait que cela coûtait au département d'informatique 20 000 dollars chaque fois qu'ils lançaient un programme qui ratissait la totalité d'Internet, mais il voulait à tout prix arriver au bout de son projet. Les efforts qu'il déployait afin de découvrir l'importance de ces références croisées automatisées attirèrent non seulement l'attention de Brin, mais également celle de son tuteur, Motwani, dans la mesure où cela promettait d'améliorer la recherche sur le Web. Brin était attiré par le projet car il aurait la possibilité de travailler avec Page, mais il était aussi intéressé par l'extraction d'information à partir de gigantesques masses de données aléatoires. Brin allait pouvoir utiliser ses compétences en maths et en informatique pour se mesurer à la totalité du World Wide Web.

Page avait une théorie. Compter le nombre de liens pointant vers un site Web était un moyen de mesurer la popularité de ce site. Alors que popularité et qualité ne vont pas forcément de pair, Brin et Page, tous les deux, avaient grandi dans un milieu où l'on attache de l'importance à la recherche qui est publiée dans des revues scientifiques avec des citations. Les liens, dans un certain sens, rappelaient à Page les citations. Les scientifiques ont l'habitude de citer les articles sur lesquels ils basent leurs travaux et ces citations sont un moyen pratique de mesurer l'influence d'un chercheur dans la communauté scientifique et universitaire. « Les citations sont importantes » disait Page. « Il s'avère que les personnes qui reçoivent le prix Nobel ont des citations dans 10 000 articles différents. Un grand nombre de citations dans des publications scientifiques signifie que vos travaux sont importants, dans la mesure où d'autres personnes ont pensé que cela valait la peine de vous citer. »

On pouvait appliquer le même raisonnement aux sites Web, concluait Page. En développant cette idée, il fit une découverte : tous les liens n'étaient pas égaux et certains avaient plus d'importance que d'autres. Il fallait attribuer plus de poids à des liens en provenance de sites importants. La question était de savoir quels étaient les sites importants. C'était bien simple : les sites vers lesquels de nombreux liens pointaient étaient plus importants que les sites vers lesquels pointaient peu de liens. En d'autres termes, si la page d'accueil d'un site renommé comme celui de Yahoo pointait vers un site Internet, ce site devenait instantanément plus important. En faisant un jeu de mots sur son nom et les pages Web qu'il parcourait, Page appela son système de cotation des liens « PageRank ».

Un des autres tuteurs de Page à Stanford, le professeur Terry Winograd, prétendait que le cheminement intellectuel pour découvrir comment classer les pages Web se résumait en fin de compte à un seul concept : que pouvons-nous apprendre des liens ? « Larry évoquait au départ l'idée de navigation aléatoire, l'idée de surfer au hasard sur le Web. La base de l'algorithme (un ensemble d'équations mathématiques) était la reproduction du cheminement de pensée de l'internaute : on commence sur une page, on clique sur un lien et on regarde où l'on atterrit la plupart du temps. C'est le peaufinage de cette démarche qui a abouti à la création du PageRank. »

Brin et Page étaient persuadés qu'ils avaient trouvé là le sujet d'une thèse sur l'application du PageRank à Internet. Dès le début de l'année 1997, Page avait développé un moteur de recherche sommaire qu'il avait appelé « BackRub ». Toujours économe, Page plaça sa main gauche sur un scanner, convertit l'image ainsi obtenue en noir et blanc et le nouveau site BackRub disposait dès lors d'un logo. Page, Brin et Motwani apportaient chacun des idées au projet en constante évolution. Motwani disait qu'il était clair que ce qu'ils avaient créé dépassait le cadre de leurs recherches universitaires. Sans le faire exprès, le trio avait conçu un système de classement d'Internet et avait ce faisant résolu involontairement un des problèmes de fond de la recherche d'information sur le Web.

Selon Motwani, ils ne s'étaient pas assis autour d'une table en déclarant qu'ils allaient créer le moteur de recherche du

© Dunod – La photocopie non autorisée est un délit

siècle. « Ils essayaient simplement de résoudre des problèmes intéressants et ils sont tombés par hasard sur une idée formidable. » Winograd a la même interprétation de l'évolution du concept. « Ils n'avaient pas l'intention de créer une société, mais leur projet était effectivement d'améliorer le système de recherche. »

Brin, Page et Motwani mirent au point à Stanford un prototype de moteur de recherche complet à usage interne. Basé sur une technologie conventionnelle des moteurs de recherche, mais doté de l'atout supplémentaire que constituait le système de PageRank, c'était un outil de recherche d'information sur Internet qui renvoyait des résultats classés en fonction de leur pertinence. Alors que les autres moteurs de recherche se basaient sur le nombre d'occurrences des mots de la requête trouvées dans les pages Web, le PageRank offrait une dimension supplémentaire car il plaçait les résultats de la recherche dans un ordre logique pour les internautes. Pour la première fois, on disposait d'un outil permettant de chercher des informations sur Internet et de trouver rapidement des réponses utiles.

À l'automne 1997, Brin et Page décidèrent que le moteur de recherche BackRub avait besoin d'un nouveau nom. Page avait du mal à trouver un nom accrocheur qui n'était pas déjà pris si bien qu'il demanda de l'aide à son camarade Sean Anderson, qui se souvient de ces séances de remue-méninges : « J'écrivais des noms au tableau et Larry disait toujours : non, non, non. Cela dura des jours et Larry commençait à perdre espoir. Au cours d'une énième séance, j'étais au tableau et en désespoir de cause, je lui dis : que penses-tu de Googleplex ? Tu tentes de trouver un nom pour une société qui fait de l'indexation et qui permet d'organiser de grandes quantités de données. Googleplex est un nombre immense. Il apprécia cette idée et déclara : pourquoi ne pas essayer Google ? Il préférait un nom plus court. Je saisis sur mon ordinateur G-o-o-g-l-e en faisant une faute d'orthographe, mais le nom de domaine était disponible. Larry trouva que c'était bien et enregistra plus tard dans la soirée le nom de domaine qu'il écrivit sur le tableau blanc : Google.com. Le nom avait un petit côté débridé, comme Yahoo ou Amazon. Quand j'arrivai au bureau le lendemain matin, Tamara avait laissé un mot qui disait qu'on avait fait une faute d'orthographe et que le mot correct était G-o-o-g-o-l. Bien évidemment, ce nom était déjà déposé... »

En 1997, le moteur de recherche était accessible en interne pour les étudiants, les enseignants et le personnel administratif à l'adresse google.stanford.edu. Dans le campus, sa popularité grimpa grâce au bouche à oreille. Le Bureau d'exploitation des licences technologiques de l'université déposa une demande de brevet. Les profs et les étudiants de Stanford commencèrent à l'utiliser pour rechercher des informations sur Internet. Dennis Allison, enseignant, dit qu'il devint très vite son unique moteur de recherche.

Manquant d'argent pour embaucher un graphiste et n'ayant pas le talent artistique suffisant pour créer quelque chose de visuellement attrayant, Brin avait conservé une page d'accueil très simple. Dès ses premiers jours, l'aspect immaculé de l'écran de Google attira les internautes en quête d'informations. Dans un monde complexe, les couleurs primaires sur un fond blanc transmettaient un message de pureté dont l'attrait était universel. Cela contrastait avec le nombre croissant de pages Web commerciales qui affichaient des bandeaux publicitaires clignotants et étaient encombrées d'images et de texte. Dans la mesure où ils n'avaient pas l'impression que Google tentait de leur vendre quelque chose, les internautes se l'approprièrent plus facilement. Allison déclare à ce sujet : « En matière de design, c'est vraiment une réussite. Si vous consultez une société de design et lui confiez la création de la page d'accueil d'un moteur de recherche, vous n'obtiendrez jamais cela. Il n'y a ni animation, ni couleurs métalliques, ni musique. Cela va totalement à l'encontre de la croyance commune selon laquelle les gens aiment trouver ce qu'ils cherchent au milieu du bruit. »

Au fur et à mesure que la base de données et le nombre d'utilisateurs augmentaient, Brin et Page avaient besoin de plus d'ordinateurs. À court d'argent, ils en économisaient en achetant des composants et en assemblant leurs machines ; ils allaient aussi dans la zone de livraison voir si certains ordinateurs n'étaient pas en mal de propriétaires. Brin avouait : « Nous empruntions quelques ordinateurs, en pensant que s'ils ne les récupéraient pas tout de suite, c'est qu'ils n'en avaient pas cruellement besoin. ». Leurs tuteurs, qui connaissaient leurs techniques de récupération, leur trouvèrent une subvention de 10 000 dollars prise sur le projet de bibliothèque numérique de Stanford. Après avoir entassé autant d'ordinateurs qu'ils pouvaient dans le bureau 360, ils transformèrent

© Dunod – La photocopie non autorisée est un délit

la chambre à coucher de Page en centre de stockage des données. « Nous avions assemblé un ensemble de choses complètement hétéroclite » avoue Brin, admettant au passage que cette expérience leur avait permis de comprendre qu'ils pouvaient réaliser de grandes choses en assemblant et en reliant des PC bon marché. Charlie Orgish, le responsable du système informatique de Stanford, avait l'habitude de dire que Larry pouvait parcourir la planète pour économiser un sou.

La puissance informatique colossale de Google est fournie par des PC standard empilés à l'intérieur de hautes armoires et reliés entre eux par des câbles et des logiciels spécifiques. Ce serveur de la toute première époque de Google est désormais exposé au musée de l'histoire de l'informatique (Computer History Museum).

En mars 1998, installés au Mandarin Gourmet, un restaurant de Palo Alto, Page et Brin se préparaient à exposer les mérites de leur technologie de moteur de recherche à Paul Flaherty, qui avait fait son doctorat à Stanford et qui était le concepteur d'AltaVista. Ils espéraient qu'AltaVista leur proposerait un million de dollars pour avoir accès au système

PageRank, qui allait bientôt être breveté. Après tout, cela améliorerait leurs résultats de recherche et étant donné les 54% de parts de marché d'AltaVista dans les outils de recherche, il paraissait logique que la société souhaite utiliser les techniques de pointe. Brin et Page pourraient alors reprendre leurs études à Stanford.

Après avoir écouté Flaherty leur expliquer le fonctionnement d'AltaVista, le duo de Google sut qu'ils possédaient quelque chose de mieux. Cependant, un élément de la conversation de Flaherty resta gravé dans leur mémoire : la base de données d'AltaVista, si on l'imprimait, constituait une pile de papier haute d'une centaine de kilomètres ; de plus, le moteur de recherche pouvait extraire n'importe quel mot de cette pile en moins d'une demi-seconde. Cette image leur fit forte impression. Pour eux, AltaVista n'était que le commencement et Google représentait le futur. Flaherty admit que ces types avaient un très bon concept. « J'ai eu le sentiment qu'ils tenaient vraiment quelque chose avec leur approche basée sur les liens pour classer les pages, ce qui à l'époque était le point faible d'AltaVista. » Il leur fit cependant une mise en garde : les problèmes et les tracas surviennent sur Internet dès que l'on a du succès. Les hackers tentent de pénétrer votre réseau, d'attaquer votre site et de bricoler votre système de recherche. Mais cela n'effraya pas Page et Brin ; bien au contraire, ils débordaient de confiance et désiraient que leur technologie soit accessible au plus grand nombre. Allison conclut : « Au fond, ils disaient en termes polis qu'AltaVista était mort et ne faisait pas l'affaire. Ces types disposaient du PageRank ! »

Cependant, quelques semaines après leur repas dans ce restaurant chinois, Brin et Page eurent des nouvelles de Flaherty qui leur annonça qu'AltaVista avait décidé de ne pas acquérir Google. La maison mère, Digital Equipment Corp., ne voulait pas se trouver dépendante d'éléments extérieurs. Flaherty leur confia que les ingénieurs n'étaient pas très ouverts aux technologies externes et qu'ils rejetaient en bloc tout ce qui ne sortait pas de chez eux. Le fait que Digital soit en train de fusionner avec Compaq ne facilitait pas non plus les choses. Le moteur de recherche n'était pas une priorité, d'autant plus qu'AltaVista allait devenir un portail pour les internautes. La recherche d'information n'était qu'une des nombreuses activités qu'AltaVista allait proposer aux internautes en plus des

© Dunod – La photocopie non autorisée est un délit

actualités, du commerce en ligne, du courrier électronique et d'autres choses encore.

Avec l'aide des professeurs de Stanford et du Bureau d'exploitation des licences technologiques, Brin et Page tentèrent en vain de vendre leur système de PageRank à Excite ainsi qu'à d'autres moteurs de recherche. Cela ne semblait pas les intéresser de disposer d'une meilleure technologie, leur seule préoccupation étant de vendre autant de publicités qu'ils le pouvaient afin de récupérer le plus rapidement possible de l'argent frais. Winograd avait accompagné le duo lors d'un rendez-vous avec une société de capital risque à Sand Hill Road, mais personne n'avait envie de financer la recherche d'information. Alors que Larry et Sergey considéraient le moteur de recherche comme un outil à part entière essentiel pour les internautes en quête d'informations, les autres le trouvaient secondaire et pensaient qu'il n'était qu'un outil parmi d'autres à inclure dans un bouquet de services. Mais notre duo ne lâcha pas prise. « Ils avaient une vision quelque peu sceptique de l'autorité » confiait Winograd. « S'ils voient le monde aller dans un sens et qu'ils croient qu'il doit aller dans l'autre sens, leur premier réflexe est de penser que le reste du monde a tort plutôt que de se remettre en cause. »

Yahoo, qui semblait un acheteur logique dans la mesure où il était basé sur des annuaires confectionnés par des humains et ne possédait pas de moyen rapide de parcourir la totalité d'Internet, refusa également d'acheter ou d'exploiter sous licence la technologie de Google. Yahoo déclina l'offre en partie parce que la société voulait que les internautes passent plus de temps sur Yahoo. Google était conçu pour apporter des réponses rapides aux questions en sélectionnant les sites Web les plus pertinents. Les annuaires de Yahoo étaient conçus à la fois pour répondre aux questions, et pour que les internautes restent sur le site de Yahoo où ils pouvaient faire des achats en ligne, voir des publicités, consulter leur courrier électronique, jouer à des jeux et dépenser de l'argent. Le cofondateur de Yahoo, David Filo, avait conseillé à Brin et Page de mettre entre parenthèses leur projet de thèse et de créer leur propre boîte s'ils voulaient faire la preuve du caractère unique de leur système de recherche. Il disait que de cette manière-là ils pourraient concevoir leur propre entreprise qui correspondrait parfaitement à leur moteur de recherche. S'il était aussi bon qu'ils le prétendaient, il deviendrait populaire puisque l'usage d'Internet augmentait rapidement et que les utilisateurs d'ordinateurs fréquentaient les meilleurs sites.

Les refus frustraient et énervaient Larry et Sergey tout en accroissant leur détermination. Ils ne savaient plus quoi faire et hésitaient entre quitter la fac et continuer leur activité pendant leur temps libre. Après plusieurs mois où ils essuyèrent des refus, ils prirent la décision, au moins pour un certain temps, de se concentrer sur l'amélioration de Google pour les utilisateurs de Stanford et de remettre à plus tard toute décision importante. En bidouillant un jour avec un programme graphique appelé GIMP, Sergey créa un rendu en couleur des lettres de Google avec un point d'exclamation à la fin, pour imiter Yahoo! Il semblait plutôt fier du nouveau logo qui était composé de caractères d'imprimerie en couleurs que l'on trouve dans les écoles maternelles. Ce n'était pourtant pas l'aspect qui lui plaisait le plus, mais le fait qu'il ait été capable d'apprendre tout seul comment utiliser GIMP, un logiciel libre qui n'était pas facile à manier.

Au printemps 1998, Brin et Page envoyèrent par courriel une lettre d'information à une liste nommée *Les amis de Google* où ils encourageaient les gens à répandre la bonne parole. « Google utilise depuis un mois la nouvelle base de données et nous aimerions avoir votre avis » écrivaient-ils. « Comment trouvez-vous les résultats de recherche ? Que pensez-vous du nouveau logo et de la mise en forme ? Est-ce que les nouvelles fonctionnalités marchent correctement ? Les commentaires, les critiques, les bugs et les idées sont les bienvenus. Salut !— Larry et Sergey. »

En juillet, ils ajoutèrent un résumé, ou un extrait, pour chaque résultat de recherche, qui affichait en gras les parties de la page Web correspondant spécifiquement à la requête. Cela permettait aux utilisateurs de Google de voir quels résultats répondaient le mieux à leur question sans avoir besoin de visiter plusieurs sites. « Attendez-vous à voir de nombreux changements dans Google dans les prochains mois. Nous envisageons d'augmenter bientôt la taille de notre index qui comporte actuellement 24 millions de pages. Nous remercions toutes les personnes qui nous ont envoyé des logos et des suggestions. Continuez d'en envoyer. Amusez-vous bien et continuez à googler » écrivaient-ils.

© Dunod – La photocopie non autorisée est un délit

En dépit de ces courriers enjoués, Winograd savait que Larry et Sergey étaient dans l'impasse. Pour faire décoller Google, ils devaient quitter le campus et prendre des risques. Mais sans argent, ils ne pouvaient pas acheter les ordinateurs dont ils avaient besoin pour tenter leur chance. Winograd se sentait concerné par les ennuis de Page. Il lui disait souvent « Je ne vois vraiment pas comment vous allez pouvoir obtenir de l'argent », mais Page répondait « Ne t'inquiète pas, nous arriverons bien à trouver une solution. »

Chapitre 4
La sauce secrète

Un beau matin, en Californie, à la fin du mois d'août 1998, Larry et Sergey étaient assis devant l'entrée d'une maison de Palo Alto. Ils attendaient impatiemment l'arrivée d'un *business angel* de la Silicon Valley. Ils avaient travaillé très dur, nuit et jour, sur leur nouveau moteur de recherche, mais en dépit du fait qu'ils n'avaient jamais gaspillé d'argent, ils étaient à court de liquidités. Un de leurs professeurs de maîtrise, David Cheriton avait suggéré que ce serait une bonne idée qu'ils rencontrent son ami Andy Bechtolsheim, un génie des ordinateurs et un investisseur légendaire dans toute une série de start up qui avaient bien réussi.

Bechtolsheim gara sa Porsche gris métallisé devant la maison de Cheriton et sauta de la voiture ; il se dirigea vers le trio qui l'attendait. Comme quelques autres entrepreneurs qui avaient fait fortune dans la Silicon Valley, Bechtolsheim travaillait dur bien qu'il n'eût pas besoin d'argent, car le pouvoir que l'on pouvait tirer de la technologie le passionnait et il aimait trouver de nouvelles manières de résoudre les problèmes.

Il était également très modeste. Beaucoup de ceux qui travaillaient sur des projets technologiques avec Bechtolsheim chez Cisco, où il était vice-président, ignoraient totalement qu'il était co-fondateur de Sun Microsystems et qu'il avait fondé puis vendu une autre entreprise à Cisco deux ans plus tôt pour des centaines de millions de dollars. Cheriton avait éveillé l'intérêt de Bechtolsheim pour Brin et Page en lui racontant que ces étudiants avaient une idée géniale à lui montrer. Ils avaient inventé une meilleure façon de trouver des informations pertinentes rapidement sur Internet. Il sembla intéressé. « Je me servais d'Internet à l'époque principalement pour des recherches » déclara Bechtolsheim « et une partie de

© Dunod – La photocopie non autorisée est un délit

ma frustration tenait au fait qu'AltaVista qui était à l'époque le standard en la matière n'était pas très performant. »

Il avait envie d'en savoir davantage. Jusqu'où ces gars-là pouvaient-ils aller avec cette idée ? Sûr de lui, Page dit à Bechtolsheim qu'ils pouvaient télécharger, indexer et rapidement faire une recherche sur la totalité d'Internet en utilisant un réseau fait d'ordinateurs bon marché. Le seul problème, c'est qu'ils manquaient d'argent pour acheter ces machines.

Bechtolsheim était séduit par l'idée, mais il avait des doutes quant à sa viabilité commerciale puisque AltaVista et les autres moteurs de recherche présents sur ce marché perdaient de l'argent. Certains voyaient même les moteurs de recherche comme des marchandises, une sorte de catalogue pour le Web qui n'avait pas d'avantages durables ni décisifs. Bechtolsheim n'était pas sûr que cette analyse soit correcte ; après tout, plusieurs années auparavant, une seule innovation, le système de classification décimale de Dewey avait changé la manière dont des milliers de volumes étaient répertoriés dans les bibliothèques à travers le monde.

Brin et Page se sentaient à l'aise avec Bechtolsheim et ce dernier appréciait leur énergie. Au cours de son activité effrénée, on avait souvent présenté à Bechtolsheim des technologies d'avant-garde qui ne s'étaient pas traduites par des affaires mirifiques. Au milieu de l'explosion des nouvelles technologies qui l'entouraient alors que de nouvelles « dot com » semblaient être introduites en Bourse toutes les 15 secondes, Bechtolsheim gardait une bonne dose de scepticisme pour les belles présentations Power Point qui impressionnaient les autres. Il avait cette façon de garder la tête froide en se livrant à des calculs très simples pour évaluer les nouveaux projets. Il n'aimait pas parier sur des promesses ; au lieu de cela, il recherchait plusieurs choses, notamment des idées qui réglaient de véritables problèmes qu'il pouvait comprendre, des entreprises ayant la capacité de générer des bénéfices et des créateurs à la fois intelligents, passionnés et compétents.

Il faisait également confiance à son instinct et à une poignée de ses collègues de la Silicon Valley. Cheriton, qui était un universitaire ayant une expérience des affaires, faisait partie de cette bande d'experts en technologie et il savait que le fait que Bechtolsheim soit impliqué dans cette entreprise pouvait augmenter de manière spectaculaire ses chances de succès, non seulement en raison de son soutien financier, mais aussi à cause de toutes ses relations avec les investisseurs et les spécialistes en technologie de la Silicon Valley ; de plus, Bechtolsheim analysait de manière rigoureuse les nouvelles idées et les talents des jeunes entrepreneurs. Alors que Bechtolsheim s'engageait dans un dialogue avec nos deux jeunes étudiants ce matin-là, il se rendit immédiatement compte qu'ils étaient intelligents et très motivés, même s'il leur manquait encore des fonds et de l'expérience.

Après que Brin et Page lui aient fait une démonstration et qu'ils aient bavardé avec lui, Bechtolsheim apprécia et comprit les progrès technologiques qui permettaient à Google de produire de meilleurs résultats de recherche. Il admira également autre chose chez Brin et Page : au lieu de gaspiller beaucoup d'argent en frais publicitaires ou en matériel haut de gamme, ils achetaient des cartes mères et d'autres composants pour assembler eux-mêmes des ordinateurs bon marché. Ils voulaient également mettre au point une base de données totalement opérationnelle avant d'aller prendre langue avec des sociétés de capital risque pour se faire financer. Ils voulaient que la qualité de leur moteur de recherche parle d'elle-même.

« Les autres sites Web prenaient une bonne partie des fonds octroyés par les investisseurs et les dépensaient en frais publicitaires » dit Bechtolsheim. « Eux, ils croyaient au bouche à oreille, c'était une attitude radicalement différente. Leur idée, c'était de créer un produit de qualité et de fournir un service suffisamment attirant pour que les gens aient envie de l'utiliser. »

Ayant la certitude qu'il venait de voir une démonstration d'une technologique prometteuse qui pouvait résoudre un problème réel, Bechtolsheim ne gaspilla pas son temps à parler de l'aspect financier.

« La question fondamentale qui se pose pour toute start up Internet c'est de savoir comment vous allez faire du bénéfice » dit-il. « Je ne me suis jamais laissé embarquer dans des idées qui n'avaient pas de valeur économique. »

Il fit le tour des différentes possibilités : créer une communauté d'internautes en donnant le moteur de recherche Google gratuitement et ensuite profiter des publicités ou tirer des bénéfices en vendant quelque chose. Larry et Sergey avaient instinctivement une aversion pour la publicité qui allait de pair avec une crainte profonde que la pub pourrait corrompre les résultats des recherches. Ils avaient

© Dunod – La photocopie non autorisée est un délit

exposé ceci très clairement dans un article qu'ils avaient écrit sur leur moteur de recherche. Ils avaient également évoqué avec Bechtolsheim la possibilité de vendre sous licence la technologie de recherche à des sociétés qui payeraient pour pouvoir l'utiliser. Il y avait aussi la possibilité qu'une grande compagnie achète cette technologie et l'inclue dans la gamme de ses produits.

Pour Bechtolsheim, le moteur de recherche évoquait l'image d'un annuaire électronique permettant une recherche semblable à celle qu'on effectuait sur les pages jaunes où des publicités clairement identifiées apparaissent sur la même page que les numéros de téléphone que l'on recherche pour trouver un plombier, acheter des raquettes de tennis ou tout autre type de produit ou service.

« Ça, c'est la meilleure idée que j'aie entendue depuis des années » dit Bechtolsheim. « Je veux participer à ce projet. » Ni Brin ni Page ne savaient réellement comment réagir. Bechtolsheim qui n'en était pas à son coup d'essai leur simplifia les choses. Il proposa de leur faire immédiatement un chèque pour qu'ils puissent assembler leurs ordinateurs et il pourrait ainsi immédiatement se mettre en route pour son prochain rendez-vous. Pas de négociations. Pas de discussions sur les actions en Bourse ou la valeur de l'entreprise. Bechtolsheim ne savait même pas si Brin et Page avaient créé officiellement une société, mais ce genre de détails ne le tracassait pas. Il n'avait jamais oublié la manière dont un des premiers investisseurs de Sun lui avait fait un chèque comme ça, sur le champ. Cela lui avait permis de s'impliquer immédiatement dans ce qui devait s'avérer une entreprise extrêmement rentable et il voulait faire la même chose avec Google. Au lieu de discuter de tous les détails, d'après les souvenirs de Brin, Bechtolsheim lui fit un chèque au nom de Google SARL de cent mille dollars, nombre qu'il avait choisi parce que cela lui semblait un joli chiffre rond.

Pour le mettre en lieu sûr, Page mit le chèque dans un tiroir de son bureau où il resta pendant deux semaines, le temps que nos deux amis créent leur entreprise et ouvrent le premier compte en banque au nom de Google afin de pouvoir l'encaisser.

Les bons offices de l'entremetteur Cheriton avaient été un succès ce matin-là. Les deux jeunes gens étaient tellement enthousiastes qu'ils partirent immédiatement fêter cela au Burger King. Le soutien financier de Bechtolsheim leur avait donné la confiance et la crédibilité dont ils avaient besoin pour pouvoir demander de l'argent à leur famille et à leurs amis. En très peu de temps, à eux deux, ils arrivèrent à rassembler un million de dollars, ce qui leur suffisait pour acheter les ordinateurs dont ils avaient besoin et passer aux grandes étapes suivantes de leur projet.

Andy Bechtolsheim, l'homme qui transformait en or tout ce qu'il touchait, s'éloigna à toute vitesse dans sa Porsche ce matin-là, sans comprendre la véritable signification de ce qu'il venait de faire. Au fond de lui-même, il se disait : « Peut-être pourront-ils attirer des millions de gens sur Internet, grâce à leur moteur de recherche, et ces millions s'additionneront pour finir par produire des bénéfices. » Mais à l'époque il ne se doutait pas à quel point ce projet allait prendre de l'ampleur et d'ailleurs personne n'en avait la moindre idée.

À huis clos, dans la salle 380 du bâtiment Gates sur le campus de Stanford, Brin et Page s'apprêtaient à faire subir un premier test à Google devant un cénacle d'intellectuels triés sur le volet. C'était en septembre 1998 et ils avaient été invités par leur professeur Dennis Allison à présenter Google. Les étudiants de maîtrise et les enseignants en informatique attendaient avec impatience. Brin et Page avaient décidé qu'ils ne voulaient pas parler d'argent du tout. C'était pour eux le moment de parler des concepts, l'occasion d'expliquer formellement pour la première fois, dans le cadre prestigieux de Stanford, la manière dont ils avaient mélangé divers ingrédients dans leur sauce secrète pour faire de Google le meilleur moteur de recherche et le plus rapide pour trouver de l'information sur le Web.

Leur conférence faisait partie de la série des séminaires du mercredi dont Allison était le maître d'œuvre et qui traitait des avancées et des percées importantes dans le domaine de la technologie. Son respect immense pour Brin et Page se fondait sur leurs personnalités très dynamiques, leurs capacités intellectuelles, la maturité inhabituelle dont ils faisaient preuve en dépit de leur jeunesse et une ambition qui s'était traduite par le fait qu'ils acceptaient de s'attaquer à des sujets que d'autres avaient trouvés trop difficiles. Pour Brin et Page, les défis immenses étaient quelque chose qui leur donnait de la vigueur. Pourtant, Allison avait vu défiler dans sa carrière beaucoup d'étudiants tout aussi brillants, des informaticiens, des mathématiciens et des spécialistes des technologies, mais

© Dunod – La photocopie non autorisée est un délit

ces deux-là avaient vraiment quelque chose de particulier. Les couloirs sacro-saints de Stanford avaient beau avoir vu déambuler les fondateurs de Sun Microsystems, Yahoo, Logitech et bien d'autres encore, il fallait reconnaître que les deux types de Google n'étaient pas comme les autres.

« Ce sont des gens extraordinaires » dit Allison. « Ils symbolisent ce qu'il y a de mieux dans le domaine de l'informatique, ce sont des hackers de génie. » En utilisant le terme hacker, Allison ne faisait pas référence à ces pratiques criminelles qui consistent à s'infiltrer dans les réseaux informatiques ou à perturber les sites Web. Dans la terminologie des informaticiens, ce mot décrit la capacité d'écrire des programmes qui constituent réellement une innovation et qui permettent d'envisager de nouvelles possibilités. Il y avait énormément de gens à Stanford qui avaient des idées géniales et beaucoup d'entre eux étaient très motivés, mais il y en avait peu qui étaient capables de mettre leurs idées en pratique et d'arriver à surmonter les obstacles qu'ils trouvaient sur leur chemin. Ce qu'il admirait chez eux, c'était leur manière de s'accrocher à leurs rêves fous de vouloir changer le monde.

« Ils sont vraiment motivés par une vision de ce que le monde devrait être et pas tellement par l'appât du gain » disait Allison. « L'idée de numériser la totalité de l'univers et de parvenir à ce que tout cela fonctionne est un problème auquel personne n'était prêt à s'attaquer, même si beaucoup de gens avaient conscience de la nécessité de le faire. Ils sont arrivés à le faire et ils ont repoussé les limites. Et avec un peu de chance, ça va vraiment marcher. »

Pour les thésards Brin et Page qui avaient encore un pied dans le monde universitaire, mais étaient prêts à quitter la fac pour créer leur société, il s'agissait là d'une formidable occasion de présenter le résultat de leurs recherches à un grand groupe et de pouvoir entendre les critiques en provenance d'un milieu où ces concepts avaient vu le jour. De nombreuses personnes les avaient prévenus qu'une fois qu'ils seraient partis de Stanford pour créer leur entreprise, la confidentialité deviendrait extrêmement importante afin d'empêcher leurs concurrents de connaître leurs résultats, leurs stratégies et leurs secrets commerciaux. Même à l'intérieur de la salle 380, ils s'étaient fixé des limites à ce qu'ils étaient prêts à révéler. Avec un auditoire aussi brillant qui buvait la moindre de leurs paroles, ils n'avaient aucune envie de favoriser la naissance d'un nouveau concurrent.

« Moi, c'est Sergey Brin et là-bas, c'est Larry ; je vais rentrer immédiatement dans le vif du sujet. » dit Brin dans son style typiquement décontracté. Il commença par l'exemple d'une personne partant en voyage qui tapait dans un moteur de recherche concurrent les mots « voiture de location ». Le problème avec les résultats, expliqua-t-il, c'est que la seule manière de les ordonner, c'était de compter le nombre de fois où les mots « location » et « voiture » apparaissaient dans différentes pages Web. En revanche, si on saisissait « voiture de location » dans Google, cela donnerait de meilleurs résultats de recherche parce que ces résultats se fonderaient sur des critères de pertinence. Face à un auditoire de connaisseurs, Brin saisit le terme dans Google et montra que les résultats obtenus au sommet de la liste étaient les sites Web officiels d'entreprises de locations de voiture comme Avis, National, Dollar, Alamo, etc. qui avaient été extraits rapidement de millions de pages Web.

« Ce que nous avons essayé de faire avec notre moteur de recherche, ça n'est pas de donner des réponses totalement ridicules qui se fondent uniquement sur le nombre de mots d'un texte » expliqua Brin. « Cette recherche a commencé il y a à peu près 3 ans ; fondamentalement, elle nous a fait prendre conscience de l'importance d'une page Web et nous a amenés à développer l'algorithme du PageRank qui est un composant majeur du moteur de recherche Google dont je vais vous parler aujourd'hui. »

Certes, il était facile de parler de la manière dont les sites Web sont reliés les uns aux autres, mais il était beaucoup plus complexe de tirer des résultats de recherche pertinents en tenant compte de la manière dont ces liens sont organisés ainsi que d'une douzaine d'autres facteurs. C'était pourtant ce qu'il fallait pour créer un meilleur moteur de recherche. Pour y arriver, il fallait d'abord analyser les motivations des opérateurs de sites Web : ces derniers créaient des liens et cherchaient à diriger les internautes vers une information qui se trouvait sur un autre site Web en espérant en retour que ceci amènerait plus de visites vers leurs propres sites.

« Laissez-moi vous expliquer quels sont les défis que doit relever un moteur de recherche » dit Brin. « Il faut que vous indexiez la totalité du Web ; cela fait beaucoup de données. Nous allons vous montrer comment y arriver. Nous allons vous dire tout ce que nous faisons pour générer de meilleurs résultats de recherche, puis nous évoquerons nos objectifs à trois ans

© Dunod – La photocopie non autorisée est un délit

et nous allons également vous parler des problèmes sociaux. » Brin invita ceux qui avaient le temps et l'envie d'entendre des explications plus techniques à s'inscrire à un cours que Page et lui donneraient ce semestre sur les moteurs de recherche ; il promit aux étudiants un accès à des ressources que l'on ne peut trouver nulle part ailleurs au monde. En attendant, Brin et Page allaient passer l'heure suivante à expliquer les fondements de la conception de leur moteur de recherche Google.

« Qu'est-ce qui vous permet au départ de développer un moteur de recherche ? » dit Brin. Il s'agissait en fait d'une question rhétorique, mais au cas où quelqu'un ne l'aurait pas compris dans la salle, il continua son exposé sans s'arrêter. « Sur Internet, il y a des millions de sites, des centaines de millions de pages ; la dernière fois que nous avons compté au début de l'année, on en était à trois cents millions » dit Brin. « Alors comment faire ? Eh bien, à vrai dire, il se trouve que la situation n'est pas si tragique que cela. En effet, nous avons pour nous la loi de Moore. »

Il n'y avait rien de plus important, ni de plus crucial en matière d'innovation que de comprendre les fondements de la loi de Moore. Dans le milieu des années 60, un ingénieur nommé Gordon Moore, l'un des co-fondateurs d'Intel avait prédit que tous les dix-huit mois, il y aurait un doublement de la puissance des ordinateurs. Sans cela, nous n'aurions pas connu la tendance qui nous a fait passer des ordinateurs grands systèmes qui étaient l'apanage des universités et des administrations à l'invention de l'ordinateur personnel qui a donné un pouvoir extraordinaire aux individus. Cette tendance que Moore avait prédite se confirma année après année. Brin expliqua à présent la manière dont la loi de Moore s'appliquait également à la conception d'un moteur de recherche capable d'analyser l'ensemble d'Internet.

« En même temps que les gens sont en train de générer toutes ces données textuelles, les disques eux aussi vont de plus en plus vite. Dans les vingt prochaines années, nous serons capables de stocker la totalité des connaissances humaines dans notre poche, à l'exception de l'information au format vidéo » déclara Brin avec assurance. « Tout cela est faisable. On peut tout conserver dans un endroit centralisé et on peut traiter toute cette information. C'est d'ailleurs ce que nous avons fait. »

Le problème, dit Brin, c'est que les gens ne sont pas capables de traiter des milliers de résultats de recherche. « Pour le moment, les humains échappent malheureusement à cette loi de Moore. Ils évoluent un peu plus lentement et ça, c'est un gros problème. En vérité, c'est même un problème sur lequel nous devons nous pencher ! » L'auditoire s'esclaffa.

Ayant reçu ce chèque de cent mille dollars de la part d'Andy Bechtolsheim et ayant décidé de prendre un congé sabbatique, Brin voulait faire part à ces experts universitaires de leurs projets. « Nous sommes en train de commercialiser Google et je pense que vous verrez très prochainement ce moteur de recherche sur Google.com. »

Le moteur de recherche de Google tenait compte de beaucoup plus de facteurs que tout autre moteur de recherche. Il ne se contentait pas de compter des mots ou de compter les liens et de donner des résultats. Il combinait l'information sur les liens et les mots avec d'autres variables, ce qui produisait de meilleurs résultats de recherche. Par exemple, dit Brin, cela avait une importance de savoir si les mots qui se trouvaient sur une page Web étaient proches l'un de l'autre ou si, au contraire, ils étaient très éloignés. C'était également important de connaître la taille de la police et de savoir si les lettres étaient en majuscules ou en minuscules.

« Nous essayons de ne pas nous débarrasser de trop d'informations » dit-il. « Nous adoptons le point de vue de l'utilisateur. Nous sacrifions beaucoup de puissance informatique afin de produire de bons résultats, mais c'est ce qui est nécessaire. »

Faire une recherche de qualité nécessitait non seulement des formules et des équations mathématiques correctes dans un logiciel, mais au fond cela nécessitait aussi beaucoup plus de puissance informatique que les moteurs de recherches existants sur le marché n'en avaient employé jusqu'à présent. Cela ne dérangeait pas du tout Larry et Sergey que les autres aient oublié cet ingrédient informatique dans la recette du moteur de recherche. Mais eux avaient compris dès le départ que la seule manière d'offrir de bons résultats de recherche aux internautes était d'investir dans les ordinateurs comme personne ne l'avait fait jusqu'à présent. Nos deux amis avaient non seulement prévu de mettre au point un logiciel, mais ils avaient également l'intention de fignoler les moindres détails de leur réseau d'ordinateurs car cela contribuait aussi à la production des résultats de recherche. Le logiciel et le matériel étaient

© Dunod – La photocopie non autorisée est un délit

inextricablement liés et le fait de les optimiser était crucial. Ils savaient qu'ils pouvaient bénéficier de la chute des prix de la mémoire des ordinateurs et des autres composants tout en profitant de l'augmentation de la puissance.

En écoutant leur conférence, Dennis Allison se remémorait le temps passé en compagnie de Brin et Page à Stanford. Si l'on mettait de côté leurs compétences techniques, il restait deux jeunes garçons qui avaient beaucoup de personnalité. Politiquement, ils étaient progressistes, ce qui dans la Silicon Valley signifiait qu'ils préféraient les logiciels libres et les systèmes ouverts plutôt que les systèmes fermés qui avaient généralement la faveur de Bill Gates et de Microsoft. Ils avaient également des opinions très tranchées.

« Ils n'aiment pas trop le climat qui règne dans les entreprises aux États-Unis et ils ne se gênent pas pour le faire savoir » confia Allison.

Quand Page prit la parole à son tour, Allison continua à être impressionné. Larry était un très bon pédagogue ; il était capable de trouver l'idée force d'un concept et de l'expliquer simplement de telle sorte que tout le monde comprenne. Pour Allison, c'était la preuve d'une pensée claire et d'une bonne maîtrise du sujet.

« Toutes les fois que l'on crée un lien » dit Page à son public captivé, « on crée une citation. Mais si vous vous contentez de comptabiliser les citations sur le Web, ce que font de nombreux moteurs de recherche, vous allez avoir des problèmes. Le Web n'est pas comparable aux articles de recherche scientifique car n'importe qui peut publier une page Web. Notre algorithme de PageRank peut être considéré comme un modèle d'usage. Prenons l'exemple d'un internaute qui surfe sur le Web au hasard. C'est un peu comme un singe qui serait assis face à un ordinateur et qui cliquerait toute la journée sur des liens sans faire preuve de la moindre intelligence. D'aucuns pourraient rétorquer qu'il s'agit là d'une assez bonne approximation du comportement des internautes sur le Web. » Page fit une pause et la salle gloussa, puis il continua.

« Au fond, le système du PageRank est basé sur le principe que si quelqu'un crée un lien vers votre site Web, vous obtenez une fraction de l'importance qu'il possède. Imaginons que quelqu'un de très important crée un lien vers votre site Web. Cela vaut bien plus que s'il s'agit de quelqu'un qui a créé une page Web banale. Par exemple, si Yahoo pointe sur votre site à partir de sa page d'accueil, ça n'est pas rien. Si vous n'avez, ne serait-ce qu'un lien qui provient de la page d'accueil de Yahoo, c'est déjà pas mal. Cela signifie que vous avez dû payer beaucoup d'argent ou que votre page est vraiment bonne. D'un autre côté, si vous avez un lien sur ma page d'accueil, les gens n'en auront pas grand-chose à faire. » Page expliqua ensuite comment grâce à sa recette il était arrivé à produire des résultats de recherche triés par pertinence. « Nous avons assigné à ces pages des valeurs qui correspondaient en gros à leur importance. Le rang de la page est la somme de tous ces pointeurs. »

« L'autre défi majeur pour les moteurs de recherche » dit Page « est que les gens tentent de les piéger de telle sorte que leur site Web se retrouve au sommet de la liste des résultats. Le moteur de recherche doit gagner cette cyber-guerre en étant plus malin que ces sites Web qui trichent. Les gens essayent de tromper les moteurs de recherche. Combien de fois avez-vous vu apparaître des contenus pornographiques au milieu de choses qui n'avaient rien à voir ? Levez la main ! Bon, quelques personnes sont ici prêtes à l'admettre. Ça, c'est un gros problème pour les moteurs de recherche. Au fond, les gens cherchent à faire de l'argent en faisant apparaître leur site dans chaque résultat de recherche ; ça ne les intéresse pas de savoir ce que vous recherchez car ils se foutent de tout. La seule chose qu'ils veulent, c'est générer du trafic sur leurs pages Web. Il s'agit là d'un problème très sérieux. »

Ayant identifié le problème, Page expliqua qu'il n'était pas loin d'avoir trouvé la solution. La réponse, dit-il, serait de mesurer constamment et de manière dynamique l'importance réelle des sites Web. Cela rendrait la tâche plus difficile aux gestionnaires de sites Web qui cherchent à leurrer le système. En se concentrant pleinement sur l'utilisateur final, Google parviendrait à s'acquitter de cette tâche.

À ce stade de sa conférence, Page ne put s'empêcher de se moquer de la piètre qualité des autres moteurs de recherche. « Les moteurs de recherche ne fonctionnent pas très bien » dit-il. « Si vous saisissez AltaVista dans un autre moteur de recherche, allez-vous obtenir la page d'accueil d'AltaVista ? Ce n'est pas certain. Voilà un domaine où nous sommes vraiment bons. Nous faisons tout cela nous même et c'est une vaste entreprise. »

© Dunod – La photocopie non autorisée est un délit

L'approche fondamentale de Google était de décomposer les tâches complexes en unités plus petites qui pouvaient être gérées simultanément. En employant les bonnes équations mathématiques et de nombreux ordinateurs personnels, Brin et Page étaient capables de créer une chaîne d'assemblage moderne pour traiter la collecte des données, leur indexation et la présentation des informations tout en tirant parti de la loi de Moore qui leur assurait une puissance informatique plus grande à moindre coût.

« Nous ratissons le Web, ce qui signifie que nous téléchargeons la totalité du Web. Nous téléchargeons environ une centaine de pages par seconde » dit Page. « C'est assez compliqué à réaliser si l'on veut le faire de manière fiable. En fait, nous stockons toutes les pages Web que nous téléchargeons car cela améliore la recherche. Nous avons stocké la totalité du Web sur des disques durs, de l'autre côté du couloir. Cela sera très utile pour les chercheurs d'avoir toutes ces informations à portée de main. »

Au fur et à mesure que Larry Page en révélait un peu plus sur ce qui faisait la supériorité de Google par rapport à ses concurrents, les étudiants et les professeurs de Stanford étaient suspendus à ses lèvres.

« Dès qu'une requête comprend plusieurs mots, nous nous intéressons à la distance entre ces mots sur la page Web » dit-il. Pour cette tâche, nous disposons de logiciels sophistiqués qui sont basés sur de nombreuses équations. Les autres moteurs de recherche utilisent une approche plus simpliste et n'arrivent pas à s'adapter à la croissance continue du Web.

« Si vous voulez obtenir plus d'informations, il suffit d'aspirer plus de contenus du Web » dit Page. « C'est la façon la plus facile de le faire. »

Larry et Sergey avaient pris soin de ne pas dévoiler tous les secrets du PageRank ou de Google. Il était toujours possible que des espions d'autres sociétés soient présents dans la salle et ils ne voulaient pas courir le risque que quelqu'un pille le fruit de leur dur labeur.

À ce moment-là, Brin décida d'égayer l'exposé. « Aspirer et indexer Internet peut paraître très technique » dit-il, « mais c'est aussi une aventure qui peut même se révéler dangereuse. Du point de vue de certains propriétaires de sites Web » expliqua Sergey, « notre programme d'aspiration représente une intrusion dont ils ne veulent pas entendre parler ».

« Pour évoquer un autre aspect de notre ratissage du Web » dit Brin, « nous nous amusons beaucoup. Si vous rentrez en contact avec un million de sites Web, vous rentrez au fond en contact avec un million de personnes qui sont des webmestres. Alors, imaginez que vous faites du porte à porte auprès d'un million de personnes et que vous leur communiquez votre adresse électronique. À votre avis, quelle chance auriez-vous de survivre à cette expérience, disons, dans certains quartiers d'Oakland ? »

Brin avoua qu'un petit nombre de webmestres dérangés, fous de rage que le logiciel d'aspiration de Google ait perturbé leur site, s'étaient vengé en faisant du mail bombing ou bien les avaient menacés de les traîner en justice. « Ils rentrent en contact avec vous, essayent de vous intenter un procès et nous avons fini par rendre inaccessibles quelques sites Web dans le Montana. À un moment donné, c'était même la totalité des sites de Singapour qui étaient inaccessibles... Il arrive parfois que certaines personnes contactent à Stanford le responsable de la gestion des risques. Je suis sûr que vous ne savez même pas qu'une telle personne existe. Eh bien nous, maintenant, nous le savons. Il nous a contactés et ce sont des problèmes à n'en plus finir. »

Chapitre 5

Diviser pour mieux régner

Quand Brin et Page quittèrent Stanford à l'automne 1998 afin de poursuivre la conception du meilleur moteur de recherche du monde, ils déménagèrent leurs ordinateurs, leurs gadgets et leurs jouets dans le garage et plusieurs pièces d'une maison équipée d'un sauna dans la banlieue de Menlo Park. La propriétaire de la maison, Susan Wojcicki, connaissait Brin parce qu'il était sorti avec une de ses camarades de chambre. Brin et Page auraient pu louer cet espace pour 1 500 dollars par mois, mais ils avaient préféré payer 1 700 dollars de telle sorte que tous les frais et les taxes soient compris dans le prix, si bien que tout était fait dans les règles de l'art dès le début. Le 7 septembre, ils créèrent officiellement la société Google Inc. Ils ouvrirent leur premier compte en banque et y déposèrent le chèque de 100 000 dollars de Bechtolsheim. Ils embauchèrent aussi leur premier salarié, Craig Silverstein, un ami qui était étudiant en doctorat à Stanford. « Nous avons trouvé un endroit avec beaucoup de place et nous avons emménagé dans un garage, comme toute start up de la Silicon Valley qui se respecte » déclara Silverstein. Wojcicki, quant à elle, fut un peu surprise « On pensait qu'ils seraient juste présents la journée pendant que nous serions au travail et que nous ne les remarquerions pas » dit Wojcicki. « Mais en fait, ils étaient là tout le temps, 24 heures sur 24. Finalement, tout s'est bien passé et nous avons bénéficié d'un accès gratuit à Internet. »

Après cinq mois, les activités de Brin et Page étaient devenues trop envahissantes pour le garage de Wojcicki, si bien qu'au début de l'année 1999 ils déménagèrent dans des bureaux de l'avenue de l'Université dans le centre de Palo Alto. Ce fut le premier de toute une série de déménagements qui étaient autant de signes de la croissance et de la culture émergente de la société. Ils voulaient que le travail soit intéressant et amusant à la fois et ils étaient déterminés à ce que cela soit ainsi tout le temps. Le deuxième étage d'un immeuble dans le centre d'une ville universitaire prestigieuse était un emplacement parfait pour eux ; ils étaient situés à moins de deux kilomètres du campus de Stanford et l'endroit était bien plus vivant qu'un centre d'affaires. Ni l'un, ni l'autre n'avait une idée précise de la manière dont la société allait gagner de l'argent, mais il leur semblait que s'ils disposaient du meilleur moteur de recherche, certaines entreprises ou administrations voudraient l'utiliser. Plus important encore, ils partageaient une excitation durable à l'idée d'aider les gens à trouver des informations plus pertinentes et plus rapidement. C'est toujours resté leur principale motivation. « Nous avons créé cette entreprise parce que nous n'étions pas satisfaits de la technologie de recherche actuelle » dit Page. « Si nous réussissons, ce ne sera qu'un effet secondaire bénéfique. »

Larry et Sergey, dans le garage qu'ils louaient à Menlo Park et qui fut leur premier bureau.

Déjà relativement populaire parmi les initiés de Stanford, leur moteur de recherche gérait à peu près 100 000 requêtes par jour. Cette croissance n'était due qu'au bouche à oreille, aux courriels et à la messagerie instantanée, vecteurs puissants et gratuits de marketing viral qu'ils ne voulaient pas perdre uniquement parce qu'ils avaient quitté le campus et se retrouvaient plus isolés. En janvier 1999, le duo fit une présentation devant une quarantaine d'étudiants et d'enseignants de

© Dunod – La photocopie non autorisée est un délit

Stanford car ils prenaient soin de rester en contact avec leurs professeurs. En février, ils envoyèrent une lettre d'information à leurs utilisateurs et à leurs amis.

« Google, le projet de recherche, est devenu Google.com. Nous souhaitons offrir aux utilisateurs une qualité améliorée et des recherches plus efficaces ; la création d'une société semble être le meilleur moyen pour atteindre notre but » écrivirent Brin et Page. « Nous recrutons et nous installons de plus en plus de serveurs pour tenir la charge (on commande maintenant nos ordinateurs par palette de 21). Nous indexons aussi le Web plus souvent, si bien que nos résultats sont toujours aussi rapides, mais qu'ils restent à jour. Nous embauchons à une cadence élevée des gens talentueux afin d'offrir les dernières et les meilleures technologies du Web. »

Brin et Page présentaient dix bonnes raisons de travailler pour Google, notamment l'emploi d'une technologie à la mode, des stock-options, des sandwichs et des boissons gratuites et le fait que des millions de personnes allaient utiliser et apprécier votre logiciel... Ils étaient restés très ambitieux malgré quelques refus au début de la part d'investisseurs et de partenaires commerciaux potentiels, et leur enthousiasme grandissait en même temps que le nombre d'utilisateurs de Google. On commença à les remarquer. Bien que Google en soit toujours au stade de la version beta, il était cité dans le palmarès 1998 de *PC Magazine* des 100 meilleurs sites Web et moteurs de recherche.

Un certain nombre de tendances convergentes donnèrent à Brin et Page un avantage décisif. Les moteurs de recherche commerciaux les plus réputés, comme AltaVista, Excite et Lycos, s'écartaient de leur principale mission, qui consistait à améliorer leur technologie de recherche pour deux raisons : soit ils étaient noyés dans de très grosses sociétés, soit ils courraient après la manne publicitaire et chassaient les dot-coms qui venaient d'être introduites en Bourse et qui possédaient plus d'argent frais que de matière grise. Cela eut pour conséquence un déclin de la qualité de la recherche d'information qui poussa les internautes à chercher des alternatives au fur et à mesure de leurs investigations. De plus en plus d'utilisateurs se tournaient vers Google. La citation dans le palmarès de *PC Magazine* fit connaître Google à des milliers de personnes ; cela apprit aussi à notre duo le pouvoir des médias gratuits : alors que leurs voisins de la Silicon Valley dépensaient des millions de dollars qu'ils ne possédaient pas réellement pour acheter des spots publicitaires qui passaient pendant les matchs du Super Bowl, Google voyait sa popularité augmenter sans dépenser un sou.

À cette époque, l'idée prédominante était que les sites Web qui proposaient de multiples fonctionnalités étaient le point d'entrée favori pour accéder à Internet, mais Brin et Page étaient d'un avis contraire. En tentant de proposer tous les services à tout le monde, ces portails finiraient par ne plus correspondre aux besoins particuliers des utilisateurs et perdraient ainsi leur identité, au moment même où Internet évoluait vers une personnalisation. Page et Brin étaient têtus et n'avaient qu'un seul objectif en tête car ils restaient convaincus que la recherche sur Internet était à long terme le problème le plus important à résoudre ; en adoptant cette stratégie, ils allaient attirer vers eux des utilisateurs en masse. Pour garantir la précision, la rapidité et la fiabilité de chaque recherche, le duo avait investi la majeure partie des fonds levés dans l'achat de matériel supplémentaire et passait le plus clair de son temps à chasser de nouveaux talents et à améliorer le logiciel. Ils avaient un objectif en tête : devenir le moteur de recherche dominant au moment précis où les autres abandonnaient ce secteur qu'ils traitaient même avec mépris comme un simple service de base. Notre duo restait persuadé que la recherche était critique pour naviguer sur le Web. Au fur et à mesure que les requêtes à l'aide de Google augmentaient, ils commencèrent à se rendre compte qu'ils avaient développé involontairement une marque et un logo extrêmement populaires.

Peu de temps après avoir emménagé dans leurs nouveaux bureaux de Palo Alto, les effectifs de Google passèrent à huit salariés et la société essaya tant bien que mal de garder le rythme du nombre de requêtes qui augmentait tous les jours. Son système informatique unique qui mêlait des composants bon marché et un logiciel personnalisé pour former un petit super-ordinateur, lui donnait la puissance nécessaire pour gérer un nombre croissant de requêtes et des téléchargements du Web toujours plus volumineux. Mais il y avait des fois où il semblait impossible de tenir le rythme et de satisfaire la demande, en particulier parce que Brin et Page arrivaient au bout du million de dollars qu'ils avaient récolté auprès d'Andy Bechtolsheim et de leurs premiers investisseurs et qu'ils devaient emprunter sur leurs propres deniers. Le nombre de requêtes quotidiennes s'élevait maintenant à 500 000 et il était évident que Brin et Page allaient être obligés de lever une

© Dunod – La photocopie non autorisée est un délit

somme substantielle pour continuer à ajouter des ordinateurs à leur système informatique. Plus ils ajouteraient d'ordinateurs, plus ils pourraient traiter un nombre important de requêtes. Et plus ils pourraient traiter de requêtes, plus leur croissance serait rapide. Mais ce que nos deux amis ne voulaient surtout pas, c'était perdre le contrôle de leur société.

Dans l'atmosphère de ruée vers l'or qui régnait au début de l'année 1999 dans la Silicon Valley, lever des fonds grâce à une introduction en Bourse était une hypothèse envisageable, même si Google ne générait aucun profit. Mais Brin et Page n'avaient aucune envie de révéler leurs secrets de fabrique et leurs méthodes en entrant en Bourse car ce qui les intéressait, ce n'était pas l'argent, mais la possibilité de pouvoir continuer la conception de leur moteur de recherche. Rassembler plus de *business angels* semblait peu réaliste en raison de la somme substantielle dont ils avaient besoin et faire croître par eux-mêmes leur entreprise paraissait tout aussi impossible. Ils avaient commencé à vendre sous licence leur technologie de recherche à des sociétés qui voulaient en disposer pour leur intranet ou leur site Web, leur premier client officiel étant l'éditeur de logiciels Red Hat. Il était difficile de persuader des gens de payer un service de recherche alors que l'avis général qui primait dans le monde des affaires était que la recherche n'était pas une priorité. Ce dont avait besoin la société Google, c'était d'un apport substantiel de liquidités venant de l'extérieur.

Page et Brin se mirent à étudier le monde des sociétés de capital risque. Ils étaient bien décidés à obtenir des fonds d'un investisseur de premier plan sans avoir à abandonner le contrôle de leur entreprise. Leurs chances de réussite semblaient aussi grandes que celles de l'idée initiale de Page de télécharger la totalité du Web. Mais ils avaient une totale confiance en eux et étaient persuadés d'y arriver. Le rêve de tout entrepreneur de la Silicon Valley était de trouver un financement de la part de l'une des plus prestigieuses sociétés de capital risque de Sand Hill Road. En effet, trouver le bon financement de la part des bonnes personnes apportait les bons contacts, qui pouvaient assurer le succès ou provoquer la chute d'une entreprise technologique. D'un autre côté, abandonner le contrôle de son entreprise à une société de capital risque pouvait ruiner l'ambition des fondateurs de Google et détruire le potentiel à long terme d'une technologie innovante.

En examinant les gisements financiers les plus prometteurs, le duo de Google s'était aperçu que de nombreuses entreprises avaient perdu le contrôle de leur destin industriel. Les sociétés de capital risque les avaient introduites en Bourse rapidement ou bien alors les avaient incitées à amasser autant d'argent que possible grâce à de la publicité. Conseillés par un excellent connaisseur des nouvelles technologies, le PDG d'Amazon.com, Jeff Bezos, Brin et Page décidèrent de contacter simultanément deux des plus prestigieuses sociétés de capital risque de la Silicon Valley : Kleiner Perkins Caufield & Byers et Sequoia Capital. Si tout se passait bien, leur objectif était de se faire financer par les deux sociétés sans qu'aucune ne prenne le contrôle de Google. Pendant que ces deux sociétés ferrailleraient pour obtenir l'exclusivité de l'investissement, Brin et Page assureraient la destinée de Google et resteraient les actionnaires majoritaires. Si ce plan ne fonctionnait pas, les fondateurs devraient trouver une autre source de financement. Et peu importe si ce n'était pas la façon dont les gens se comportaient en affaires ! Ils feraient les choses à leur manière ou pas du tout. Il n'y aurait aucun compromis et c'était aussi simple que cela.

Dans l'atmosphère frénétique du boom des dot-com, à la fois John Doerr de chez Kleiner Perkins et Michael Moritz de chez Sequoia Capital s'étaient lassés de regarder une suite sans fin de présentations PowerPoint décrivant de nouveaux concepts commerciaux. Il était assez difficile de savoir sur quels entrepreneurs il fallait parier ; ils devaient deviner parmi les dizaines de nouveaux concepts technologiques qu'on leur présentait ceux qui seraient les succès de demain. Pour ces deux géants de la finance de la Silicon Valley, Sergey Brin et Larry Page représentaient une bouffée d'oxygène. Au lieu d'une présentation PowerPoint, ils arrivaient avec une technologie de moteur de recherche fonctionnelle qui était bien supérieure à tout ce que Doerr ou Moritz avaient pu voir auparavant. Ces types de Google semblaient extrêmement intelligents et très sûrs d'eux. Ils savaient tout et ils avaient également des contacts. Ils venaient de Stanford, avaient de l'énergie à revendre et étaient très motivés. À la différence des gens ordinaires qui ont de bonnes idées mais sont incapables de les concrétiser, il paraissait évident que ces gars-là avaient tout ce qu'il fallait pour mener à bien leur entreprise.

© Dunod – La photocopie non autorisée est un délit

John Doerr (à gauche), de la société de capital-risque Kleiner Perkins, qui se joignit à Sequoia Capital pour un investissement total de 25 millions de dollars dans la société. Michael Moritz (à droite) de Sequoia Capital. Les deux investisseurs menacèrent de se retirer parce que Larry et Sergey tardaient à désigner un PDG.

Les questions les plus délicates tournaient autour de la valorisation d'une technologie de recherche qui n'avait pas de modèle économique ; d'autre part, on ne savait pas s'il existait un investisseur sérieux qui serait capable de travailler avec notre duo, étant entendu qu'ils voulaient le plus d'argent possible tout en conservant le maximum de pouvoir. Ni Doerr ni Moritz n'étaient particulièrement embarrassés par la stratégie à long terme que Brin et Page voulaient déployer. En effet, leurs deux sociétés engrangeaient de nombreux bénéfices ailleurs car ils profitaient de la folie des dot-com. David Cheriton, prof à Stanford, avait ses entrées dans les sociétés de capital risque et il s'était porté garant de l'honnêteté et de l'éthique professionnelle de Page et Brin quand il les avait présentés. Mais il y avait quelque chose d'autre. Malgré le caractère extrêmement sérieux avec lequel ces types présentaient leur technologie de PageRank et leur stratégie informatique, ils donnaient l'impression de gens très sympathiques avec qui on pouvait aborder des sujets de conversation très variés. Ils étaient atypiques et charismatiques.

Moritz avait rencontré Brin et Page par l'intermédiaire de David Filo, fondateur de Yahoo, à l'époque où ils étaient étudiants à Stanford. Moritz et sa société, Sequoia Capital, avaient financé Yahoo à hauteur de deux millions de dollars et avaient engrangé un profit substantiel en 1996 lors de l'introduction en Bourse de Yahoo qui avait rapporté 32 millions de dollars. À la même époque, Brin et Page se renseignaient pour savoir comment créer une société ; ils étudiaient aussi les méthodes et les techniques d'évaluation des entreprises afin de trouver un accord avec Stanford qui faciliterait le dépôt de brevet du PageRank et leur permettrait de le vendre sous licence tout en restant à l'université. On leur avait également conseillé très tôt de rencontrer des sociétés de capital risque, si possible avant même qu'ils aient besoin d'argent. « Ils sont arrivés dans notre bureau et ils voulaient des renseignements sur la manière de créer sa boîte. Mais cela a été assez rapide, le genre de conversations que nous avons tous les jours » se rappela Moritz. « À l'époque, leur passage ne m'avait pas vraiment marqué. »

Au fur et à mesure que l'année 1999 avançait, les finances de Google s'amenuisaient et un de ses premiers business angels, Ron Conway, qui était agent de change dans la Silicon Valley, contacta Moritz et lui demanda de rencontrer Brin et Page.

« Ron Conway nous avait avertis de leur existence » dit Moritz. « Nous avions également entendu parler d'eux par les gens de chez Yahoo. C'était au printemps 1999 et cela s'est fait dans la précipitation et la confusion. C'était une époque et des circonstances plutôt frénétiques. »

Moritz se rappelle avoir été très impressionné par la démonstration du moteur de recherche de Google. « Nous nous sommes rencontrés plusieurs fois chez Sequoia et aussi à Palo Alto, où ils avaient un petit bureau. Ils faisaient tourner la version beta de Google et il était assez facile de détecter les différences de qualité entre leurs résultats de recherche et ceux de leurs concurrents. Leur projet commercial original n'avait aucun rapport avec la publicité. Leur but était de vendre sous licence leur technologie à toute une série d'entreprises du Net. »

De quelle manière Moritz évalua-t-il leur potentiel ? Sa réponse donne des indices sur la façon dont les meilleures entreprises de capital risque de la Silicon Valley prennent des décisions : il s'agit plus d'un art que d'une science. Et le fait qu'il ait été investisseur dans Yahoo joua aussi un rôle important, ce qui illustre bien la manière dont un réseau relationnel peut influencer la prise de décision qui pourrait apparaître autrement comme linéaire.

« Nous nous sommes trompés bien des fois » expliqua Moritz. « C'était la qualité du service offert par Google qui était manifestement meilleure que ce que l'on pouvait trouver ailleurs. C'est la raison pour laquelle nous avons investi. Et

© Dunod – La photocopie non autorisée est un délit

au fur et à mesure qu'Internet se développait, nous pensions que la recherche deviendrait de plus en plus importante, et non pas qu'elle perdrait de l'importance. Ces deux types, Larry et Sergey, étaient vraiment des gens très intelligents. Nous avions l'avantage d'évoluer dans le milieu où se jouait l'avenir d'Internet. L'autre fait marquant était que Yahoo avait passé des accords de licence avec un nombre considérable d'entreprises qui commercialisaient des services de recherche. Ils étaient en relation avec Open Text, AltaVista et Inktomi. Et Google était le dernier à avoir fait son apparition. »

« Les gens de chez Yahoo s'intéressaient beaucoup au moteur de recherche de Google afin d'améliorer leur service » dit-il. « Ils étaient également désireux de nous aider à investir dans Google car ils pensaient que cela serait bénéfique pour Yahoo. » Moritz raconte que Sequoia avait plutôt envie d'investir dans Google, en partie pour aider Yahoo. « Ils avaient la bonne vision de Google. Personne n'avait compris en 1999 la manière dont les choses allaient évoluer. Google était un vendeur potentiel pour Yahoo. Il nous semblait à l'époque qu'Internet avait engendré deux applications principales : le courrier électronique et la recherche. Google avait réussi à concevoir un meilleur moteur de recherche. »

Moritz raconte qu'il s'était aussi aperçu qu'à eux deux, Brin et Page, avaient tout ce qu'il fallait. Il avait maintes fois constaté que les start up créées par un couple d'entrepreneurs qui partageaient la même vision des choses avaient beaucoup plus de chances de réussir que les créateurs d'entreprise solitaires. C'était ce qui s'était produit chez Microsoft avec Bill Gates et Paul Allen. Cela avait aussi été le cas chez Apple avec Steve Jobs et Steve Wozniak et aussi chez Yahoo. Et peut-être que cela pourrait aussi arriver à Google.

Alors que Moritz se concentrait sur Brin, Page et leur moteur de recherche, John Doerr de chez Kleiner Perkins appréciait la dynamique à long terme d'Internet et le potentiel prometteur que représentait Google dans le cadre de cette évolution. Plus visionnaire que la majorité des investisseurs des sociétés de capital risque, Doerr était prêt à parier gros sur les technologies intelligentes qui tireraient parti de la croissance d'Internet à long terme. Pendant le boom des dot-com, il avait combattu l'idée reçue selon laquelle on avait exagéré l'importance du Net et avait insisté sur le fait qu'Internet avait un potentiel bien plus grand que les gens ne l'imaginaient.

Doerr était un financier qui avait fait fortune en investissant dans Compaq Computer, Sun Microsystems et Amazon.com bien avant que la plupart des gens comprennent les concepts sur lesquels ces sociétés étaient basées. En fait, il avait déjà pris contact avec Google par l'intermédiaire du fondateur d'Amazon, Jeff Bezos. L'expérience et le statut de Doerr, qui était une vedette de la finance dans la Silicon Valley, n'avaient pas échappé à nos deux amis ; ils savaient que son implication dans Google pouvait permettre de transformer leur vision et leurs idées en transactions commerciales concrètes. Doerr avait aussi été l'un des premiers investisseurs d'America Online, l'un des plus gros fournisseurs d'accès à Internet, qui constituait pour Google un client potentiel gigantesque. Larry et Sergey imaginaient l'argent que de telles transactions pourraient leur apporter. C'était l'ingrédient essentiel dont ils avaient besoin s'ils voulaient réaliser leur rêve de concevoir le meilleur et le plus exhaustif moteur de recherche de la planète. Un investissement de chez Kleiner Perkins, sous l'impulsion de Doerr, serait la garantie du succès de leur entreprise.

Au printemps 1999, Moritz et Doerr décidèrent tous les deux de faire financer Google par leurs sociétés respectives. Brin et Page se retrouvaient exactement dans la situation qu'ils avaient souhaitée, mais avec un problème contrariant : si les deux sociétés de capital risque refusaient d'investir conjointement dans l'entreprise, Google risquait de les perdre toutes les deux. Chaque firme voulait prendre les décisions et revendiquait que Google fût « sa » seule affaire. Chacune d'elles était trop importante pour céder le contrôle à l'autre et aucune n'avait besoin de cette affaire si cela signifiait devenir un partenaire minoritaire. Cela ne marcherait pas car ça ne collait pas avec la hiérarchie des valeurs de la Silicon Valley. Kleiner Perkins tout comme Sequoia contrôlait trop d'argent pour s'embêter à partager des investissements dans des start up. Ça n'était pas la manière dont on touchait le jackpot dans le monde des sociétés de capital risque, en tous les cas pas chez les plus prestigieuses de Sand Hill Road.

Ce fut un vrai dilemme pour Brin et Page. D'un côté, ils avaient besoin d'argent rapidement et ils avaient deux sociétés qui leur en proposaient. D'un autre côté, peut-être pourraient-ils lever des fonds sans perdre le contrôle de leur entreprise s'ils les persuadaient toutes les deux d'investir de l'argent. C'était une supposition risquée, mais c'était la voie

© Dunod – La photocopie non autorisée est un délit

qu'ils décidèrent d'emprunter. Heureusement pour Google, deux de leurs premiers investisseurs, Ron Conway et Ram Shriram, avaient respectivement des relations avec Moritz et Doerr, et ils cherchèrent à sortir de cette impasse inhabituelle. Au fil des semaines, nos deux amis comprirent la raison pour laquelle les financiers de capital risque avaient gagné le surnom de « vautours capitalistes » et ils commencèrent à se demander s'il ne serait pas mieux pour Google de se passer de leurs services.

Brin et Page demandèrent à Conway, qui avaient d'autres contacts en tant que conseiller financier, s'il ne pouvait pas rassembler un autre groupe de *business angels*. Des investisseurs passifs signifiaient que Larry et Sergey restaient aux commandes et ils dirent à Conway qu'ils envisageaient cette solution, tout en sachant que le temps était compté dans la mesure où ils étaient à court d'argent.

Au lieu de réunir d'autres investisseurs potentiels, Conway contacta Shriram. Ils décidèrent de dire à Moritz et Doerr que s'ils ne trouvaient pas un moyen de collaborer, Brin et Page iraient voir ailleurs, et qu'ils ne bluffaient pas.

Bien que ce fût une époque où des cohortes d'entrepreneurs se rendaient chez Kleiner Perkins et Sequoia pour faire financer leur start up, ce fut un signal d'alerte : il y avait quelque chose de particulièrement prometteur chez ces deux jeunes gens. Les compagnies d'investissement mirent leur fierté au placard, et en quelques jours, Conway et Shriram avaient réussi à boucler l'affaire. Kleiner Perkins et Sequoia Capital investiraient chacun 12,5 millions de dollars dans Google et accéderaient à la demande de Larry et Sergey de garder les commandes et de rester majoritaires dans leur entreprise. Mais en ayant mis autant d'argent sur la table, Doerr et Moritz fixèrent une condition à leur financement : la promesse que nos deux entrepreneurs embaucheraient un cadre expérimenté dans le secteur industriel qui les aiderait à transformer leur moteur de recherche en une entreprise rentable. Il s'agissait là d'une exigence raisonnable dans la mesure où la société n'avait même pas de business plan. Brin et Page donnèrent leur accord se disant qu'avec 25 millions de dollars en poche et la majorité au conseil d'administration, ils auraient la capacité de repousser toute décision d'embaucher quelqu'un au poste de PDG. Une chose était certaine : ils n'avaient aucune intention d'engager quelqu'un à qui ils devraient rendre des comptes.

Le 7 juin 1999, moins d'une année après qu'ils aient pris leur congé sabbatique de Stanford, Brin et Page diffusèrent un communiqué de presse annonçant que Kleiner Perkins et Sequoia Capital étaient tombés d'accord pour investir 25 millions de dollars dans Google Inc. Sur le campus de Stanford et à Palo Alto, tout le monde était médusé car il s'agissait d'une somme gigantesque. Ces deux sociétés de capital risque ne réalisaient jamais d'investissement en commun et pourtant Doerr et Moritz allaient siéger tous les deux au conseil d'administration de Google. Et sans qu'on sache comment, ces deux gars qui avaient toujours paru un peu arrogants, s'étaient débrouillés pour soutirer une énorme somme d'argent sans apparemment rien lâcher en retour. Tout portait à croire que le tandem de Google avait décroché un contrat en or : l'argent dont ils avaient besoin pour concevoir leur moteur de recherche bien-aimé et le contrôle nécessaire pour prendre les décisions.

« Nous sommes absolument ravis de disposer de sociétés de capital risque de cette envergure qui nous permettent de concrétiser notre entreprise » souligna Page dans une déclaration officielle. « Nous envisageons une croissance rapide de l'entreprise afin de continuer à fournir le meilleur moteur de recherche du Web. »

Son assurance n'ayant jamais été aussi grande, Brin ajouta un commentaire pompeux qui convenait bien à la situation : « Un moteur de recherche parfait traitera et comprendra toute l'information du monde. C'est sur cette voie que Google s'est engagé. »

Le communiqué de presse décrivait le système de PageRank dont le dépôt de brevet était en cours ; il se composait de 500 millions de variables et deux milliards de termes. Cela procurait une qualité et une précision inégalées et illustrait la maîtrise de la recherche à Stanford dans le *data mining* du Web à grande échelle. En fait, si ce communiqué de presse n'avait pas également contenu des déclarations de Doerr et Moritz, certaines personnes sur le campus de Stanford auraient cru à un canular.

« Google deviendra sûrement l'étalon-or de la recherche sur Internet » déclarait Moritz. « La société de Larry et Sergey a la possibilité de transformer les internautes du monde entier en googleurs dévoués tout au long de leur vie. »

© Dunod – La photocopie non autorisée est un délit

Doerr ajouta : « La recherche est un vrai défi et les améliorations sont significatives. Cent millions de requêtes sur le Web sont effectuées quotidiennement. Le fait de trouver rapidement l'information qui convient est vital pour les internautes dans de nombreuses professions. Google révolutionne la technologie de la recherche et fournit des informations valables aux utilisateurs. »

Le communiqué incluait des détails sur le financement ainsi que des informations supplémentaires sur Google, la liste impressionnante de ses investisseurs et son taux de croissance de 50 % par mois. Tout ceci plaça la société sous les feux de l'actualité, lui donnant encore l'occasion de croître grâce à la publicité gratuite. Le jour suivant, Sergey et Larry envoyèrent un courriel à leurs amis : « Le mois qui vient de s'écouler a été passionnant pour nous car nous nous sommes assurés un financement qui va nous permettre d'améliorer Google. Notre capacité continue d'augmenter (grâce à vous !) ce qui va nous aider à satisfaire la demande. Ce mois-ci, nous avons installé encore plus de serveurs pour augmenter les temps de réponse (nous commandons à présent nos ordinateurs par palette de 80). Nous travaillons aussi à supprimer les doublons des résultats de recherche et nous réfléchissons à de nouvelles fonctionnalités (chut, pas un mot !) qui sont censées améliorer le confort de l'utilisateur. »

C'était un moment grisant pour Google et ses fondateurs. Pourtant, le communiqué de presse et la couverture médiatique de la transaction qui regorgeaient de propos louangeurs sur le moteur de recherche et de déclarations sur l'avenir ne répondaient pas à une question centrale. Le mystère restait entier : comment Google envisageait-il de gagner de l'argent ?

Chapitre 6
Burning Man

À la fin du mois d'août 1999, Larry et Sergey, ainsi que quelques employés et amis de Google s'entassèrent dans des voitures et partirent dans un coin désolé du Désert du Rocher noir dans le Nevada. Ils coupaient le cordon ombilical avec Internet et allaient dans un endroit où le téléphone mobile ne passait pas. Ils ne pourraient pas non plus acheter là-bas ni eau ni nourriture, si bien qu'ils avaient emporté des provisions pour une semaine. Ils n'étaient pas seuls : une foule hétéroclite formée d'ingénieurs, d'artistes, d'anarchistes, d'intellectuels et d'esprits libres participait à cette excursion qui rassemblait environ 18 000 personnes. Sans êtres rebutés par les immenses bouchons qui s'étaient formés sur les routes étroites situées au nord de Reno, ni par le climat peu clément dont les températures s'échelonnaient de 4° à 40°, ils se dirigeaient vers une ville temporaire que l'on ne trouve pas sur les cartes et qui se peuplait brièvement chaque année avant de disparaître à nouveau. Au fil des ans, un festival de bacchanales et d'art bizarre s'était développé là-bas et Sergey et Larry le trouvaient trop distrayant pour le rater, quelles que soient les exigences de leur nouvelle entreprise. Il faut quand même ajouter que participaient à ce rassemblement quelques partenaires éventuels ainsi que quelques spécimens des utilisateurs les plus fidèles de Google. Ce qui les attirait tous dans ce cadre d'une beauté majestueuse, c'était un surnom particulièrement poignant.

Burning man. Ce nom, à lui seul, évoquait des images de passion enflammée et de rite païen. Haut d'une dizaine de mètres et illuminant le ciel de l'ouest avec ses néons, une gigantesque silhouette en bois connue sous le nom de « L'homme » exerçait une curieuse emprise spirituelle sur Larry, Sergey et leurs camarades dans le désert. Il n'y avait pas d'interprétation unique sur la signification de cette effigie. On pouvait

© Dunod – La photocopie non autorisée est un délit

d'ailleurs dire la même chose du festival dans son ensemble, ce qui faisait de Burning Man à la fois un forum social et un séjour de développement de la personnalité.

Les pèlerinages vers ce vibrant mélange de poussière, de chair et de chaleur étaient devenus un rite de la fin de l'été dans toute la zone de la baie, et particulièrement dans la Silicon Valley. Tout le monde, de l'ingénieur un peu coincé jusqu'au noceur invétéré, fuyait les limites ordinaires de la société pour retourner à cette zone de liberté désertique et temporairement autonome. Les amis et les amants arrivaient ensemble ou bien faisaient connaissance sur cette vaste étendue qu'on nommait la plage, où la nudité faisait bon ménage avec la drogue. Les avenues improvisées que l'équipe de Google traversait à Burning Man portaient le nom de planètes du système solaire et les rues qu'elles coupaient étaient identifiées par les heures d'un cadran solaire géant qui avait été gravé dans le désert. Cette ville en forme d'étoile était remplie de camions, de tentes, de caravanes et de terrains de camping aux thèmes extravagants. Au centre de tout cela, l'Homme se tenait debout, à la fois étrange et curieusement captivant, sa silhouette se détachant sur le flanc des montagnes environnantes.

Il n'y avait pas de forces de police à Burning Man, mais il y régnait des principes. L'achat et la vente étaient interdits, sauf à un café central qui proposait du café et de la glace. Bien évidemment, il ne fallait laisser aucun déchet dans le désert. « C'est notre éthique environnementale qui nous distingue de Woodstock » disait Harley K. Bierman, l'organisateur du festival qui était aussi son garde-forestier. « Burning Man est une expérimentation sociale où une ville complète est construite, habitée, puis disparaît. Partir en ne laissant rien derrière soi constitue sans doute l'aspect le plus théâtral de tout cet événement. »

Avant leur départ pour Burning Man, Larry et Sergey s'essayèrent à une forme d'art expérimental sur la page d'accueil de leur moteur de recherche. Y voyant l'occasion de rajeunir leur logo, ils incorporèrent une version de l'Homme dans le deuxième « o » de Google. Pour un non initié, le nouveau logo avec l'effigie de l'homme en bois paraissait grossier et assemblé à la va-vite. Mais pour ceux qui étaient dans la confidence, cela indiquait le lieu de villégiature de l'équipe de Google cette semaine-là.

Le désir de retoucher le logo déclencha un changement important. En se rendant à un festival qui célébrait l'ingéniosité, ils avaient donné naissance sans le savoir à un phénomène récurrent chez Google : la modification du logo. Pour les adeptes de Google, le fait d'habiller le logo pour la première fois avait comblé un vide. Comme toute l'équipe de Google était partie dans le désert, c'était un moyen de dire aux utilisateurs que si le moteur de recherche tombait en panne, il n'y aurait personne pour le réparer. Marissa Mayer, qui avait été embauchée comme ingénieur par Google cet été-là, se rappelle que cet homme de bois était plus une notification d'absence du bureau qu'autre chose, car finalement il voulait dire : « Nous sommes tous à *Burning Man.* »

Le premier employé de Google, Craig Silverstein, et la première femme ingénieur de Google, Marissa Mayer, coordinatrice des tests visant à améliorer la page d'accueil.

Burning Man avait commencé de manière fortuite et en petit comité en 1986 pour la célébration du solstice d'été, sur une plage de San Francisco, quand un groupe d'amis avait brûlé un totem en bois de plus de deux mètres représentant un homme. À l'époque où Larry et Sergey avaient déménagé vers la Californie du nord, dans les années 1990, et avaient commencé à assister à ce festival, c'était déjà la Mecque de la contre-culture, attirant des milliers de personnes dans cette oasis temporaire « libérée de presque toutes les contingences de la vie ordinaire » pour reprendre les mots de son fondateur, Larry Harvey.

En déambulant sur la page de Burning Man, Brin et Page trouvaient leur inspiration dans une série d'installations artistiques gigantesques qui étaient des commandes et reflétaient

© Dunod – La photocopie non autorisée est un délit

un mélange de créativité esthétique et de technologie. Le thème de l'événement pour l'année 1999 était « La roue du temps » et différents espaces qui encadraient l'Homme étaient consacrés à des représentations artistiques où les expressions du passé, du présent ou de l'avenir étaient déclinées. À l'approche du nouveau millénaire, c'était une bonne occasion d'être confronté à une myriade d'idées originales et de se mélanger aux autres. À la différence de certains artistes et de certains ingénieurs qui élaborent des projets sophistiqués pendant des semaines ou des mois, Brin et Page préféraient la spontanéité de cette expérience. Page avait l'habitude de dire : « Moins on planifie, mieux c'est ! »

Larry aimait bien se balader sur le site du festival avec un appareil photo pour garder un souvenir de ces œuvres d'art. La surcharge sensorielle interdisait que l'on puisse tout retenir d'un coup (un certain nombre de photos de Burning Man allaient orner plus tard les murs du quartier général de Google).

Pour beaucoup de gens, le fait de se saouler et de prendre de la drogue faisait partie intégrante de Burning Man, mais ce n'était pas le cas de Larry et Sergey. Ils préféraient trouver leur énergie et leur ingéniosité dans les nombreuses rencontres qu'ils pouvaient faire avec des clowns, des danseuses exotiques ou bien de vieux amis. « C'était un moyen extraordinaire de se confronter à différentes formes de pensée et de communiquer avec les gens » disait Brad Templeton, le président de l'Electronic Frontier Foundation, qui a passé pas mal de temps avec Brin et Page au festival. « On y va pour être créatif et apprécier les créations d'autrui. C'est très dépaysant et cela nous change non seulement de la vie quotidienne, mais plus généralement de la manière dont le monde fonctionne. »

Larry et Sergey ne reconnaissaient pas immédiatement certains collègues de la Silicon Valley qui étaient costumés ou bien avaient pour seul vêtement de la peinture sur le corps.

Brin et Page avaient des idées très tranchées sur la façon dont la morale, l'esprit communautaire et la culture pouvaient avoir une influence sur la productivité dans leur toute jeune entreprise ; la nature strictement non commerciale de Burning Man, où la publicité était interdite, leur ouvrait des perspectives. Le festival « attache de l'importance à la créativité et pas du tout à l'argent » disait Stewart Brand, futuriste et ami de nos deux compères. « Il n'y a rien qu'on puisse acheter avec un milliard de dollars à Burning Man, sauf une tasse de café. »

L'environnement spartiate du festival était un défi pour Larry, Sergey et les autres participants. Ils devaient compter les uns sur les autres pour survivre. En encourageant le partage et le travail en équipe, l'atmosphère qui régnait à Burning Man contenait les éléments de la culture qu'ils étaient en train de créer à Google. Sergey et Larry appréciaient aussi la philosophie de Burning Man où seuls ceux qui participaient activement étaient admis ; ils aimaient également la manière dont les gens étaient encouragés à dépasser leurs limites. « Sergey et Larry ont été très fortement inspirés de l'expérience de Burning Man » disait Brand. Il ajoutait qu'ils adoraient errer sans but précis et s'endormir quand la fatigue les terrassait.

La dernière nuit, il y avait un magnifique feu d'artifice et l'Homme était enflammé lorsque le festival atteignait son apogée. Juste avant le rituel de l'incendie, un groupe qui comprenait entre autres l'équipe de Google et Templeton, fit semblant de manifester son opposition. Ils se mirent à défiler en chantant « Ne brûlez pas l'Homme ! Ne brûlez pas l'Homme ! » Puis, après que l'effigie fut enflammée, ils jetèrent leurs pancartes dans le brasier et se joignirent aux milliers de participants qui faisaient cercle autour de ce feu de joie.

Deux mois après Burning Man, Marissa Mayer était restée tard au bureau un samedi soir, la veille d'Halloween, tentant de terminer un travail avant de partir pour de longues vacances en Europe. Elle était toujours en train d'écrire des courriels à deux heures du matin quand Sergey l'appela : « Marissa, regarde ça, regarde ça ! » Brin, en qui l'esprit de Burning Man soufflait encore, avait conçu sur son ordinateur un logo sur le thème d'Halloween où les deux « o » de Google étaient remplacés par des citrouilles.

Marissa n'était guère impressionnée et elle trouvait cela vraiment moche.

« Mets-le sur le site » dit Sergey.

« Tu veux que je mette ce machin-là en ligne ? » dit Marissa. « Est-ce que tu te rends compte que l'on voit un « o » ? » Une des deux citrouilles était en effet mal centrée si bien que l'on apercevait en dessous une des lettres rouges. Brin répondit : « Nous sommes tous là et excités à cause d'Halloween. Nous devrions montrer au monde entier que l'équipe de Google fête Halloween. »

© Dunod – La photocopie non autorisée est un délit

Il s'avéra que les citrouilles gribouillées par Brin faisaient un tabac chez les utilisateurs de Google. Le logo eut un succès considérable et on en parla même sur le site Web Slashdot qui est la référence des fanas de technologie.

Sergey avait de temps en temps d'autres idées pour enjoliver le logo, ce qui provoquait une certaine joie et des surprises. Il voulait célébrer d'autres jours fériés et produire des histoires plus longues qui évolueraient, par exemple une plante qui grandirait tout au long de la semaine. On tenta de persuader Brin d'abandonner ce projet, mais ces changements de logo étaient très appréciés des utilisateurs qui en voulaient davantage. Une équipe composée de Marissa et de deux autres personnes fut finalement chargée de décider quels jours fériés et quels événements seraient honorés d'un nouveau logo. Au début, ils célébrèrent plusieurs fêtes d'indépendance, mais il y en avait toujours que cela contrariait. Ils se rendirent compte qu'il en allait de même avec les fêtes religieuses, si bien qu'ils s'orientèrent vers les jours fériés et les événements « politiquement corrects » comme le Nouvel an chinois, le Jour de la terre et les Jeux olympiques, en mettant en ligne en général un ou deux nouveaux logos par mois.

En novembre 2001, Marissa sélectionna Dwali, le festival indien de la lumière, comme thème d'un nouveau logo. Les logos qui avaient une portée universelle étaient particulièrement amusants à réaliser. Elle se renseigna pour savoir si Dwali était une fête religieuse et on lui assura que non. Mais le 13 novembre, la veille de mettre en ligne le nouveau logo, un collègue dit à Marissa que Dwali plongeait ses racines dans l'hindouisme et qu'ils allaient probablement devoir abandonner ce projet. Déçue, Marissa chercha sur Google un calendrier des jours fériés et découvrit que le jour suivant était l'anniversaire de Claude Monet. Elle se dit que les artistes parlaient au monde entier si bien qu'un dessin évoquant Monet ferait l'affaire.

Marissa appela Dennis Hwang, qui avait un double cursus en informatique et en arts graphiques et qui était devenu le graphiste attitré de Google pour les logos. Hwang avait créé ses premiers logos lors d'un stage d'été chez Google en 2000 ; après avoir intégré la société à plein temps, il commença à passer plusieurs heures par semaine à perfectionner sa technique de création des logos. Mais il se trouve que Hwang était en congé de maladie ce jour-là, si bien que Marissa décida de tenter le coup elle-même en utilisant le logiciel graphique GIMP qui possède un filtre intégré baptisé « Impressionnisme. ». Marissa trouvait que sa création ressemblait vraiment à du Monet. Mais cela effraya tellement Dennis que l'on mette en ligne un logo après l'avoir seulement passé à la moulinette de Gimp qu'il prit ce soir-là 20 minutes, depuis chez lui et avec 40 de fièvre, pour réaliser son propre Monet.

Le logo de Monet, qui reste à ce jour l'un des préférés de Hwang, fut un grand succès qui marqua le début de la tradition de commémoration des anniversaires d'artistes. Cette collection n'a cessé de s'enrichir pour accueillir des scientifiques, des découvertes célèbres et même parfois quelques artistes du showbiz. Tous ces logos ne furent pas cependant aussi bien accueillis : par exemple, les ayants droit de Salvador Dali obligèrent Google à stopper la mise en ligne d'un logo inspiré de Dali. Mais dans leur immense majorité, ces logos étaient appréciés dans le monde entier et certains utilisateurs retournaient tous les jours sur le site juste pour voir s'il n'y en avait pas de nouveaux. Marissa disait que les logos parlaient aux gens.

Inévitablement, ces logos suscitaient des courriels amusants. Il y avait toujours quelques utilisateurs qui, voyant un nouveau logo, pensaient que Google avait changé son logo de façon permanente. Quand Hwang rendit hommage à l'anniversaire de Michel-Ange, en remplaçant le « l » de Google par la célèbre sculpture du David et en faisant apparaître l'ensemble du logo comme s'il était ciselé dans la pierre, un utilisateur qui manifestement n'avait pas saisi la référence envoya une appréciation un peu brutale en écrivant : « La statue en pierre est nulle. »[1]

À peu près à l'époque où Marissa Mayer avait été embauchée en 1999, Google cherchait aussi à engager un ingénieur pour analyser, tester et améliorer la mise en page de son site Web. Bien que ce processus prenne en compte des choses qui paraissaient sans importance comme l'optimisation de la taille et de la police des caractères, c'était en fait capital et conditionnait la manière dont les utilisateurs percevaient le site Web et leur envie d'y retourner.

En analysant les candidatures, le patron de Marissa s'aperçut que c'était elle qui était la plus qualifiée pour assurer ce travail.

1. Vous pouvez visualiser quelques-uns des logos de Google à l'adresse suivante : http://www.google.fr/intl/fr/holidaylogos.html

© Dunod – La photocopie non autorisée est un délit

Née dans le Wisconsin, Marissa avait une maîtrise d'informatique qu'elle avait obtenue à Stanford et elle avait aussi étudié la linguistique et la psychologie. On lui donna des instructions strictes sur la manière de s'attaquer à ce problème selon la méthode Google. « Ne viens pas avec de nouvelles idées » lui dit son patron. « Tu n'as pas le droit d'avoir une opinion. Ton travail est de récupérer des données. »

À l'époque, la mise en page du site Web de Google était aussi simple que son architecture système était complexe. Les utilisateurs qui se rendaient pour la première fois sur le site étaient souvent surpris par son caractère dépouillé. Cet aspect spartiate contrastait avec la majeure partie des sites de l'époque dont le graphisme était très surchargé. l'approche du « minimum pour faire le maximum » était parfaitement justifiée : Larry et Sergey avaient toujours accordé la priorité absolue à la vitesse dans chacun des aspects de la conception de leur moteur de recherche et une page d'accueil trop lourde à charger, en raison de trop nombreux graphismes, l'aurait ralenti.

Les utilisateurs appréciaient la vitesse de Google et ceux qui y passaient beaucoup de temps commencèrent à nouer une relation forte avec le moteur de recherche. Certains s'étaient tellement familiarisés avec l'interface qu'ils remarquaient tout de suite le plus petit changement. Marissa apprit rapidement à quel point les utilisateurs pouvaient être attentifs, parfois jusqu'à l'obsession. Un de ces « examinateurs » envoyait de temps en temps un courriel anonyme qui ne comportait qu'un nombre, comme 37 ou 43. Marissa et ses collègues finirent par s'apercevoir qu'il s'agissait d'une référence aux nombres de mots sur la page d'accueil de Google. Cela signifiait que quelqu'un surveillait de près les choses et les enjoignait de ne pas foutre en l'air l'interface.

En décembre, Marissa effectua son premier grand changement dans l'interface de Google : elle choisit une nouvelle police de caractères. Suivant scrupuleusement les ordres de rassembler des données, et pas des opinions, elle avait cherché différentes polices pour améliorer la lisibilité sur un écran d'ordinateur et avait porté son choix sur Verdana, une police sans empattement. À l'époque, Google utilisait une police avec empattement, mais Marissa trouvait que les polices sans empattement (ces petits traits horizontaux que l'on trouve sur certaines lettres en haut et en bas d'un jambage) facilitaient la lecture en diagonale des résultats de recherche. N'y réfléchissant pas plus, elle prit une demi-journée de congé pour aller prendre un thé avec d'autres collègues de Google dans un grand hôtel de San Francisco. Quand elle revint au bureau quelques heures plus tard, elle avait reçu plusieurs courriels au ton menaçant. Verdana n'avait pas la taille correcte ! La taille des caractères était trop petite de deux points ! Comment Google avait-il pu perdre ses empattements ? Qui avait massacré Google de la sorte ? L'intensité de la réaction surprit Marissa, mais elle en tira une précieuse leçon pour les futures modifications de l'interface : il faut effectivement des données, mais il faut aussi des gens pour les tester.

Le mois suivant, Google invita 16 personnes au sous-sol du bâtiment Gates de Stanford à jouer les cobayes et quatre employés de la société observèrent leur comportement. « Nous avons placé deux personnes par ordinateur si bien qu'elles parlaient entre elles au lieu de nous parler » expliqua Marissa. On demanda aux testeurs d'utiliser Google pour trouver la réponse à une question banale : quel pays a gagné le plus grand nombre de médailles d'or aux Jeux olympiques de 1994 ? Ils saisirent l'adresse www.google.com, regardèrent la page d'accueil s'afficher à l'écran, puis ils attendirent. Quinze secondes s'écoulèrent... puis vingt, puis quarante-cinq... Marissa se demandait ce qui se passait, mais elle ne voulait pas intervenir. Finalement, elle leur demanda ce qu'ils attendaient. Ils attendaient que le reste de la page se charge... Ce phénomène se répéta toute la journée. Le Web était tellement rempli de choses qui bougent dans tous les sens et qui clignotent qu'ils attendaient que le reste de la page s'affiche. Ce début peu prometteur incita l'équipe de Marissa à étoffer la notice de copyright, ainsi que les bas de page, non pas pour des raisons légales, mais pour signifier aux utilisateurs « ça y est, tout est affiché. Vous pouvez commencer votre recherche. »

L'équipe de Marissa comprit beaucoup de choses ce jour-là sur la manière d'améliorer la page d'accueil de Google. Une des testeuses, pensant tout haut, se demanda si Google était bien une société légitime tellement le site Web paraissait fruste. Après que Marissa lui ait dit que la société comptait de nombreux salariés, la testeuse lui demanda si elle faisait partie du département de psychologie et avait créé une fausse entreprise nommée Google.

© Dunod – La photocopie non autorisée est un délit

Quand Google chercha quelqu'un pour améliorer les performances de son réseau informatique, Larry et Sergey embauchèrent le Docteur Jim Reese, neurochirurgien diplômé de Harvard et de la faculté de médecine de Yale. Il avait travaillé dans un laboratoire de recherche de Stanford avant de rejoindre les rangs de Google en 1999 où il était le dix-huitième employé. Nommé chef des opérations, Reese gérait le parc d'ordinateurs qui était en perpétuelle augmentation.

À l'automne 1999, Google qui était plein aux as, se mit à acheter en masse de la mémoire et des ordinateurs supplémentaires afin d'accroître la taille de son réseau.

Larry et Sergey n'avaient plus besoin de faire le tour des zones de livraison de Stanford à la recherche d'ordinateurs. Ils étaient maintenant passés à la vitesse supérieure : ils sautaient dans leur voiture et allaient chez Fry, une grande surface de matériel électronique dans la Silicon Valley. Là-bas, ils faisaient l'acquisition d'une grande quantité de mémoire, de disques et de PC bon marché. De retour à Googleplex, ils démontaient les machines et se débarrassaient de toutes les parties qui n'étaient pas nécessaires et qui gaspilleraient des ressources informatiques. Puis ils créaient des ordinateurs sophistiqués en assemblant différents composants matériels et logiciels qui au final rendaient Google si rapide.

« Nous voulons obtenir le maximum de puissance informatique par dollar investi » disait Jeffrey Dean, l'un des nombreux ingénieurs que Google avait débauchés cette année là en l'extrayant du laboratoire qui avait donné naissance au moteur de recherche AltaVista.

Dean et d'autres ingénieurs de Google de cette époque aiment bien raconter la manière dont ils ont assemblé pièce par pièce un super-ordinateur virtuel à partir de composants de PC bon marché. « Au lieu de dépenser 800 000 dollars pour un système haut de gamme de chez IBM, nous sommes allés sur le site RackSaver.com, où pour la somme de 250 000 dollars nous avons trouvé un rack de 88 ordinateurs qui fournissait une puissance de traitement comparable et une capacité de stockage disque plusieurs fois supérieure. Nous utilisions aussi le système d'exploitation gratuit Linux plutôt que d'acheter un logiciel de chez Microsoft. » Ces économies donnaient à Google un avantage significatif sur ses concurrents. Pour chaque dollar dépensé, Google disposait de trois fois plus de puissance informatique que ses concurrents.

Dans la mesure où les ordinateurs bon marché de Google ne disposaient pas de toutes les sécurités ni de tous les mécanismes redondants que l'on trouve sur les super-ordinateurs d'IBM, ils avaient davantage tendance à tomber en panne. Tout comme les machines de bureau auxquelles ils ressemblaient, les PC de Google duraient en moyenne deux à trois ans avant qu'ils n'aient besoin d'être remplacés. Même les machines en parfait état de fonctionnement pouvaient être mises à la retraite au bout de deux ans, dans la mesure où à l'issue de cette période elles étaient plus lentes que les machines neuves. Étant donné le nombre de machines que Google utilisait, il était normal que plusieurs ordinateurs tombent en panne chaque jour. Sergey et Larry choisirent de gérer ces pannes constantes grâce à un logiciel, en shuntant toutes les machines qui ne fonctionnaient plus au lieu de les enlever manuellement puis de les remplacer.

C'est là que le Docteur Reese entra en scène : au lieu d'opérer des êtres humains, il devrait concevoir des logiciels qui permettraient à Google de rester fiable et rapide, quoi qu'il advienne. En répartissant les tâches de calcul et les données sur un très grand nombre d'ordinateurs disséminés en plusieurs endroits, son équipe créa un système qui pouvait gérer les erreurs sans planter. Une fois cet élément central de Googleware opérationnel, Reese pouvait surveiller l'ensemble de ce précieux réseau à partir d'un seul emplacement, au lieu d'avoir à vérifier constamment chacun des serveurs de données de Google qui ne se trouvaient pas sur le site central.

La plupart des ordinateurs de Google étaient stockés dans ces centres géants ; il s'agissait d'entrepôts standard dans lesquels la température était régulée et qui étaient loués à des sociétés qui voulaient que leur site Web soit sécurisé. À la fin du siècle précédent, la concurrence était rude et les centres de données facturaient à leurs clients le prix au mètre carré au lieu de se baser sur l'électricité qui était dépensée. Cela incita Google à entasser autant de machines que possible les unes au-dessus des autres. C'était une source d'économie pour Reese et son équipe, mais quand le prix de l'électricité s'envola, certains centres de données firent faillite et Google fut obligé de déménager ses ordinateurs. Après avoir fait cela une ou deux fois, ils prirent soin de monter leurs racks d'ordinateurs sur des roulettes.

Dans cette fièvre acheteuse, le nombre d'ordinateurs de Google passa de 300 au moment de l'embauche de Reese à 2 000 un mois plus tard ; ce nombre doubla l'été suivant.

© Dunod – La photocopie non autorisée est un délit

Avec une expansion pareille, il était impératif que Google intègre des mécanismes de redondance dans son système, de telle sorte que si une grappe d'ordinateurs tombait en panne, ou bien disparaissait complètement dans un tremblement de terre, d'autres grappes possédant des copies d'Internet puissent prendre le relais. À l'époque, Google possédait deux centres de données en Californie du nord et un troisième dans les environs de Washington ; elle devait en ajouter plus tard beaucoup d'autres aux États-Unis ainsi qu'à l'étranger.

L'importance de posséder plusieurs copies de toutes les données devint évidente le jour où un incendie se déclara dans l'un des centres de données de Google. Larry et Sergey n'étaient plus à Burning Man. Ça, c'était pour de vrai. Alors que six camions de pompiers tentaient d'éteindre les flammes, les systèmes redondants de Google prirent le relais, permettant ainsi de continuer à fournir des résultats rapides. Google avait prouvé sa fiabilité et des dizaines de milliers d'internautes avides d'information ne se doutèrent jamais qu'il y avait eu un problème.

Chapitre 7

Le show de Danny Sullivan

Danny Sullivan, un journaliste de 30 ans qui travaillait au *Los Angeles Times* et au *Orange County Register*, fut l'un des premiers, à la fin des années 1990, à attraper le virus de Google. Il n'était pourtant pas le seul à quitter le monde de la presse papier quand il alla travailler avec un ami qui concevait des sites Web. En Californie, terre natale de Sullivan où il avait passé pratiquement toute sa vie, on avait l'impression que tout le monde parlait d'Internet, investissait dans une dot-com ou bien rejoignait une start up. « C'était un truc géant et moi je voulais en faire partie » disait Sullivan. Paradoxalement, la mutation se fit peu après qu'il ait fait le grand saut ; un jour, un client mécontent se fâcha avec Sullivan et son associé parce que son site qui affichait des offres d'emploi n'était pas correctement référencé par les moteurs de recherche. Cette violente réaction prit totalement au dépourvu Sullivan, lui qui était plutôt du genre aimable et réfléchi et qui n'avait pas l'habitude de se faire passer un savon. De plus, il ne comprenait pas les raisons de la colère de son client.

Cet épisode agit comme un catalyseur et Sullivan voulut comprendre comment les moteurs de recherche récoltent les données et classent les résultats. Dans les mois qui suivirent, Sullivan fouina dans les arcanes du Web, posa de nombreuses questions et devint de plus en plus fasciné par la face cachée des moteurs de recherche. Entre autres choses, il découvrit que les robots automatisés envoyés par AltaVista et ses principaux concurrents pour aspirer le Web oubliaient de façon aléatoire certaines informations qui n'étaient pas stockées dans leurs bases de données. Il ne comprenait pas vraiment pourquoi, mais il lui semblait probable qu'ils ne parvenaient pas, tout simplement, à tenir le rythme de croissance du Web. Sullivan se rendit alors compte qu'il avait découvert quelque chose

© Dunod – La photocopie non autorisée est un délit

d'étonnant et qu'il était extrêmement important que les propriétaires de sites Web comprennent cela s'ils voulaient générer du trafic sur leur site et attirer l'attention. Il publia en ligne une étude intitulée « Guide des moteurs de recherche à l'attention des webmestres » où il expliquait que le marketing des moteurs de recherche était une affaire complexe. Même si les moteurs de recherche étaient nombreux, ils demeuraient grossiers à maints égards car ils copiaient le Web lentement et omettaient systématiquement des données importantes. C'était une bonne idée pour les propriétaires de sites Web d'améliorer leurs classements dans tous les moteurs de recherche, mais ces derniers étaient trop nombreux et posaient trop de problèmes différents pour que l'on puisse avoir une approche globale. Ainsi, au lieu d'essayer de tous les prendre en compte, Sullivan suggérait que les webmestres se concentrent sur AltaVista, Excite et quelques autres moteurs de recherche de premier plan. C'était là un sage conseil.

Cependant, au moment où Sullivan mit en ligne son rapport, la société pour laquelle il travaillait fit faillite. Néanmoins, il reçut un grand nombre de réactions positives à son étude et se lança lui-même dans les affaires en devenant consultant Internet et en créant le site Web Califia.com.

Convaincu qu'Internet lui permettait d'exercer ses activités de consultant à partir de n'importe quel endroit de la planète, il quitta la Californie en 1997 pour aller s'établir à Londres avec sa femme qui était originaire de Grande-Bretagne. Il commença aussi à cette époque à publier en ligne une lettre d'information appelée *Search Engine Watch* (veille sur les moteurs de recherche). Les bons retours de sa première étude et les échanges provoqués par les mises à jour de son site Web faisaient dire à Sullivan qu'Internet était un lieu où un individu unique doté d'une expertise dans un domaine particulier pouvait très bien gagner sa vie en publiant une newsletter. À la différence des newsletters traditionnelles, sa publication en ligne avait un coût de distribution nul et il pouvait instantanément mettre en ligne des nouvelles de dernière minute ou ses réflexions sur le secteur en pleine évolution des moteurs de recherche. Sa popularité grimpa rapidement. En novembre 1997, Sullivan vendit *Search Engine Watch* à Jupiter-Media, un groupe leader dans le domaine du marketing en ligne, mais il conserva la propriété du nom de son site Web et sa renommée de gourou de la recherche sur Internet. Il se lança ensuite dans l'animation d'une série de conférences annuelles sur les stratégies des moteurs de recherche et parcourut ainsi plusieurs grandes villes.

Sullivan savait qu'il était important de retourner de temps en temps dans la Silicon Valley pour prendre la température des nouveaux développements qui s'y produisaient et rencontrer les acteurs émergents du domaine de la recherche. Il connaissait déjà Google dont l'activité avait démarré en 1998 et il se demandait si sa technologie de recherche qui était issue de Stanford et qui était déjà impressionnante se transformerait en une entreprise viable avec Brin et Page à ses commandes dans la mesure où la prise de bénéfices ne semblait pas leur première préoccupation.

Google sortit pour la première fois du cercle des initiés en 1999 quand il perçut la somme de 25 millions de dollars de capital risque. Mais pendant une période assez longue, même après que sa marque ait acquis une certaine notoriété et que son moteur de recherche produise gratuitement des millions de réponses pour les internautes du monde entier, la société avait toujours beaucoup de mal à faire des bénéfices. À l'exception notable de deux compagnies, Red Hat et Netscape, personne n'était prêt à acheter sous licence le droit d'exploiter le moteur de recherche de Google. À l'issue de la première année qui suivit l'investissement de Kleiner Perkins et Sequoia Capital dans Google, on aurait pu donner raison aux sceptiques qui prétendaient qu'une immense somme d'argent avait été gaspillée. Quand Sergey Brin arriva en rollers sur la scène de l'édition 1999 de la conférence sur les stratégies des moteurs de recherche que Danny Sullivan animait à San Francisco, tout le monde le remarqua et s'esclaffa, mais cela n'impressionna pas les investisseurs de Google.

« L'idée commerciale de départ était de vendre sous licence la technologie du moteur de recherche à toute une série d'entreprises Internet » déclara Michael Moritz de chez Sequoia. « Au cours de la première année, nous étions tous inquiets du fait que le marché auquel nous nous attaquions était plus difficile et plus impénétrable que nous ne l'avions imaginé initialement. Les conversations et les négociations avec les clients potentiels étaient longues et pénibles. Il y avait une grande concurrence et nous n'avions pas de force de vente directe. Les clients étaient extrêmement durs en affaire et n'étaient pas prêts à payer énormément. Il était clair que si nous comptions poursuivre dans cette voie-là, le chemin allait être difficile. »

© Dunod – La photocopie non autorisée est un délit

Mais Brin et Page ne se découragèrent pas. Ils étaient persuadés de disposer du meilleur moteur de recherche et ils entamèrent une relation étroite avec Danny Sullivan afin qu'il puisse les aider à porter la bonne parole sans avoir à dépenser trop d'argent en publicité. Cela fonctionna. Les commentaires élogieux sur le site Web de Sullivan et les courriels qui s'ensuivirent furent pour Google une des meilleures façons de se vendre sans faire de publicité. C'était une parfaite symbiose qui fonctionnait pour les entrepreneurs, pour Google et pour Danny Sullivan également.

Même si Google produisait en moyenne sept millions de requêtes par jour à la fin de l'année 1999, les revenus qu'il tirait de la vente sous licence de sa technologie restaient maigres. Et même si Brin et Page ne voulaient pas particulièrement devenir riches, ils ne souhaitaient pas non plus que Google s'effondre. Si leur entreprise n'était pas capable de faire des bénéfices, ils ne pourraient pas réaliser leur rêve de fournir gratuitement aux internautes toute l'information disponible dans le monde.

Ils se demandaient tous les deux quelle était la meilleure façon de se déplacer dans ce labyrinthe. Tout ce qui pouvait compromettre la relation de confiance qu'ils avaient avec leurs utilisateurs était à leurs yeux inacceptable, même si cela générait beaucoup d'argent pour Google. Ils avaient des sentiments contradictoires sur la publicité et avaient émis des jugements extrêmement tranchés sur le sujet dans un article sur la technologie de Google qu'ils avaient publié en 1998. À cette époque, ils avaient écrit que les moteurs de recherche financés par la publicité « avaient naturellement un préjugé favorable envers les annonceurs » et ils suggéraient que « la qualité d'un moteur de recherche est inversement proportionnelle à la quantité de publicité qu'il héberge. » Cela étant, la publicité pouvait être un type d'information susceptible d'intéresser certains utilisateurs. Peut-être même que certaines publicités pourraient ne pas violer la devise de Google (« Ne faites pas de mal »[1]) que Brin et Page avaient choisie pour leur société.

Yahoo, le gigantesque site Internet, dépendait de la publicité. Il considérait la recherche comme une fonctionnalité secondaire qu'il sous-traitait à d'autres. L'activité principale de Yahoo était d'offrir un portail aux millions d'abonnés à

1. Don't Be Evil.

ses services de courrier électronique et de fournir le meilleur contenu à sa communauté d'utilisateurs. En ce qui concerne la recherche, les annuaires de Yahoo, qui étaient classés et mis à jour manuellement, évoquant la vision originelle de ses fondateurs, ne pouvaient pas rendre compte du foisonnement du Web et devenaient de moins en moins intéressants. Pour régler ce problème, Yahoo se reposait sur les services d'autres sociétés comme Inktomi qui ratissait le Web et améliorait les résultats que Yahoo proposait à ses utilisateurs. Microsoft, pour sa part, ne considérait pas la recherche comme une priorité commerciale et investissait de l'argent dans d'autres domaines. À la fois la branche MSN de Microsoft et America Online voyaient dans le courrier électronique la poule aux œufs d'or qui constituait une cible idéale pour les annonceurs, alors que la recherche était considérée comme beaucoup moins importante. Eux aussi sous-traitaient à un prestataire extérieur la fourniture de résultats de recherche.

Pendant toute cette période, Danny Sullivan observa attentivement la manière dont Larry et Sergey saisissaient toutes les occasions d'embaucher de brillants ingénieurs et se concentraient sur un but unique : la recherche. Certes, les revenus de Google ne progressaient pas très rapidement, mais en revanche sa capacité en matière grise grimpait en flèche. Au lieu de verser de gros salaires à ses ingénieurs, Google leur offrait une paye médiocre mais leur attribuait des milliers de stock options qui pourraient prendre un jour de la valeur si la société prospérait. C'était une attitude typique dans la Silicon Valley où les ingénieurs futés faisaient ce genre de pari. Sergey et Larry, qui effectuaient eux-mêmes les entretiens d'embauche, pouvaient se permettre de trier sur le volet leurs salariés dans la mesure où ils recrutaient alors que tous les autres licenciaient. Le fait que Google soit une société privée facilita sa tâche pendant la période de l'éclatement de la bulle Internet. Malgré toute la pression montante qui s'exerçait sur Google à cause de son manque de bénéfices, cela n'était rien en comparaison de l'angoisse des sociétés cotées en Bourse qui avaient vendu à des investisseurs des actions à un prix élevé uniquement pour s'apercevoir que le fait d'avoir un « .com » dans le nom était insuffisant pour garantir leur survie.

Avec une excellente technologie de recherche et des employés haut de gamme, Brin et Page se demandaient comment maintenir Google à flot sans compromettre leurs grands principes.

© Dunod – La photocopie non autorisée est un délit

Plutôt que de se concentrer sur la vente sous licence de leur technologie de recherche, ils décidèrent de se focaliser sur le parti qu'ils pouvaient en tirer s'ils autorisaient les annonceurs à communiquer en direction de leurs utilisateurs fidèles et de plus en plus nombreux. Google continuerait à fournir gratuitement des résultats de recherche, tout comme la télévision offre gratuitement du divertissement et de l'information, mais chercherait à se faire de l'argent en vendant à des entreprises des publicités ciblées, mais peu intrusives, qui s'afficheraient sur les pages de résultats.

Sullivan, pour sa part, ne considérait pas que toute publicité fût intrinsèquement mauvaise, mais il était convaincu que les résultats fournis gratuitement par un moteur de recherche ne devaient pas être influencés par la publicité ou toute autre forme de paiement. Il avait par conséquent des doutes sérieux sur les moteurs de recherche qui vendaient de la publicité ou qui acceptaient des paiements contre la garantie qu'ils incluraient certains sites Web dans leurs résultats de recherche gratuits. Il fit savoir aux lecteurs de *Search Engine Watch* qu'il trouvait cette approche problématique. Quelques moteurs de recherche, avides de liquidités, acceptaient de l'argent de la part de sites Web en échange d'un placement en bonne position dans la liste des résultats de recherche. Brin et Page considéraient cette pratique comme une forme de biais particulièrement insidieuse et refusaient de tels paiements. Ils n'appréciaient pas non plus les bannières publicitaires qui surgissaient à l'écran sans aucun rapport avec l'objet de la recherche et qui encombraient Internet. Il y avait cependant une autre solution pour générer des bénéfices : proposer des publicités ciblées en mode texte dont l'apparition ne serait déclenchée que par des requêtes spécifiques des utilisateurs.

« Nous sommes concernés par l'argent et les bénéfices » dit Brin, révélant ainsi sa mutation d'étudiant véhément en président de société pragmatique. « Les bandeaux publicitaires ne fonctionnent pas et les taux de clics sont en train de chuter. Je pense que les publicités extrêmement ciblées sont la solution. »

Une société attira l'attention de Brin pour la simple raison qu'elle semblait faire des bénéfices en vendant des publicités qui accompagnaient des résultats de recherche ; il s'agissait de GoTo.com qui prit plus tard le nom d'Overture Inc. Même si la plupart des consommateurs n'avaient jamais entendu parler d'Overture, elle fournissait les publicités qui apparaissaient sur les résultats de recherche de Yahoo, America Online, EarthLink et d'autres grands sites Internet. En fait, contrairement aux effets négatifs des bandeaux publicitaires et des fenêtres pop up qui agaçaient tout le monde, la publicité en rapport avec les résultats de recherche était l'affaire du moment qui commençait à se développer. Brin et Page commencèrent à étudier Overture et trouvèrent immédiatement que certains aspects de sa politique étaient peu ragoûtants. Entre autres choses, elle vendait des garanties que les sites seraient inclus plus fréquemment dans les ratissages du Web si les entreprises étaient prêtes à payer un supplément. Le tandem de Google était devant une alternative : soit ils louaient les services d'Overture pour vendre de la publicité associée à ses résultats de recherche sur Google.com, soit ils tentaient eux-mêmes de vendre de la publicité.

La décision ne fut pas difficile à prendre. Google écrivait ses propres logiciels et assemblait ses propres ordinateurs. Si Sergey et Larry croyaient bien en quelque chose, c'était en leur capacité à arriver à leurs fins. S'ils avaient pu conquérir les ténors du capital risque de Sand Hill Road, pourquoi n'arriveraient-ils pas à commercialiser eux-mêmes leurs publicités et à garder la totalité de leurs gains, plutôt que de partager leurs recettes avec Overture ? En procédant de la sorte, ils conserveraient également un contrôle total sur les opérations, ce qui éviterait des conflits d'intérêt dangereux et une crise de confiance qui aurait pu ruiner la bonne image de Google. Ils décidèrent donc de tenter d'imiter l'attitude commerciale d'Overture, qui avait commencé à vendre des publicités en 1998, mais en améliorant les choses. La nouvelle stratégie commerciale qui commençait à poindre était simple : continuer à produire des résultats de recherche gratuitement et faire des bénéfices en vendant de la publicité. Le point crucial était d'exprimer clairement que cela ne biaiserait en rien les résultats des recherches.

« Si une chose a toujours été très perceptible pour le public, c'est bien leur attachement et leur sincérité à vouloir que les choses se fassent de manière éthique » dit Sullivan.

Brin et Page prirent conseil auprès de beaucoup de personnes avant de s'embarquer dans la voie de la publicité, afin de s'assurer qu'ils ne commettaient pas d'erreurs. Ils devinrent persuadés que de la même manière qu'il y a une nette démarcation entre les reportages et les publicités dans les journaux, ils pouvaient arriver au même résultat sur Google.com. Mais

© Dunod – La photocopie non autorisée est un délit

ils n'aimaient pas l'idée d'encombrer leur interface claire qui avait été leur image de marque dès le départ, si bien qu'ils gardèrent la page d'accueil vierge de toute publicité et développèrent des standards stricts pour la taille et le type des publicités qu'ils afficheraient ailleurs. Ils décidèrent aussi qu'il y aurait une ligne claire sur la page de résultat qui séparerait les résultats de recherche gratuits des publicités, qui seraient rassemblées sous l'appellation « Liens commerciaux ». De cette manière, personne ne pourrait prétendre que les résultats de recherche étaient associés aux publicités, mais on cliquerait cependant plus souvent sur les liens commerciaux que s'ils avaient simplement été qualifiés de publicités.

Au début, Google fixa le prix de ses publicités de la manière dont les annonceurs procèdent habituellement, c'est-à-dire en fonction de la taille et de l'audience. Après en avoir parlé avec divers experts et après avoir testé différentes mises en page, ils décidèrent d'afficher la publicité dans un encart clairement indiqué, au-dessus des résultats de recherche gratuits. Ils voulaient que la navigation soit agréable pour l'utilisateur et qu'aucune fenêtre pop up ou aucun autre élément graphique ne vienne interférer avec la recherche. Les publicités devaient être brèves et avoir un aspect identique à un résultat de recherche, juste un titre, un lien et une courte description, à la manière d'un haïku. Initialement, ils vendaient les publicités à l'unité, la plupart du temps à de grandes sociétés qui pouvaient se payer de grosses campagnes de publicité. Mais en utilisant leur propre technologie, ils passèrent rapidement à un modèle qui permettait aux annonceurs de valider eux-mêmes facilement leurs publicités en ligne. Cela réduisait les coûts et permettait à des sociétés de taille moyenne de rejoindre les rangs des grandes entreprises ; de plus Google avait un avantage certain sur les services comparables qui imposaient un délai entre la soumission de l'annonce et sa mise en ligne. Le texte d'une publicité pouvait être en ligne sur Google quelques minutes après qu'une société ait donné son numéro de carte de crédit.

« Nous devons rendre grâce à Larry et Sergey d'avoir attiré notre attention sur le modèle commercial d'Overture et d'avoir compris très rapidement son intérêt financier » dit Michael Moritz. « Et il ne nous a pas fallu longtemps à nous tous pour comprendre qu'il était logique d'aller là où l'argent était dépensé. Force était de constater qu'il était plus facilement dépensé pour vendre de la publicité que des logiciels sous licence. »

Danny Sullivan rendit hommage à la stratégie de Google sur son site Web, ce qui constituait une importante marque de confiance pour Sergey et Larry qui la prirent très au sérieux. « La différence était qu'ils avaient bien compris qu'il faut séparer les résultats éditoriaux des résultats payants » dit Sullivan. « Et ils les ont toujours séparés ».

Au fil des mois, Brin et Page eurent l'idée novatrice d'attribuer aux publicités un indice de pertinence, comme ils le faisaient avec leurs résultats de recherche gratuits. Au lieu de simplement afficher une publicité émanant d'un annonceur qui était prêt à payer le prix le plus élevé, Google établissait un classement de ses publicités en se basant sur une formule qui prenait en compte à la fois la somme offerte par l'annonceur et le nombre de clics sur la publicité. Les publicités les plus populaires se retrouvaient en haut de la liste, alors que les moins populaires dégringolaient vers le bas. Selon le raisonnement de Brin et Page, les publicités sur lesquelles les internautes cliquaient le plus souvent étaient les plus pertinentes. En d'autres termes, ils faisaient confiance à leurs utilisateurs pour classer les publicités. C'était donc le bon vouloir des consommateurs, plutôt que la puissance commerciale, qui déterminerait l'emplacement de la publicité.

« S'assurer que l'on ne montre que les publicités les plus pertinentes était un très bon coup du point de vue des relations publiques » dit Sullivan. « Ils étaient capables de dire que leurs publicités étaient plus pertinentes car les internautes cliquaient dessus. » Sullivan faisait également remarquer que Google réaliserait de plus gros bénéfices en plaçant les publicités les plus populaires au sommet de la liste, là où elles seraient visibles par un plus grand nombre d'internautes. « Cette approche de la publicité a véritablement été conçue de toutes pièces par Google » dit-il.

Cependant, Brin et Page avaient le sentiment que leur moteur de recherche était en danger. Google était une marque réputée et des millions d'internautes se tournaient quotidiennement vers son moteur de recherche, mais la société n'avait pas de moyen de pérenniser la fidélité de ses clients grâce à un abonnement sur son site ou à un service de courrier électronique. Que se passerait-il si quelqu'un trouvait une meilleure technologie de recherche ? Ils devaient rester concentrés sur l'amélioration de la recherche grâce à l'innovation. Les résultats de Google étaient meilleurs que ceux de la concurrence, mais ils ne répondaient pas toujours

© Dunod – La photocopie non autorisée est un délit

précisément aux questions que l'utilisateur se posait. « Ce qu'il y a de formidable dans la recherche, c'est que nous n'allons pas résoudre tous les problèmes dans un avenir proche » disait Page au début de l'année 2000. « Il y a en effet tant de problèmes et de lacunes. Je ne vois pas de limites à nos objectifs. Si nous ne sommes pas bien meilleurs l'année prochaine, nous serons déjà oubliés. »

La supériorité de Google dans le domaine de la recherche lui offrait un public suffisamment large pour que les entreprises puissent cibler la publicité, mais il restait encore à voir si cela fonctionnait correctement. Au milieu de l'année 2000, Google gérait 15 millions de recherches par jour, à comparer aux 10 000 requêtes produites dix-huit mois plut tôt. Les internautes se ruaient en masse sur Google, mais allaient-ils pour autant cliquer sur les publicités, ce qui permettrait aux entreprises de vendre leurs produits et à Google de maintenir son modèle économique ? Brin et Page gardaient confiance, mais nombreux étaient ceux qui doutaient des capacités de la société d'arriver à ses fins tout en proposant des recherches gratuites et en refusant les bandeaux publicitaires et l'inclusion d'annonces payantes dans les résultats de recherche.

En décembre 2000, *BusinessWeek* écrivit un article dont le titre était « La pureté de Google va-t-elle payer ? » Dans cet article, une question était clairement posée : est-ce que Google allait survivre en se focalisant plus sur la recherche et ses utilisateurs que sur l'argent ? « Franchement, il n'y a pas de preuve formelle que les sociétés qui se sont concentrées uniquement sur la recherche, comme c'est le cas de Google, peuvent subvenir elles-mêmes à leurs besoins en adoptant ce modèle » déclarait Marc Krellenstein, responsable des technologies chez Northern Light, un moteur de recherche concurrent de Google.

Google remportait maintenant des trophées pour la qualité de ses résultats de recherche et attirait ainsi l'attention des médias. Brin et Page avaient trouvé un moyen de faire une place à la publicité sans nuire à la navigation des internautes et ils s'accrochaient à leurs principes concernant le mélange de la recherche gratuite et des publicités payantes. « Quand quelqu'un cherche des informations sur le cancer, devez-vous afficher le site qui vous a payé ou bien le site qui est le plus pertinent sur la question ? » demandait Brin de façon un peu rhétorique. En tant que responsable de la publication de Search Engine Watch, Danny Sullivan était de plus en plus recherché pour fournir des conseils d'expert sur les tendances prises par les différents moteurs de recherche. Dans le cas de Google, Sullivan avait tenu une chronique très détaillée sur son site Web du développement de la société, depuis son début, en passant par la phase de croissance jusqu'à son revirement face à la publicité. Il avait également été le témoin de la montée en puissance de Google sous un autre angle : l'influence de la présence de la société lors de ses conférences sur les moteurs de recherche grandissait au même rythme que ses shows. Au départ, en 1999, Google occupait un stand minuscule alors qu'il était devenu l'attraction principale de l'étage où avaient lieu les démonstrations, tout comme Danny Sullivan, le discret impresario de la recherche, s'était fait une place au centre d'une nouvelle industrie.

En même temps qu'il renforçait sa crédibilité en tant qu'observateur impartial, Sullivan conservait des liens étroits avec Google et le comité d'experts que ses fondateurs étaient en train de mettre en place. « Google est quelque chose de très particulier à mes yeux » disait Sullivan. « La plupart des acteurs de ce secteur étaient déjà présents avant que je ne m'y intéresse. Avec Google, c'était quelque chose de complètement nouveau et j'ai été l'un des premiers à les suivre depuis le début. »

Chapitre 8
Un petit filet d'eau

Sergey Brin et Larry Page étaient en parfaite position pour rebondir quand la bulle Internet éclata en 2000, provoquant des licenciements et des faillites dans toute la Silicon Valley, mais pas chez Google. Pour une start up en bonne santé et en pleine expansion, la conjoncture était parfaite. Notre tandem se retrouvait à la tête d'une des rares sociétés qui embauchaient alors qu'on était en plein marasme économique et que toute une série d'entreprises technologiques cotées en Bourse avaient disparu. En tant qu'entreprise en nom propre, Google se trouvait immunisée contre le poison de Wall Street et avait à présent accès à des mathématiciens et des informaticiens exceptionnels qui se trouvaient tout à coup sans emploi ou bien à la tête d'un paquet de stock options sans valeur. Ce vivier de talents représentait une occasion unique pour Google d'accroître de manière spectaculaire la qualification de son personnel, chose qui aurait été impossible à réaliser dans une conjoncture normale. Alors que la plupart de ses principaux rivaux dans le secteur des moteurs de recherche étaient dans une situation financière critique et n'avaient aucun espoir de s'en sortir, Google déménagea à Mountain View pour prendre possession d'un quartier général plus grand.

Au sein du nouveau siège, l'atmosphère enjouée qui régnait contrastait fortement avec le monde en ruines qui l'entourait. Elle était si caractéristique que le Bureau d'exploitation des licences technologiques de Stanford, qui avait vendu sous licence le brevet du système de recherche de Google, rapportait l'ambiance joyeuse de travail en décrivant des programmeurs toujours munis d'une queue de billard et des secrétaires mangeant des friandises, sans compter les internautes ravis qui appréciaient la simplicité, la rapidité et la pertinence des résultats de recherche de Google. Brin et Page avaient dépensé de manière judicieuse leur argent quand ils avaient construit l'infrastructure informatique qui faisait fonctionner l'entreprise, mais ils n'avaient pas lésiné quand il avait fallu créer un bon environnement de travail au sein du Googleplex afin de renforcer la fidélité et la satisfaction des employés de Google. Parmi les artefacts de cette culture d'entreprise, on pouvait compter des médecine-balls aux couleurs vives, des lampes à lave et toute une série de gadgets et de jouets disséminés çà et là, qui donnaient à cette société l'attrait d'un campus universitaire extrêmement vivant. Tout ceci, pensaient-ils, était un investissement qui allait rapporter énormément à long terme.

Les fondateurs de l'entreprise prenaient l'amusement très au sérieux dans leur « Googleplex » où la nourriture, les gadgets, le sport et les fêtes jouaient un rôle important.

Les 85 employés qui émargeaient à présent pour le PDG de Google, Larry Page et son président, Sergey Brin, travaillaient de longues heures, mais on les traitait comme s'ils faisaient partie de la famille. On les nourrissait aussi comme une famille, avec des repas gratuits, des jus de fruits frais et des choses à grignoter en abondance. Les salariés de Google pouvaient également compter sur une série d'avantages qui se trouvaient sur place, comme un pressing, un coiffeur, un dentiste, un médecin, une laverie pour voiture, et plus tard, une crèche, une salle de gym avec des moniteurs particuliers et une masseuse

© Dunod – La photocopie non autorisée est un délit

professionnelle, ce qui éliminait, pour ainsi dire, le besoin de quitter le bureau. Le beach-volley, le baby-foot, le hockey, les courses de scooter, les palmiers, les fauteuils confortables et même les chiens, tout concourait à rendre le travail agréable et à entretenir un environnement créatif et ludique où les employés de Google, qui pour la plupart étaient jeunes et célibataires, passeraient le plus clair de leurs journées. Google ira même jusqu'à louer des bus avec un accès sans fil à Internet pour permettre à ses employés habitant San Francisco de continuer à être productifs avec leur ordinateur portable sur les genoux sans avoir le souci de gérer leur trajet pour se rendre au boulot.

En dépit de ces approches peu conventionnelles, les éléments d'une solide stratégie commerciale étaient quand même en train de prendre forme.

Avec son moteur de recherche, Google disposait d'un produit haut de gamme, d'une source de revenus grâce à la publicité et d'une très bonne image de marque qui transmettait non seulement un message d'excellence, mais également d'honnêteté et de plaisir. La société possédait aussi la technologie et les salariés nécessaires pour faire face rapidement à une augmentation de l'activité sur tous les fronts, que ce soit au niveau de l'infrastructure informatique, de la vente d'annonces publicitaires, de la maintenance ou bien encore de l'offre de nouveaux produits. En même temps, ses fondateurs refusaient de changer de cap et de se détourner de leurs utilisateurs et de la qualité de leur moteur de recherche, ignorant ainsi la pression qu'exerçaient leurs investisseurs pour qu'ils ramassent tous les dollars qu'ils pouvaient dans un marché qui était en déclin.

Pendant que Google prenait son envol, un de ses principaux challengers potentiels avait des ennuis. En juin 2000, Microsoft, la société qui avait sans doute créé le moteur de recherche concurrençant le plus directement celui de Google, perdit un procès important devant la cour fédérale de Washington DC ; le juge Thomas Penfield Jackson trouvait en effet que le fait de lier le navigateur Internet Explorer au système d'exploitation Windows violait les lois antitrust. Pendant le procès, le fondateur de Microsoft, Bill Gates, fut décrit par les avocats de la partie civile comme un monopoliste agressif. Gates et Microsoft avaient mauvaise réputation dans l'industrie du logiciel et nombreux étaient ceux qui les méprisaient et se réjouissaient de voir ce géant milliardaire récolter ce qu'il méritait.

De nouveau, Google bénéficia d'une conjoncture favorable. Les informaticiens qui avaient longtemps rêvé de travailler pour Microsoft finirent pas considérer cette société comme le Dark Vador du logiciel, le côté obscur de la force, celle qui ne voulait pas jouer selon les règles. En revanche, Google se présentait comme une jeune entreprise toute propre et auréolée de gloire, avec sa devise « Ne faites pas de mal » et son tandem de fondateurs qui avaient la réputation d'être de gentils garçons. Son interface sobre donnait une bonne image de leur produit qui semblait toujours fonctionner correctement, ce qui semblait une réalité très éloignée des fréquents redémarrages et des sinistres messages d'erreurs fatales auxquels les utilisateurs de Windows étaient habitués. De plus, Google avait une mission idéaliste : rendre toute l'information utile de la planète accessible gratuitement. Ce contraste brutal entre les deux sociétés facilita la politique de recrutement de Google, alors même que Microsoft, qui faisait face à une campagne de dénigrement, se gardait de pénétrer de nouveaux marchés. Certes, Microsoft avait fait appel du jugement de la cour fédérale, mais il ne voulait pas et n'avait pas besoin que le Département de la justice, l'Union européenne ou bien toute autre cour de justice lui tape sur les doigts en l'accusant de concurrence trop agressive.

Vierge de tout soupçon et chouchou du public, Google prit encore plus d'élan quand une importante étude lui accorda le titre de moteur de recherche numéro 1, avec 99 % d'internautes reconnaissant qu'il surclassait ses concurrents. Il finit également par s'approprier le marché des grandes universités en leur octroyant le droit de placer son logo familier et coloré sur leur site Web tout en bénéficiant de sa technologie de recherche ; cela lui amena de nouveaux utilisateurs parmi les étudiants, les enseignants et même les anciens élèves. Dans un portrait publié en mai 2000 dans le *New Yorker Magazine*, Google était décrit comme « le moteur de recherche des gens qui comptent dans le domaine du numérique. » Et ce même mois, Time Digital fit un éloge suprême : « Google est à ses concurrents ce qu'est un laser à un couteau émoussé. »

Au moment où d'autres entreprises technologiques de la Silicon Valley fermaient boutique, Brin et Page partirent en tournée et écrivirent un courriel à leurs amis « Faites attention à votre béret, Google sera bientôt disponible en français ! Mais

© Dunod – La photocopie non autorisée est un délit

aussi en allemand, en italien, en suédois, en finnois, en espagnol, en portugais, en hollandais, en norvégien et en danois. Nous comptons tant d'utilisateurs fidèles de par le monde que ce n'est que justice de leur offrir nos services de recherche en plusieurs langues. » La société traduisait le site de Google en d'autres langues et installait des sites Web dans d'autres pays afin de gérer la croissance du trafic international tout en personnalisant le contenu. Elle commença aussi à proposer des possibilités de recherche sans fil afin que les utilisateurs de téléphone mobile puissent se servir de Google lors de leurs déplacements.

Puis la compagnie décida de faire la promotion de son entreprise et de sa marque en direction des internautes au lieu d'attendre que ces derniers pointent leur navigateur sur la page d'accueil de Google. Dans son nouveau programme, les gestionnaires de sites Web qui publiaient des sites d'informations, de commerce en ligne ou de toute autre nature, pouvaient signer un contrat pour ajouter la technologie de recherche de Google à leur propre site ; leurs utilisateurs avaient ainsi accès à la recherche de Google et ils gagnaient de l'argent grâce à des commissions. C'était un changement de cap qui était bénéfique à la fois pour Google et pour les gestionnaires de sites Web de toutes tailles. Tout à coup, les sites Web (d'abord aux États-Unis et bientôt partout dans le monde) pouvaient améliorer leur offre grâce à un service de recherche performant et être rémunérés au lieu d'avoir à payer pour un tel service. Du point de vue de Google, c'était un peu comme lorsqu'une chaîne de télévision comme NBC ou Fox fait la promotion de sa marque en diffusant ses programmes à des partenaires affiliés dans tout le pays. Cette stratégie avait fonctionné pour les grandes chaînes de télévision pendant des décennies et cette nouvelle approche allait donner à Google un moyen sans précédent de rentrer en contact avec des millions d'internautes et de propriétaires de sites Web du monde entier. Cela allait aussi améliorer la visibilité de la marque au moment même où ses concurrents semblaient disparaître du paysage. Afin d'assurer une couverture maximale, Google eut la sagesse de ne pas être trop gourmand. « En adhérant à notre programme d'affiliation, vous pourrez placer la zone de recherche Google sur votre site et vous recevrez 3 cents pour chaque recherche que vous nous envoyez » annonçaient Brin et Page. « C'est notre manière de remercier tous ceux d'entre vous qui ont porté la bonne parole sur la recherche à la mode Google. »

Le 26 juin 2000, Google fit un pas de géant vers la reconnaissance universelle en signant un accord avec Yahoo afin de fournir à cette locomotive de l'Internet des résultats de recherche. Ce contrat accrut de manière considérable la présence de Google sur le Web et l'exposa quotidiennement à des millions d'internautes supplémentaires. Étant l'un des sites Internet les plus anciens, les plus réputés et les plus fréquentés, Yahoo était un client important ; sa décision de faire de Google son nouveau prestataire de service pour la recherche en lieu et place de son rival et tenant du titre, Inktomi, avait d'énormes répercussions sur les projets de la jeune société. Les dirigeants de Yahoo déclarèrent avoir choisi Google pour toute une série de raisons ayant trait à son expertise dans la recherche et à la fourniture de résultats plus complets.

« Yahoo a choisi Google parce qu'ils partagent notre désir de satisfaire le consommateur » dit Jeff Mallett, le président de Yahoo. « Google a clairement fait la démonstration de ses capacités à s'adapter à la croissance rapide du Web, ce qui en fait un excellent partenaire pour Yahoo au moment où nous continuons à étendre notre présence sur toute la planète. »

Sergey Brin déclara que cet accord était une étape importante pour Google et prouvait amplement la validité de sa stratégie commerciale. Cette alliance semblait naturelle dans la mesure où les fondateurs des deux sociétés se connaissaient bien (ils étaient tous étudiants à Stanford) et avaient reçu le soutien financier du même investisseur de capital risque, Michael Moritz. Ce contrat avait une signification particulière pour Larry Page, puisque son frère, Carl Jr., était également en négociation avec Yahoo pour une transaction commerciale importante. Le jour suivant, le 27 juin, Yahoo annonça le projet de rachat pour 413 millions de dollars d'eGroups, une entreprise technologique dont Carl Page était le co-fondateur. Du point de vue des relations commerciales, la semaine avait été plutôt bonne entre Yahoo et les frères Page, et vraiment exceptionnelle entre Google et Yahoo. Pour couronner le tout, Google annonça qu'il était à présent le plus grand moteur de recherche du monde avec un milliard de pages Web indexées. Cela signifiait qu'il n'était pas seulement le plus rapide et le plus pertinent, mais également le plus exhaustif. « Vous pouvez à présent faire une recherche en moins d'une demi-seconde

© Dunod – La photocopie non autorisée est un délit

dans une pile de papier haute d'une centaine de kilomètres » dit Page. « Nous pensons que c'est plutôt bien ! »

Dès le début de l'année 2001, Google traitait le chiffre incroyable de 100 millions de requêtes par jour, soit plus d'un millier de recherches par seconde. Google avait également fait son apparition dans le vocabulaire américain en tant que verbe ; on retrouve la trace de cette tendance lexicale dans un article du *New York Observer* qui raconte que les new-yorkais *googlaient* leur partenaire avant un rendez-vous galant. Bien que ce fût un sujet dont on parlait moins, les recherches où les gens se googlaient eux-mêmes étaient en nette progression. Se googler signifie que l'on saisit son propre nom dans le moteur de recherche. Il en va ainsi de la nature humaine... Pour de nombreuses personnes, le fait que leur nom saisi dans Google renvoie des résultats était une preuve de leur importance.

Sur le plan des affaires, Brin et Page, avec l'aide de leur chef des ventes, Omid Kordestani, avaient attiré vers ce nouveau média l'un des plus gros détaillants d'Amérique, Wal-Mart, ainsi qu'un grand fabricant d'automobiles, Acura. Ces deux grandes entreprises se joignirent aux milliers de PME qui faisaient la publicité de leurs produits sur Google. Au lieu de considérer les publicités comme néfastes, Brin et Page commencèrent à envisager les annonces commerciales ciblées de Google comme une part importante de l'information fournie aux internautes qui effectuaient des recherches.

« Quel est le secret qui se cache derrière la croissance rapide du programme publicitaire de Google ? La réponse réside dans l'approche unique de Google » disaient-ils. « Google n'affiche que des publicités ciblées qui dépendent des mots-clés saisis par l'internaute. Cela signifie que l'on ne voit pas de publicité, à moins que l'on recherche des informations sur ce domaine particulier. Et dans la mesure où il n'y a pas de bandeau animé qui détourne l'attention, les textes publicitaires sont lus attentivement par les utilisateurs, qui les trouvent fréquemment tout aussi utiles que les véritables résultats de recherche. »

Comment Google allait-il profiter de cette tendance pour dégager des bénéfices gigantesques ? C'est alors qu'intervinrent Yossi Vardi, entrepreneur israélien et capital-risqueur ainsi qu'Eric Schmidt, informaticien qui allait devenir le PDG de Google. Ces deux cadres commerciaux expérimentés allaient chacun de leur côté initier des projets qui accroitraient de manière spectaculaire le chiffre d'affaires et les profits de la société.

Au lieu d'afficher seulement quelques textes publicitaires au-dessus des résultats de recherche gratuits, comme c'était le cas jusqu'à présent, Vardi proposa qu'ils divisent verticalement la page de résultats de recherche de Google. Vardi leur conseilla de consacrer les deux tiers gauches de la page aux résultats de recherche gratuits et d'octroyer un tiers de la page, à droite, aux textes publicitaires. Cette suggestion, que Brin et Page acceptèrent après l'avoir testée sur de nombreuses personnes, augmenta de façon spectaculaire l'espace disponible que Google réservait aux publicités. Cela augmenta aussi l'importance des publicités sur lesquels les internautes pouvaient cliquer. Au départ, ils avaient peur que ce changement compromette la bonne image de marque de la recherche, mais Vardi, vieux briscard des affaires, de la finance et des technologies, les persuada que tant que la différence entre les résultats de recherche gratuits et la publicité était clairement délimitée, la crédibilité des résultats serait préservée, la mise en page paraîtrait toujours sobre et les bénéfices tomberaient plus rapidement.

Peu après sa prise de fonction en tant que PDG, Eric Schmidt allait poser une question importante à laquelle Sergey et Larry n'avaient pas pensé : d'où venaient les recherches de Google et quelles étaient les origines géographiques des publicités ? La réponse fournit la feuille de route d'une nouvelle stratégie publicitaire. Alors que 60 % des recherches provenaient de zones situées en dehors des États-Unis, ces dernières ne rapportaient en volume que 5 % de revenus publicitaires. Notre tandem avait mis le paquet pour faire de Google une marque planétaire et rendre accessible la recherche en plusieurs langues, mais rien de particulier n'avait été fait pour favoriser les ventes de publicités à l'étranger. Schmidt savait exactement ce qu'il fallait faire. Il demanda à son super vendeur, Omid Kordestani, d'aller en Europe et de ne pas rentrer tant qu'il n'aurait pas embauché des cadres pour diriger les opérations commerciales de la société en Europe. Schmidt plaisanta avec Kordestani en lui disant qu'il allait pouvoir bénéficier d'un super programme de fidélité chez United Airlines, à force de faire des allers et retours entre la côte Est et l'Europe. Kordestani réussit. En peu de temps, il y eut des succursales de Google à Londres, Hambourg, Tokyo et Toronto.

© Dunod – La photocopie non autorisée est un délit

Au sein du Googleplex, l'innovation n'était pas en reste. Un ingénieur avait trouvé le moyen de trouver un numéro de téléphone en saisissant simplement le nom d'une personne et son code postal dans la zone de recherche. Un autre réussit à prendre en compte les fautes d'orthographe. Quand une personne saisissait des mots dans la zone de recherche et qu'un des mots était mal orthographié, Google demandait automatiquement : « Essayez avec cette orthographe xxx » C'était la première fois qu'ils arrivaient à s'approcher aussi près de ce qui se passait dans la tête des internautes en devinant les mots-clés qu'ils voulaient chercher et en ignorant ce qu'ils avaient réellement tapé.

Google lança également une nouvelle fonctionnalité extraordinaire qui allait révolutionner de nombreux aspects de l'utilisation d'Internet au fil du temps. Appelé Recherche d'images Google, ce service comprenait des millions de photographies ainsi que d'autres images qui étaient accessibles d'un clic de souris. Tout ce que l'internaute avait à faire, c'était de saisir un nom ou une description dans la zone de recherche, et instantanément des photographies ou des images apparaissaient. La recherche d'images, qui avait de nombreuses utilisations, fut un succès planétaire. Cela montrait également que le modèle de recherche de Google pouvait être largement décliné. L'index initial de Google, qui comportait 250 millions d'images lors de son lancement à l'été 2001, était tellement vaste qu'il n'avait pas de réel concurrent. « Si une image vaut mille mots, alors que valent un million d'images ? Ou pour être plus précis, 250 millions d'images ? » écrivirent Brin et Page en annonçant cette fonctionnalité à leurs amis. Ils avertirent aussi le public que des images à caractère pornographique pourraient apparaître de façon impromptue : « ATTENTION : Les résultats de la recherche d'image sont susceptibles de présenter des pages à contenu adulte. Pour déterminer si une image correspond à votre requête, Google applique un certain nombre de critères ; les mécanismes mis en œuvre n'étant pas infaillibles (et les stratagèmes des webmasters étant toujours plus élaborés !), il est toujours possible que des images choquantes apparaissent dans les résultats d'une recherche. » La recherche d'images permettait d'aller plus loin que le simple fait de googler une personne que l'on ne connaissait pas avant un premier rendez-vous : non seulement, vous pouviez vous renseigner sur la personne qui vous draguait, mais vous aviez en plus la possibilité de voir à quoi elle ressemblait.

Quand les terroristes attaquèrent les États-Unis le 11 septembre 2001, la fréquentation de Google explosa. Brin et Page remarquèrent que de nombreux sites majeurs d'information en ligne étaient surchargés à cause d'un trafic trop important et ne pouvaient fournir aucun renseignement à un public avide de nouvelles. « Google a fait de son mieux pour combler cette lacune en mettant en ligne des copies d'articles sur sa page d'accueil, et Google continue à entretenir toute une série de liens vers les principales sources d'information du monde. » Les jours normaux, mais aussi les jours où des événements extraordinaires se produisaient, Google faisait partie intégrante de la culture américaine ; disponible en 66 langues, Google appartenait désormais à la communauté planétaire.

Quand l'exercice fiscal se termina, il apparut que la stratégie commerciale de Brin et Page avait porté ses fruits. La société qui n'avait que trois années d'existence se portait bien mieux que la plupart des autres dot-com. Le trafic continuait à augmenter de manière exponentielle. Les publicités avaient commencé à générer des bénéfices, même s'il ne s'agissait pour le moment que d'une goutte d'eau.

Moritz, qui siégeait au conseil d'administration, disait : « Les bénéfices commencent toujours par rentrer au compte-gouttes. C'est comme la pluie : vous avez toujours quelques gouttes qui tombent avant une averse. »

Larry Page indiquait en plaisantant que c'était à cause de Sergey que Google s'était réconcilié avec les bénéfices ; en effet, ce dernier voulait impressionner les filles avec lesquelles il sortait et il s'était rendu compte qu'être le président d'une dot-com qui perdait de l'argent ne faisait plus recette. « À Palo Alto en 2000, un grand nombre de gens étaient présidents de dot-coms déficitaires et aucune fille ne les rappelait » disait Page. « Sergey se lamentait et pensait : Ah si seulement j'étais président d'une dot-com qui rapporte de l'argent, les choses seraient bien différentes. » Brin et son acolyte Page virent leur vœu se réaliser en 2001. Grâce à la publicité, Google fut bénéficiaire pour la première fois cette année-là et ses gains se montèrent à 7 millions de dollars.

© Dunod – La photocopie non autorisée est un délit

Chapitre 9

Embaucher un pilote

C'est sans grand enthousiasme qu'Eric Schmidt s'était rendu en décembre 2000 chez Google pour y rencontrer Sergey Brin et Larry Page. La première chose qu'il remarqua était qu'ils avaient vidéoprojeté sa biographie sur le mur. Il avait entendu dire que Google était un endroit bizarre et cela semblait se confirmer. « J'ai trouvé cela vraiment curieux » dit-il. Il avait fait tout son possible pour ne pas honorer ce rendez-vous, mais John Doerr de chez Kleiner Perkins, le plus puissant capital-risqueur que Schmidt connaissait, n'arrêtait pas de le solliciter pour qu'il rencontre les gars de Google et qu'il discute du rôle qu'il pourrait tenir dans l'équipe de direction. Schmidt avait beaucoup de respect pour Doerr et attachait une grande importance à leurs relations. Si Doerr n'avait pas été impliqué dans Google en tant qu'investisseur et membre du conseil d'administration, il aurait purement et simplement séché la réunion. Malgré ses sentiments pour Doerr, il avait fait le maximum pour retarder le moment de la rencontre et deux mois s'étaient déjà écoulés depuis le jour où il avait été sollicité pour la première fois.

« Il faut que tu parles à Google » lui avait dit Doerr.

« Tout le monde se fout de la recherche » avait répliqué Schmidt.

« Va voir Google » insista Doerr. « C'est un petit bijou qui a besoin qu'on l'aide à atteindre la masse critique. »

Dans le petit monde des sociétés technologiques et des financiers de haut vol, Schmidt ne connaissait personne qui ait autant de succès au long cours que Doerr. C'était donc une relation à préserver, même s'il s'avérait que la rencontre avec Brin et Page était une perte de temps. Schmidt, qui était PDG de l'éditeur de logiciels Novell, n'était pas à la recherche d'un nouveau boulot, même s'il savait qu'il allait devoir se mettre rapidement en chasse, en prévision de la future fusion de Novell. Mais même s'il avait été prêt, Google n'aurait pas été l'entreprise vers laquelle ce cadre commercial titulaire d'un doctorat aurait porté son choix. En dépit de l'enthousiasme de Doerr, Google n'était rien de plus qu'un moteur de recherche à une époque où l'on murmurait dans la Silicon Valley que cette activité était moribonde et que l'avenir était aux portails Web dotés de multiples fonctions. Schmidt croyait dur comme fer qu'un petit nombre de portails offrant des services d'actualités, de météo, de commerce en ligne et de courrier électronique pouvaient attirer les internautes.

Il avait aussi du mal à comprendre pourquoi Doerr manifestait un tel enthousiasme à l'égard de Google. Il en arrivait à se demander si Doerr ne s'inquiétait pas tout simplement de son retour sur investissement et comptait sur lui pour jouer les pompiers et colmater les brèches. C'est avec réticence qu'Eric Schmidt pénétra dans leur bureau, prêt à rencontrer les deux jeunes entrepreneurs afin de remplir son obligation à l'égard de Doerr, pour ensuite vite retourner au travail chez Novell.

Sergey et Larry étaient aussi peu motivés que Schmidt par ce rendez-vous. Pour eux, il n'était rien de plus que le dernier en date d'une longue série de capitaines d'industrie avec lesquels ils étaient obligés de gaspiller leur temps afin d'apaiser les craintes de leurs financiers, Doerr et Moritz. Brin et Page avaient l'intention de renvoyer Schmidt à son travail, de la même manière qu'ils l'avaient fait pour tous les autres. En vérité, ils ne voulaient toujours pas que quelqu'un puisse contrôler leur travail chez Google et la dernière chose dont ils avaient besoin, c'était bien un financier qui fasse des comptes d'apothicaire. La mise en place d'un contrôle de gestion n'aurait pas été bénéfique, aurait étouffé l'innovation, entravé le progrès et généré des rapports alarmants à l'attention de Kleiner Perkins et Sequoia Capital sur la manière dont l'argent était gaspillé. Un cadre quinquagénaire venant du monde de la finance et des technologies n'aurait jamais été capable de comprendre la culture d'entreprise qu'ils avaient créée, dans la mesure où l'on avait plus l'impression de se trouver sur un campus universitaire que dans une entreprise qui s'apprêtait à être cotée en Bourse, ce qui constituait un aboutissement pour tout capital-risqueur qui souhaitait récupérer sa mise.

© Dunod – La photocopie non autorisée est un délit

Sergey et Larry étaient fiers de leur indépendance. Les deux sociétés de capital risque qui avaient investi 25 millions de dollars dans Google n'avaient pour l'instant rien reçu en retour, si ce n'est de la frustration, des maux de tête et de temps en temps quelques nouvelles de la part de nos deux compères, qui avaient tout fait pour garder le contrôle absolu de leur entreprise. Mais elles insistaient pour qu'ils embauchent quelqu'un de plus âgé et de plus expérimenté qu'eux, quelqu'un qui saurait gérer une entreprise et pourrait servir de porte-parole au moment même où elle serait introduite en Bourse.

Le duo avait pleinement conscience de ce qui se passait. Ils avaient dressé une firme contre l'autre avec maestria comme un bon joueur de poker qui bluffe pour ramasser la mise, qu'il ait ou non du jeu. Sergey, qui avait bien étudié la nature humaine, et Larry qui avait bénéficié de l'expérience de Carl, son frère aîné, savaient que ce qui pouvait arriver de pire à un capital-risqueur c'était de passer à côté d'un investissement potentiel qui se révélerait être une véritable mine d'or. C'était l'une des choses qui incitaient les gens riches à continuer à jouer à ce jeu-là.

Eric Schmidt l'ignorait quand il rencontra Brin et Page, mais cela faisait 16 mois que John Doerr s'échinait à trouver la bonne personne pour occuper le poste de PDG chez Google. Alors que Brin et Page s'étaient engagés à embaucher un PDG dont ils approuveraient la candidature, Doerr commençait à douter d'arriver à proposer quelqu'un qui trouverait grâce à leurs yeux. Le candidat idéal devait à la fois être intelligent et avoir de la personnalité pour satisfaire leurs exigences élevées ; de plus, il devait être prêt à laisser son ego au vestiaire. Ils avaient rejeté tous les candidats les uns après les autres. Pour Brin et Page, il était clair qu'ils allaient rester aux commandes de Google et n'allaient pas céder leur poste de PDG à un étranger que leur imposerait Doerr. De leur point de vue, tout marchait à merveille chez Google. Ils avaient fait de leur mieux pour décourager les candidats envoyés par Doerr de venir travailler avec eux.

La pièce dans laquelle pénétra Schmidt se trouvait dans l'ancien bâtiment de Sun Microsystems à Mountain View ; il y avait de la nourriture sur un chariot et son CV projeté sur le mur. Schmidt était un ancien haut responsable de chez Sun, mais cela faisait longtemps qu'il avait quitté l'entreprise pour aller relever de nouveaux défis chez Novell. Il venait à peine de s'asseoir que Sergey lui tombait dessus en l'interrogeant sur ce qu'il nommait « la stupidité » de la stratégie mise en œuvre par Schmidt chez Novell. « Je me suis défendu âprement » se souvient Schmidt. « Nous avons débattu pendant au moins une heure et demie. » Ce ne fut que joutes verbales, désaccords et défis intellectuels. Quand il prit congé, Schmidt qui avait déjà prévu de quitter Novell dans quelques mois se fit alors deux réflexions à propos de leur discussion : premièrement, cela faisait bien longtemps qu'il n'avait pas eu un débat aussi intéressant et deuxièmement, il avait le sentiment qu'il finirait par travailler avec Google d'une manière ou d'une autre.

De leur côté, Brin et Page trouvèrent Schmidt plus à leur goût que n'importe lequel des candidats qu'ils avaient rencontrés. On leur mettait de plus en plus la pression pour qu'ils embauchent quelqu'un qui puisse assurer la gestion interne de la société. À un moment donné, Moritz avait même menacé de demander le remboursement de l'investissement de 12,5 millions de dollars de Sequoia Capital s'ils ne respectaient pas leur engagement verbal d'engager un PDG de haut vol. La discussion avait été houleuse, mais le tandem de Google ne s'était pas laissé impressionné et avait ignoré la menace. Moritz avait l'impression qu'ils résistaient à ses directives à la manière de deux adolescents qui veulent tester l'autorité de leurs parents. « Si Larry et Sergey recevaient leurs instructions de Dieu, ils trouveraient encore le moyen de discuter » disait-il.

Doerr décida de biaiser. Il organisa toute une série de rencontres entre Brin et Page et des poids-lourds du monde de la technologie pour lesquels ils avaient du respect, notamment Andy Grove, le président d'Intel. Doerr caressait l'espoir qu'au fil du temps nos deux entrepreneurs épris d'indépendance trouveraient meilleur compte à long terme, pour accompagner la croissance de Google, de laisser la gestion quotidienne d'une entreprise à quelqu'un d'autre, ce qui leur permettrait de se concentrer sur des problèmes plus intéressants. Cela semblait préférable à une tentative de persuasion d'honorer leur promesse verbale qu'ils n'avaient dès le départ jamais prise au sérieux. Mais Doerr n'était pas certain de la réussite de sa stratégie. Selon un article de *GQ magazine*, le PDG d'Amazon, Jeff Bezos, avait confié à Doerr après avoir rencontré le tandem : « Certaines personnes veulent juste traverser l'Atlantique dans un canot pneumatique. Grand bien leur fasse ! Le problème est simplement de savoir si vous êtes prêt à les soutenir. »

© Dunod – La photocopie non autorisée est un délit

Malgré tout, Doerr gardait confiance et espérait que Brin et Page finiraient par entendre raison ; il lui semblait d'ailleurs que Schmidt possédait le bon dosage : une grande intelligence combinée à un riche parcours professionnel. Une chose chez Schmidt plaisait particulièrement à Brin et Page : non seulement il avait une expérience de PDG, mais il était aussi informaticien. Comme les meilleurs éléments qu'ils embauchaient chez Google, Schmidt avait des titres universitaires et, en tant que scientifique, une véritable passion pour la recherche. Il avait un doctorat d'informatique obtenu à l'université de Californie à Berkeley et avait passé auparavant une licence de génie électrique à Princeton. Il avait fait de la recherche chez Xerox, au Xerox Palo Alto Research Center, plus connu sous le nom de PARC, ainsi que dans les laboratoires Bell. Il n'avait pas peur de dire ce qu'il avait sur le cœur et n'avait pas été intimidé par leur première rencontre. Il avait aussi été à Burning Man. En bref, Schmidt avait réussi l'examen de passage.

Schmidt possédait également quelque chose que d'aucuns auraient pu considérer comme une faiblesse, mais que Brin et Page voyaient comme une force : il avait connu l'échec. Quand il était chez Sun Microsystems, il avait défié Microsoft en prenant la tête du développement de Java, un langage de programmation indépendant, et il avait défini la stratégie Internet de la société. Même si ses efforts n'avaient pas été couronnés de succès, cela montrait que Schmidt n'avait pas eu peur de s'attaquer à Bill Gates et de proposer aux entreprises et aux consommateurs une alternative au système d'exploitation de Microsoft. Brin et Page admiraient l'indépendance dont il avait fait preuve ; cela signifiait aussi que Schmidt connaissait les erreurs commises par Sun quand la société avait voulu défier la suprématie de Microsoft. Le tandem de Google y voyait un avantage : ils pourraient tirer des leçons des erreurs tactiques et stratégiques faites par Schmidt et Sun, ce qui les empêcherait de se fourvoyer quand ils concevraient leur alternative logicielle à base d'Internet.

Leur première rencontre se termina sans que rien ne fût vraiment conclu, mais elle marqua le début d'une entreprise de séduction.

Sergey et Larry appréciaient Schmidt autant qu'ils le pouvaient, en tant que PDG de Google... Mais une chose était sûre : ils n'avaient pas l'intention de le couvrir de stock options qui vaudraient un jour de l'or sans exiger en retour un engagement conséquent. Ils voulaient la preuve que lui aussi allait s'investir financièrement et psychologiquement dans l'entreprise qu'ils avaient fondée et créée de toutes pièces.

Sergey et Larry le rappelèrent afin de discuter de tout cela.

« Qu'est-ce que vous voulez faire ? » lui demandèrent-ils.

« En ce moment, je suis très occupé à vendre ma société » leur rappela Schmidt. Il n'avait pas l'intention de quitter Novell au moment où il était en train de procéder à sa fusion.

« Je serais très heureux d'être le président de Google » continua-t-il puisque cela n'impliquait pas des responsabilités au quotidien, « et d'en devenir le PDG à plus ou moins longue échéance. »

« Nous n'avons pas besoin de vous pour le moment » lui dit Larry, « mais nous pensons que vous allez avoir besoin de nous dans un avenir proche. »

« Je suis d'accord et je pense que mon expérience sera utile au développement de la société » répliqua Eric.

Une fois la conversation téléphonique terminée, chacun poussa un gros soupir de soulagement. En coulisses, Doerr incitait les deux parties à trouver un accord rapide. Il avait le sentiment d'avoir trouvé la combinaison gagnante. « Le rôle de John a été fondamental » admet Schmidt. « Quand on observait Google de l'extérieur, on avait l'impression que Larry, Sergey et leurs ingénieurs s'amusaient beaucoup. Mike (Moritz) et John ont donné de l'envergure à cette entreprise et cela ne doit pas être minimisé. »

S'ensuivirent d'âpres négociations sur le salaire de Schmidt. Larry et Sergey voulaient à tout prix qu'il investisse une partie de sa fortune personnelle dans la société. Il insistait tout autant sur le fait que s'il devenait président, puis PDG, il lui faudrait un joli paquet de stock options qui étaient la monnaie en vogue dans la Silicon Valley. Schmidt savait pertinemment que la société avait beaucoup d'idées, mais peu de liquidités, si bien qu'il ne fit pas le forcing pour obtenir un salaire élevé. De toutes les façons, il allait se faire beaucoup d'argent en vendant Novell. Mais en allant travailler chez Google et en ignorant la méfiance qui prévalait à l'égard des moteurs de recherche, il mettait en jeu quelque chose de bien plus précieux : sa réputation.

© Dunod – La photocopie non autorisée est un délit

Les discussions sur les stocks options s'éternisèrent ; Larry et Sergey en avaient distribué généreusement à leurs amis de Stanford et d'ailleurs qui étaient venus travailler avec eux à une époque où cela semblait encore plus risqué. Mais si Schmidt acceptait le boulot de président, puis de PDG, il voulait des stocks options qui puissent se convertir en millions d'actions, ce qui ferait de lui le plus gros actionnaire parmi les employés.

Deux choses permirent de trouver un accord : premièrement, Schmidt prouva son engagement en acceptant de payer sur ses deniers personnels 1 million de dollars pour acquérir des actions préférentielles de Google. Il le fit au début de l'année 2001, à une époque où la société était à court de liquidités, si bien que cet argent fut injecté directement dans l'entreprise. Deuxièmement, Brin et Page durent se rendre à l'évidence : John Doerr avait bien un pouvoir sur eux. Il s'était écoulé plus d'un an depuis que Doerr et Moritz avaient investi 25 millions de dollars dans Google, si bien qu'ils pouvaient prétendre que la promesse d'engager un PDG n'avait pas été tenue. Les capital-risqueurs étaient alors en droit de réclamer à Google le remboursement de leur investissement initial, ce que ni sa trésorerie ni sa réputation ne lui permettaient.

Schmidt tomba d'accord avec Brin et Page en janvier 2001, et l'affaire fut conclue deux mois plus tard en mars, une fois que toutes les conditions financières et juridiques eurent été finalisées. De mars à juillet, Schmidt occupa simultanément les fonctions de président de Google et de PDG de Novell, passant quelques heures chez Google en plus de son travail à temps plein chez Novell. « On ne peut pas être PDG sans se montrer de temps en temps » faisait remarquer Schmidt. Au cours de la deuxième semaine de juillet, quand la fusion de Novell fut achevée, il fut nommé PDG de Google Inc.

« Non seulement, j'étais PDG et président, mais j'étais aussi un véritable investisseur » se souvient Schmidt. « La société avait littéralement besoin d'argent et ils voulaient la preuve d'un réel engagement de ma part. »

En arrivant chez Google, Schmidt trouva une entreprise technologique qui, presque trois ans après sa création, était dirigée par des informaticiens qui consacraient beaucoup de temps à leurs utilisateurs et à leurs produits, mais gaspillaient le moins d'argent et de temps possible dans la gestion des affaires courantes. Il emménagea dans un bureau d'une dizaine de mètres carrés qui se trouvait proche du tandem qui partageait un bureau plus grand encombré de collègues, de jouets, de matériel informatique et d'objets divers. « Cet endroit ressemblait toujours à un zoo » disait Schmidt. Il savait ce qu'il avait à faire, mais il devait aussi persuader Sergey et Larry d'accepter la nécessité de bâtir une infrastructure commerciale. Par exemple, ils se servaient pour la comptabilité et la paye du logiciel Quicken, programme que les particuliers emploient pour remplir leur déclaration de revenus ou que certaines petites entreprises utilisent pour leur gestion. « Ça allait bien pour une start up, mais pas pour une entreprise qui comptait 200 employés et faisait 20 millions de chiffre d'affaires » disait Schmidt.

Cela tourna à l'affrontement. Schmidt voulait implanter un système comptable et commercial digne de ce nom édité par Oracle et il s'y connaissait dans ce domaine. Mais Larry et Sergey pensaient que ce n'était pas une bonne idée et que cela coûtait beaucoup trop cher. Les décisions quotidiennes d'Eric étaient contestées alors même qu'il accomplissait le travail pour lequel il avait été engagé. « Ce fut un rude combat » se rappelle Schmidt. « Ils n'arrivaient pas à comprendre pourquoi il fallait payer tout cet argent à Oracle alors que Quicken était disponible. »

En dépit des conflits de ce genre, Schmidt avait de bons rapports avec Larry et Sergey. Il savait quand faire pression et quand lâcher du lest ; il savait aussi arrondir les angles. Plus il passait de temps chez Google, plus il était impressionné par la culture d'entreprise qu'ils avaient forgée. Ils avaient une vision très large et son travail consistait à offrir un cadre à cette vision afin qu'elle puisse engendrer des résultats financiers tangibles.

Dit comme cela, cela paraissait simple, mais la tâche était ardue puisqu'il ne voulait rien faire qui puisse modifier l'âme de la société ou bien altérer les bonnes relations qu'il entretenait avec Larry et Sergey. Au bout du compte, avec l'aide d'un élément extérieur, le PDG d'Intuit, Bill Campbell, que Doerr avait intégré à l'affaire afin de les guider, le trio finit par fonctionner en équipe. Schmidt apprit à reconnaître les combats qui méritaient d'être menés, à détourner le regard quand c'était nécessaire, à établir une relation de confiance et à mettre en œuvre une division naturelle du travail de telle sorte que les décisions puissent être prises. Au final, Sergey était un négociateur doué, Larry le plus grand technicien des trois et Eric gérait les affaires courantes.

© Dunod – La photocopie non autorisée est un délit

Cependant, Brin et Page aimaient bien plaisanter. Notre tandem fit toute une série de blagues pour tester l'ardeur de Schmidt, briser son élan, saper son autorité et s'assurer qu'il comprenait bien sa véritable place dans la hiérarchie. « Quand je suis arrivé » dit Schmidt, « la société avait des cartes de crédit qui n'étaient pas personnalisées. Larry et Sergey se contentaient de distribuer des cartes de crédit. La première chose que j'ai faite, c'est d'annuler toutes les cartes de crédit, sauf celle dont Larry et Sergey avaient le contrôle. Alors ils donnaient leur carte à d'autres personnes pour qu'ils puissent s'acheter des trucs, rien que pour m'énerver. Un jour, j'ai trouvé une cabine téléphonique dans mon bureau. J'ai demandé d'où cela pouvait venir. On a réussi à retrouver la trace de l'achat et on s'est aperçu que c'était quelqu'un qui avait leur numéro de carte de crédit. Tout cela était très amusant. Un jour, j'ai trouvé des fauteuils massants. Qui est-ce qui les avait achetés ? Je n'en savais rien, mais j'avais cependant ma petite idée. »

Au fur et à mesure que Google grandissait, il était clair que rôle de John Doerr dans l'embauche de Schmidt avait été prépondérant. De la même manière, il insista pour que Bill Campbell passe du temps à conseiller le trio en tant que consultant extérieur ; il les aidait à fonctionner en synergie. Doerr et sa société avaient apporté beaucoup plus que de l'argent à Google. Finalement, ils acceptèrent cette pratique peu commune d'avoir une hiérarchie à trois têtes au sommet de l'entreprise.

Dans ce trio, même s'il avait le rang officiel de PDG, Schmidt allait bien vite s'apercevoir qu'il pouvait être mis en minorité.

Chapitre 10

You've Got Google[1]

Google atteignit de nouveaux sommets financiers en 2002, ce qui signifiait clairement pour la première fois que son potentiel commercial n'avait rien à envier à son immense influence en tant que moteur de recherche. America Online, qui possédait plus de 34 millions d'abonnés à Internet, adopta Google comme moteur de recherche pour son portail le 1er mai. À partir de ce moment-là, les abonnés d'AOL disposèrent sur chaque page d'une petite boîte de dialogue de recherche qui disait « Technologie de recherche fournie par Google ». La taille d'AOL accrut l'influence de Google dans des proportions bien plus importantes que n'importe quel partenariat conclu à cette époque. De plus, grâce à cet accord, Google prenait le dessus sur son rival Overture, qui était auparavant le fournisseur d'annonces publicitaires d'AOL.

C'était Steve Case, le co-fondateur d'America Online qui avait eu l'idée de coupler le moteur de recherche de Google à AOL. Utilisateur fidèle d'AOL, Case s'était aperçu qu'il utilisait systématiquement les services de Google dès qu'il voulait faire la moindre recherche d'information car les réponses étaient plus rapides. Si lui-même allait sur le site de Google, cela signifiait sans aucun doute que d'autres abonnés d'AOL faisaient de même. Même s'il n'était pas impliqué dans la gestion quotidienne d'AOL à cette époque-là, il suggéra aux dirigeants d'AOL de conclure un marché pour que Google devienne le moteur de recherche officiel du service vedette d'America Online.

1. NdT : jeu de mots sur le slogan de la société AOL « You've got mail » (vous avez un message) qui est prononcé par l'ordinateur lorsque vous recevez un courriel.

© Dunod – La photocopie non autorisée est un délit

Obtenir le marché d'AOL contre Inktomi (qui fournissait des résultats de recherche) et Overture (qui fournissait les annonces publicitaires ciblées) ne fut pas aussi facile que de gagner les faveurs de Case en tant qu'utilisateur du moteur de recherche de Google. Il apparut au cours d'âpres négociations que le seul moyen de décider AOL à changer de fournisseur était de lui apporter de solides garanties financières qui s'élevaient à plusieurs millions de dollars. En échange de cela, Google prendrait en charge la recherche et les publicités ciblées sur America Online et partagerait les bénéfices. Dans le cadre de cet accord, AOL exigea aussi des stock-options.

Brin et Page, qui étaient désireux de voir Google s'agrandir, étaient presque prêts à payer n'importe quel prix pour capter la clientèle d'AOL, mais leur nouveau PDG, Eric Schmidt, se montrait circonspect car il craignait que le type de garantie de plusieurs millions de dollars qu'America Online exigeait puisse mettre Google en faillite si l'argent venait à manquer. Schmidt leur rappela qu'il n'y a pas si longtemps Google avait 9 millions de liquidités, mais aussi 9 millions de dettes dans sa comptabilité. Les conditions pouvaient changer du jour au lendemain et son expérience lui avait appris l'importance d'un matelas de sécurité. Le trio engagea alors un débat acharné : Schmidt était opposé à la demande d'AOL et les deux fondateurs faisaient bloc pour signer le contrat. En elle-même, la proposition de partenariat avec AOL était si importante que Schmidt avait envisagé la possibilité de faire appel à un financement privé spécial afin de s'assurer que l'entreprise ne se trouverait pas à court d'argent après la transaction et ne ferait pas faillite.

« J'étais terrifié » se rappelle Schmidt. « Larry, Sergey et moi avions des discussions très pénibles. Je savais pertinemment que si l'argent venait à manquer, on était foutu. Mais ils étaient plus enclins que moi à prendre des risques. L'avenir leur a donné raison. »

L'alliance de Google et d'AOL les fit une nouvelle fois se mesurer à Microsoft. Pendant des années, Microsoft avait menacé d'anéantir AOL en dépensant des sommes colossales pour promouvoir son propre service d'accès à Internet, MSN, et en offrant une messagerie gratuite par le biais de sa filiale Hotmail. AOL avait alors acheté Netscape, mais avait perdu cette bataille contre Microsoft, qui proposait gratuitement à ses utilisateurs son navigateur Internet Explorer ; à présent, AOL avait intenté un procès retentissant contre Microsoft, demandant des dommages et intérêts en raison de pratiques déloyales et anticoncurrentielles. Microsoft, pour sa part, avait agréé Overture comme régie publicitaire pour son service de recherche qui venait à peine de démarrer. Dans la guerre, parfois ouverte et parfois secrète, qui opposait Google à Microsoft, la rivalité était palpable et les deux parties faisaient leur maximum pour prendre le dessus. Pendant ce temps, l'un des anciens employeurs d'Eric Schmidt, Sun Microsystems, avait quant à lui intenté une procédure antitrust contre Microsoft. Et surtout, les attaques contre Microsoft ternissaient l'image du géant alors même que Google redorait son blason grâce à une série de partenariats.

L'action d'Overture perdit presque un tiers de sa valeur lors de l'annonce de la perte du marché d'AOL que venait de remporter Google. « C'est une approbation massive de notre modèle publicitaire et de notre image de marque » disait Schmidt. « Nos perspectives commerciales sont excellentes et cet accord avec AOL va nous faciliter les choses. »

Danny Sullivan, notre expert en moteur de recherche, voyant comment Google avait réussi à supplanter Inktomi et Overture auprès d'AOL salua cette réussite : « C'est vraiment une immense victoire pour Google. »

Outre le contrat avec AOL, Google passa un accord pour fournir sa technologie de recherche à EarthLink, un autre fournisseur d'accès à Internet. Google signa un autre accord sur trois ans d'une valeur de 100 millions de dollars avec Ask Jeeves, un moteur de recherche concurrent, pour la fourniture de publicités en ligne. Ask Jeeves continuerait à produire ses propres résultats de recherche qui étaient basés sur une technologie maison, mais ce partenariat avec un concurrent renforçait encore la position dominante de Google.

Au printemps, Google adopta une nouvelle politique en ne faisant payer les annonceurs que lorsque les internautes cliquaient sur leurs publicités. Cette mesure était censée donner aux régies publicitaires un meilleur contrôle sur la manière dont elles dépensaient leur budget. Overture, échaudé par la perte coup sur coup de deux clients importants au profit de Google, intenta un procès pour contrefaçon, arguant du fait que les publicités ciblées de Google violaient le brevet d'une technologie déposée par Overture, un pionnier du système basé sur les clics. Google répondit que le procès n'avait pas lieu d'être, mais Overture promit d'aller jusqu'au bout. Entre-temps, Google faisait de plus en plus partie du quotidien des

© Dunod – La photocopie non autorisée est un délit

gens, mais son influence grandit encore quand un des personnages d'une célèbre série télévisée sur NBC, À la Maison blanche, suggéra dans une réplique à l'un de ses collègues de trouver des informations en faisant une recherche sur Google. Contrairement à d'autres sociétés, Google n'avait rien payé pour que son nom soit mentionné dans cette émission en vogue.

Les utilisateurs habituels de Google étaient bien loin de s'imaginer que leur moteur de recherche était en fait un marché sophistiqué, ouvert 24 heures sur 24, où des milliers de mots et d'expressions que les gens recherchaient quotidiennement étaient vendus comme des biens de consommation ou des services. Le nom d'un produit de tous les jours, comme « nourriture pour animaux domestiques » pouvait valoir 30 cents, alors que d'autres qui généraient des marges bien supérieures, comme « conseil pour investissement », pouvaient atteindre trois dollars. Les prix étaient déterminés parce que les annonceurs étaient prêts à payer pour que leur publicité apparaisse quand un internaute recherchait ce terme sur Google. Et la manière dont les prix étaient fixés dans ce grand bazar électronique expliquait l'un des plus grands mystères de Google : la façon dont les clics sur son site Web étaient convertis en valeurs positives sur son bilan.

Google gagnait de l'argent toutes les fois qu'un internaute cliquait sur une des publicités qui s'affichaient. Mais au lieu d'être fixé à l'avance, le coût de parution d'une publicité sur Google, ou sur son réseau de sites affiliés, était déterminé par un système d'enchères en ligne permanentes. De cette manière, Google s'assurait qu'il obtenait toujours le meilleur prix pour chacune des millions de publicités qu'il affichait quotidiennement.

Des entreprises du monde entier employaient des personnes qui passaient leur temps devant leur écran à faire des enchères grâce à ce système électronique. Certains utilisaient des logiciels qui automatisaient cette tâche ; d'autres engageaient des professionnels du marketing qui se spécialisaient dans ce type d'enchères. Quelle que soit la manière dont on procédait, les enchères se faisaient en coulisses, si bien que tout ce que les utilisateurs de Google voyaient, c'était les publicités qui avaient remporté les enchères, alignées à droite de leurs résultats de recherche.

Antonella Pisani, cadre chez le fabricant d'ordinateurs et de matériel électronique Gateway, participait tous les jours à cette vente aux enchères de mots-clés. Elle considérait son travail comme celui d'un gestionnaire de portefeuille boursier, mais elle gérait des mots-clés et des expressions plutôt que des obligations et des actions ; elle espérait néanmoins tirer le maximum des investissements que faisait sa société dans la publicité en ligne. Elle jonglait avec les enchères, par exemple, sur le terme « appareil photo numérique » et sur son pluriel « appareils de photo numérique » ; un clic sur le premier terme coûtait 75 cents, alors qu'un clic sur le deuxième coûtait en moyenne 1,08 dollar. Elle disait que cette disparité venait du fait que les clients qui saisissaient la forme plurielle avaient plus de chances d'effectuer un achat. On apprenait ce genre de nuances avec l'expérience et ces subtilités faisaient la différence entre les bons enchérisseurs et le reste de la masse ; mais les bases du système des enchères restaient aussi simples que possible afin d'attirer le maximum d'enchérisseurs.

Le concept de vente aux enchères des termes de recherche n'avait pas été inventé par Google. Cet honneur revient à Overture, une société que Yahoo avait rachetée. Le procès pour contrefaçon intenté par Overture suivait son cours, mais pendant ce temps, le système de vente aux enchères de Google prenait de l'ampleur, devenant ainsi encore plus rentable.

Des sociétés de toutes tailles participaient à ce système d'enchères de mots-clés, dépensant des sommes qui variaient de quelques centaines de dollars à plusieurs millions par trimestre. Le système traditionnel du marché publicitaire était bouleversé car les annonceurs déterminaient le prix qu'ils étaient prêts à payer pour diffuser leurs messages, au lieu de laisser le soin à Google de fixer les prix, comme c'est le cas pour les publicités à la télévision ou dans les journaux. Le côté self-service du système et le coût minime du prix des annonces les plus basses permettaient aux sociétés les plus petites, ne disposant d'aucune équipe commerciale, de participer aux enchères. Sur Google, les toutes petites entreprises familiales avaient autant de chances d'atteindre des millions d'internautes que les grandes entreprises de Wall Street ou du CAC 40.

Un vieil adage dit que les entreprises dépensent en général deux fois plus qu'il n'est nécessaire en publicité, mais qu'il n'y a aucun moyen de décider quelle moitié était superflue. Google voyait cela comme un problème qu'il pouvait résoudre

© Dunod – La photocopie non autorisée est un délit

grâce à une technologie intelligente. Le fait de fixer le prix des publicités en fonction du nombre de clics permettait aux sociétés de mesurer facilement l'efficacité de leur campagne, puisqu'elles pouvaient savoir si les utilisateurs qui cliquaient sur une publicité se transformaient en acheteur (en général, le fait de cliquer sur une publicité provoque l'affichage d'une page Web sur laquelle l'internaute peut effectuer un achat). Si les publicités faisaient vendre, alors l'entreprise pouvait augmenter le montant de ses enchères ou bien étendre sa campagne ; si les publicités n'étaient pas efficaces, elle pouvait diminuer le prix des enchères ou bien tout simplement annuler la campagne.

Dans le système d'enchères de Google, le prix de l'enchère minimale pour un terme de recherche était de 5 cents, mais c'était à peu près le seul prix qui soit stable. Les prix pouvaient monter ou baisser en fonction des enchères des autres sociétés qui essayaient d'optimiser en temps réel leur position dans la liste des résultats. Un des termes de recherche les plus chers était « mésothéliome », un type de cancer provoqué par une exposition à l'amiante. Les enchères les plus élevées pour ce terme se situaient au-dessus de 30 dollars par clic et provenaient d'avocats qui cherchaient par tous les moyens à s'attirer une clientèle lucrative.

Toutefois, le fait d'avoir fait l'enchère la plus haute ne garantissait pas que la publicité apparaîtrait tout en haut de la liste. Ce comportement était complètement atypique et ce n'était pas du tout le style des concurrents de Google. Google effectue un classement des publicités en fonction de deux facteurs : le prix qu'une société est prête à payer et le nombre de clics sur cette publicité. Ainsi, même si une entreprise fait l'enchère la plus élevée sur un mot-clé particulier, sa publicité ne sera pas placée en tête de la liste du moment que les consommateurs ne cliquent pas sur sa publicité. Yahoo, en revanche, garantit que les enchères les plus élevées pour un terme seront affichées au sommet de la liste des liens commerciaux. Yahoo est « strictement capitaliste : si vous payez plus, vous serez le numéro un » dit Dana Todd, cadre dans une agence de pub interactive. « Google a des tendances plus socialistes, et ils aiment bien tenir compte du vote des utilisateurs. »

La publicité sur Google se révélait un moyen extrêmement efficace d'atteindre des clients potentiels. Google offrait une diffusion beaucoup plus ciblée ; il tentait d'atteindre le consommateur au moment même où il prenait la décision d'acheter un produit, plutôt que de placarder des publicités dans les emplacements où sont censés se trouver les consommateurs. Le secteur de la publicité en ligne avait une croissance rapide car les entreprises de toutes tailles, sur tous les continents, découvraient l'efficacité commerciale des publicités ciblées. « C'est un programme marketing très efficace : on capture l'attention des gens au moment où ils sont intéressés » disait Antonella Pisani de chez Gateway. Et au fur et à mesure que les gens passaient de plus en plus de temps sur Internet, la publicité les y suivait. À maints égards, le succès financier de Google s'explique par sa capacité à rendre la publicité en ligne attirante à la fois pour les entreprises et les internautes.

Au fil du temps, Google allait être amené à lâcher du lest en assouplissant les restrictions sur les publicités qu'il autorisait sur ses sites Web partenaires, notamment en acceptant les publicités contenant des images et des photos, et non pas seulement du texte. De la même manière, il allait donner aux annonceurs un meilleur contrôle sur l'emplacement des publicités. Mais Google tiendrait bon sur le principe de combiner la popularité d'une publicité avec le prix qu'une entreprise était prête à payer. Et sur le site Google.com, les textes publicitaires dans de petits encadrés restaient la règle.

Malgré tout l'argent dépensé dans le système des enchères électroniques, les résultats de recherche gratuits de Google demeuraient le meilleur emplacement pour être affiché bien en évidence. Les études qui enregistraient les mouvements des yeux des internautes montraient qu'ils regardaient d'abord le côté gauche de la page, où les résultats de recherche gratuits étaient affichés. Un nouveau métier était né : optimisateur de recherche ; leur seule fonction était de peaufiner les sites Web des entreprises de manière à ce qu'ils apparaissent en bonne place dans les résultats de Google. Cependant, le fait d'apparaître tout le temps au sommet de la liste des résultats gratuits était bien plus complexe que de se placer en tête des publicités vendues aux enchères.

Quelle que soit la méthode employée, que ce soit pour les résultats gratuits ou pour les enchères, ce qui comptait le plus pour les entreprises, c'était de se retrouver dans le peloton de tête. Comme le disait Frederick Marckini, PDG d'iProspect, société de marketing en ligne : « Toutes les études le confirment : si vous n'êtes pas placé dans les trois premières pages de résultats de recherche, c'est-à-dire les 30 premiers

© Dunod – La photocopie non autorisée est un délit

résultats, votre publicité ne sera vue par personne et ne sert donc à rien. »

Ayant tissé des partenariats avec Yahoo, AOL, EarthLink et Ask Jeeves, Google avait à présent des relations avec la plupart des entreprises qui comptaient sur Internet. Son réseau de sites affiliés à travers le Web qui exploitaient la technologie de recherche de Google s'avéra également un bon moyen d'augmenter la fréquentation de son site et d'améliorer son image de marque. Au fil du temps, le nombre de sites affichant la zone de recherche de Google allait atteindre le chiffre vertigineux de 25 000, formant ainsi un réseau lucratif qu'il était excessivement difficile d'imiter.

Il s'avéra que la révolution Internet changeait fondamentalement la nature de la publicité et du marketing des biens et des services, et Google était dans une position idéale pour en tirer le meilleur parti.

Google et ses investisseurs se rendirent alors compte que le moteur de recherche allait être un succès financier éclatant : en 2002 il généra 440 millions de chiffre d'affaires et 100 millions de bénéfices, chiffres que tout le monde ignorait puisque Google était une compagnie qui appartenait à des investisseurs privés. La quasi-totalité de ses bénéfices provenait des clics des utilisateurs sur les textes publicitaires qui figuraient sur la partie droite de la page des résultats de recherche sur le site de Google et les pages de ses nombreux partenaires. Dans la mesure où ces prouesses financières étaient inconnues à l'extérieur de l'entreprise, Brin, Page et Schmidt étaient libres de faire progresser la société comme ils l'entendaient sans avoir à se soucier de leurs concurrents.

Ils gardèrent le secret sur leurs performances financières pour empêcher les autres entreprises, notamment Microsoft et Yahoo, de découvrir la rentabilité commerciale de leur système de recherche et de publicité en ligne. En effet, cela les aurait incités à investir de grosses sommes d'argent pour concevoir ou acquérir leur propre moteur de recherche.

Forte de cette belle longueur d'avance, la super-croissance de Google allait se poursuivre au fur et à mesure que les entreprises transféraient les milliards de leurs budgets publicitaires des médias classiques (télévision, radio, journaux et magazines) vers la publicité sur Internet. Google, qui n'était au départ qu'une société créée par deux étudiants amateurs de recherche d'information, se trouvait désormais à l'épicentre de l'économie de la publicité en ligne.

Chapitre 11

L'économie Google

Steve Berkowitz avait déjà une petite idée du caractère révolutionnaire de l'économie Google et d'Internet avant qu'il ne soit embauché en 2001 pour relancer le moteur de recherche Ask Jeeves, qui était en perte de vitesse. Son sens aigu des affaires lui permettait d'avoir toujours deux ou trois coups d'avance ; il appréciait les mauvais rôles et n'avait pas peur de relever le défi qui consistait à transformer une entreprise à la dérive en une affaire juteuse. Il avait confiance en lui car il avait déjà accompli ce genre d'exploit par le passé. Il avait sorti de l'anonymat une maison d'édition qui publiait des ouvrages d'informatique en créant la collection *Pour les nuls* qui était devenue une valeur sûre de l'industrie du livre. Étranger au monde de la technologie, Berkowitz comprenait de manière intuitive des choses qui passaient bien au-dessus de la tête de nombreux spécialistes du Web, notamment le fait qu'Internet était finalement très proche des médias traditionnels et pouvait être considéré simplement comme un nouveau moyen de fournir des contenus et de la publicité aux utilisateurs du monde entier. Sa capacité à se projeter dans l'avenir et sa compréhension de la relation étroite unissant une marque et ses clients lui permirent de passer facilement du monde de l'édition de livres à celui de l'économie Google.

Dans ses nouvelles fonctions à la tête de Ask Jeeves, Berkowitz hérita d'une marque réputée, quoique financièrement fragile, qui suscitait régulièrement de très gros espoirs, mais alignait les contre-performances et avait involontairement sapé l'immense valeur de son entreprise et de son symbole le plus connu : un maître d'hôtel britannique extrêmement bien mis et répondant au nom de Jeeves. La présence de ce maître

© Dunod – La photocopie non autorisée est un délit

d'hôtel sur le site Ask Jeeves[1] donnait un petit côté humain qui plaisait quelque part aux Américains. L'internaute, qui est en général un être impatient, éprouvait alors plus de sympathie pour ce serviteur britannique mythique dont il attendait un service impeccable et il était plus enclin à lui offrir une deuxième chance.

Malgré la distinction de Jeeves et le sens des affaires de Berkowitz, il est clair que l'entreprise aurait été vouée à l'échec sans le secours de l'économie Google. Le succès du moteur de recherche avait un effet secondaire sur le marché qui bénéficiait d'un service de recherche de qualité, de publicités ciblées et avait retrouvé la foi dans l'innovation high-tech. Google, en créant des milliers d'emplois et en injectant des milliards de dollars dans l'économie, était à l'origine d'innombrables opportunités pour les entrepreneurs et les magnats de la finance. On avait une bonne illustration de ce phénomène au siège de Google où des cartes informatisées indiquaient l'origine des millions de recherche qui se faisaient nuit et jour dans le monde entier, révélant ainsi l'audience et la puissance de la marque Google qui allait bien au-delà de tout ce que l'on avait connu. Les outils traditionnels de mesure n'arrivaient pas à évaluer correctement la popularité et la rentabilité du réseau des utilisateurs et des annonceurs de Google, en partie parce que ce modèle économique non conventionnel ne se prêtait pas bien à une analyse statique standard.

Constituant la nouvelle application Internet la plus populaire depuis l'apparition du courrier électronique, Google facilitait l'apparition de nouvelles idées, permettait à des partenaires commerciaux de se contacter et à d'anciens amis de se retrouver. Pour les entrepreneurs, c'était un moyen de faire des études de marché, de recruter et de faire de la publicité de manière immédiate et peu onéreuse. Sans l'avouer, Google était devenu la meilleure trousse à outils de l'entrepreneur. À maints égards, il avait une influence sur tout un pan du monde des affaires américain et planétaire. Ces effets dépassaient d'ailleurs le monde des affaires et se faisaient aussi

---

1. Ask Jeeves, renommé "Ask" aux Etats-Unis sera connu en France sous le nom Ask France. Il est d'ores et déjà accessible sur http://fr.ask.com et sera réellement lancé dans le courant de l'année 2006. Fin 2005 le moteur de recherche d'Ask Jeeves était, aux Etats-Unis, en cinquième position derrière ceux de Google, Yahoo, MSN et AOL.

sentir dans les universités, le gouvernement et les instituts de recherche. Ce n'était pas exagéré de prétendre que cette jeune entreprise, à la fois moteur de recherche, de publicité et de croissance, était le catalyseur de la nouvelle économie.

Steve Berkowitz ne prit pas totalement la mesure du monde dans lequel il venait de pénétrer quand il arriva chez Ask Jeeves en mai 2001 ; il avait pour mission de sauver cette entreprise jadis florissante de la spirale mortelle dans laquelle tant de dot-coms prometteuses avaient été aspirées. Une chose retint cependant son attention avant qu'il n'accepte le poste de PDG : alors qu'IDG, la maison d'édition pour laquelle il travaillait, avait 200 millions de dollars de chiffre d'affaires et une capitalisation boursière de 250 millions de dollars à la fin des années 1990, Ask Jeeves avait été introduit en Bourse avec seulement 10 millions de chiffre d'affaires et 80 millions de pertes, mais avait atteint une capitalisation boursière de 5 milliards de dollars en décembre 1999. « Au bout d'un moment, se rappelle Berkowitz, j'ai eu envie de m'intéresser à Internet. »

Ask Jeeves avait incontestablement une histoire, et même si Berkowitz s'intéressait plus à l'avenir qu'au passé, il chercha d'abord à comprendre comment une entreprise qui avait valu plusieurs milliards de dollars avait pu ainsi péricliter et surtout comment elle était perçue par ses utilisateurs. Il ne lui fallut pas longtemps pour découvrir qu'Ask Jeeves, connu également sous le nom d'Ask.com, n'avait jamais réussi à tenir ses promesses, ce qui avait provoqué un sentiment de frustration chez les usagers. Ces derniers avaient été attirés par une proposition alléchante étant donné la complexité d'Internet car la publicité pour Ask Jeeves leur laissait croire qu'ils pouvaient saisir leur requête en langage naturel et obtenir ainsi des réponses précises. À de très rares exceptions près, ils furent déçus par cette expérience. Le maître d'hôtel britannique ne tenait pas ses promesses.

Ask Jeeves avait été introduit en Bourse en 1999 avec une idée attirante, mais sans aucun projet commercial pour dégager des bénéfices, ce qui était assez répandu à cette époque-là. Grâce à l'introduction en Bourse, l'entreprise avait pu dépenser des millions de dollars en publicité pour faire connaître sa marque et accroître le trafic sur son site Web, mais elle n'avait pas investi dans une technologie qui lui aurait permis de tenir ses promesses. Ses publicités accrocheuses, qui jouaient sur le

© Dunod – La photocopie non autorisée est un délit

second degré, se présentaient sous la forme de questions, par exemple : « Pourquoi est-ce que le ciel est bleu ? » ou bien encore « Pourquoi est-ce que l'on ne peut pas trouver des pigeonneaux ? » En décembre 2000, comme pour beaucoup d'autres dot-com, les fonds de Jeeves s'évaporèrent. « Jeeves a gonflé avec la bulle, mais a éclaté avec la bulle » admit Berkowitz. Il restait cependant un fervent adepte du pouvoir des marques et il reconnaissait qu'à la différence des autres moteurs de recherche et des autres sites Web, l'entreprise possédait un personnage, Jeeves, qui donnait corps à la marque. Par conséquent, même après le crash boursier, Ask Jeeves continuait à avoir une bonne image de marque et disposait d'un groupe d'utilisateurs curieusement fidèles à un produit qui n'était pas à la hauteur.

Le chasseur de têtes qui recruta Berkowitz pour Ask Jeeves le présenta comme un candidat qui avait une bonne connaissance d'Internet, de la publication de contenus et de la gestion d'une société cotée en Bourse. Cependant, il ne connaissait quasiment rien de la recherche d'information sur Internet, si bien qu'il passa les premiers mois de l'année 2001 à poser des questions et à écouter les réponses qu'on lui faisait. « Le chiffre d'affaires trimestriel s'élevait à 7 millions, mais je ne savais pas à quel point la situation était catastrophique quand j'ai accepté cet emploi » dit-il. Une fois qu'il en sut un peu plus, il prit une décision concernant le personnel qui allait s'avérer capitale pour la renaissance de l'entreprise : il remplaça pratiquement tous les cadres supérieurs de la société, mais il le fit de manière très prudente, secteur par secteur. « Je voulais m'assurer que je savais réparer avant de casser car on ne change pas les pneus d'une voiture pendant qu'on est en train de conduire. »

Berkowitz en vint à considérer la recherche comme un produit distinct qui pouvait avoir sa propre identité et posséder sa propre marque. L'une de ses nouvelles recrues, Jim Lanzone, admit que Ask Jeeves avait démarré comme un service de renseignements, ce qui impliquait une grande quantité de travail manuel. En revanche, Google possédait un système automatisé qui produisait des résultats plus rapides et plus pertinents. Lanzone se mit à rechercher un moyen d'imiter le modèle de Google qui se fondait davantage sur la technologie. À l'époque où il intégra la société en août 2001, Ask Jeeves, dont la réputation était écornée, demeurait néanmoins dans le classement des 15 sites les plus populaires. Comment cela était-il possible ? En fait, de nombreux utilisateurs déçus par les piètres performances d'Ask Jeeves revenaient sur le site en espérant que les choses allaient s'améliorer. Ni Berkowitz ni Lanzone ne considéraient que les 15 à 20 millions de visiteurs du site Web seraient éternels. En fait, ils étaient étonnés de l'attachement que les utilisateurs manifestaient pour cette marque.

Travaillant de concert, les deux hommes arrivèrent à la conclusion qu'Ask Jeeves avait besoin d'acquérir une technologie qui puisse donner des réponses aux requêtes des utilisateurs, ce qui aiderait l'entreprise à conserver sa clientèle et au fil du temps, si elle survivait, lui permettrait de croître. « Nous avions le public et notre stratégie a été d'améliorer le produit » dit Lanzone. Wall Street avait cependant perdu ses illusions sur Ask Jeeves si bien que l'entreprise possédait en fait plus d'argent que sa capitalisation boursière totale. C'était là le signe que Wall Street pensait que le restant des liquidités allait être dilapidé et que la société allait finir par faire faillite. Berkowitz et Lanzone avaient d'autres projets et ils se mirent en quête d'entreprises à acquérir. « Nous avions besoin d'un moteur de recherche car c'est la seule méthode que l'on puisse utiliser quand il faut répondre à des milliards de requêtes » dit Lanzone.

À l'automne 2001, Ask Jeeves jeta son dévolu sur une obscure société employant sept personnes, très éloignée de la Silicon Valley, à Piscataway, dans le New Jersey. Cette entreprise s'appelait Teoma, ce qui signifie « expert » en gaélique. Financée au départ par le Pentagone et créée par des professeurs d'informatique de l'université Rutgers, Teoma était une technologie de recherche de troisième génération, du moins aux yeux de Berkowitz et de Lanzone. Selon eux, la première génération c'était AltaVista, la deuxième génération c'était Google et la troisième génération, c'était Teoma avec sa technologie qu'Ask Jeeves finit par appeler Expert Rank. La technologie de Teoma faisait intervenir des formules mathématiques et des calculs qui allaient au-delà du système PageRank de Google, qui était basé sur la popularité. En fait, le concept avait été cité dans l'article original écrit à l'université de Stanford par Sergey Brin et Larry Page comme l'une des méthodes qui pouvaient être utilisées pour établir un classement des sites Web afin de répondre à des requêtes. « La méthode de Google mesurait la popularité globale alors que la méthode de Teoma visait la popularité locale, ce qui signifie que l'on regarde le Web de manière plus fine et que l'on distingue les sources

© Dunod – La photocopie non autorisée est un délit

qui font autorité » dit Lanzone. Il déclara que Brin et Page étaient arrivés à la conclusion que la popularité locale serait extrêmement difficile à mettre en œuvre correctement parce que soit elle nécessiterait trop de puissance de traitement pour être réalisée en temps réel, soit elle demanderait trop de temps.

À Rutgers, un informaticien quinquagénaire grec, nommé Apostolos Gerasoulis, célèbre pour son génie et son habitude de garder le même T-shirt plusieurs jours de suite, avait trouvé un moyen pour réaliser des requêtes, selon le principe de la popularité locale, en une fraction de seconde. Mais pour Berkowitz, persuader le conseil d'administration d'Ask Jeeves de dépenser des millions de dollars dans une technologie de la côte Est après le crash des dot-com n'allait pas être chose facile. Jeeves ne faisait toujours pas de bénéfices, l'argent était devenu une denrée rare et le paysage était jonché de technologies qui étaient apparues à une époque prometteuse et qui s'étaient révélées être de véritables gouffres financiers. Au cours de toute une série de réunions du conseil d'administration qui eurent lieu pendant l'été 2001, Berkowitz défendit l'idée qu'il était plus important pour Ask Jeeves d'acquérir ou de créer sa propre technologie de recherche que de contrôler le processus de régie publicitaire : « Le produit de Google est le meilleur du marché. La clé du succès consiste à avoir un produit excellent. »

Berkowitz pensait qu'en acquérant sa propre technologie de recherche, Ask Jeeves pourrait conserver la mainmise sur ses utilisateurs. Certains membres du conseil d'administration n'étaient pas d'accord, et disaient qu'il serait plus intelligent d'acheter sous licence une technologie de recherche développée aux frais d'une autre société. Le débat eut lieu dans un climat morose car le cours de l'action était descendu en dessous d'un dollar, mais Berkowitz finit par obtenir gain de cause en acceptant d'endosser la responsabilité en cas d'échec. Très tôt, le matin du 11 septembre 2001, il conclut le marché et acheta Teoma pour 4,5 millions de dollars. Rétrospectivement, il s'agissait là d'une véritable affaire, même si à cette époque cela correspondait à 10 % de la capitalisation boursière d'Ask Jeeves. Une fois la vente conclue, elle fut annoncée juste un peu avant le détournement des avions par les terroristes. Au lieu d'exprimer sa joie à propos de la conclusion de ce marché ou bien son désespoir au sujet de la catastrophe, Apostolos Gerasoulis écrivit un poème et l'envoya à l'ensemble des employés de la société qu'il ne connaissait pas encore. Puis très vite, il posa la question suivante : « Comment allons-nous renseigner les utilisateurs d'Ask Jeeves qui veulent des informations sur la tragédie du 11 septembre ? » Il aurait pu se contenter de l'argent qu'il venait de gagner, mais sa passion pour l'information prenait le dessus.

En décembre 2001, Ask Jeeves fonctionnait avec la technologie de recherche de Teoma, et Berkowitz était convaincu que la société avait de l'avenir. « Cela a été le moment de la renaissance d'Ask Jeeves » dit Berkowitz.

Malgré les atouts d'une bonne image de marque et d'une technologie de recherche améliorée, Berkowitz n'avait toujours pas les moyens de générer de gros profits. C'est alors que Google fit son entrée. Au printemps 2002, le contrat qu'avait signé Ask Jeeves avec une régie publicitaire venait à expiration. Berkowitz sentit qu'il était à présent dans une situation favorable pour approcher Google et voir si la société serait prête à tisser un nouveau partenariat pour fournir des publicités à Ask Jeeves.

« L'acquisition de Teoma nous avait mis dans une position de force car nous avions notre propre technologie de recherche, dit Berkowitz. Nous considérions Google comme une régie publicitaire. La plupart des gens étaient leur otage car ils avaient besoin de la technologie de recherche de Google. Nous étions en mesure de nous positionner comme une espèce un peu à part. » Berkozitw eut alors toute une série de réunions avec Google pour ébaucher un partenariat.

Du côté de Google, les négociations furent conduites par le PDG, Eric Schmidt, et le directeur des ventes internationales, Omid Kordestani.. « J'eus un entretien avec Eric » dit Berkowitz, « et il me dit qu'il voulait vraiment conclure cet accord parce que notre business était vraiment différent du leur ». « Dans un marché en forte progression, disait Eric Schmidt, il était préférable de travailler ensemble pour faire croître le marché plutôt que de tuer les concurrents et restreindre ainsi le marché. » Google permit aussi à Ask Jeeves, avant de signer le contrat, de tester son système publicitaire sur une version pilote. Berkowitz apprécia les résultats et commença à considérer Google plus comme un partenaire qu'un ennemi. Les négociations lui paraissaient cependant interminables et il avait l'habitude de conclure les affaires plus rapidement. Cela était en partie dû au fait que Larry Page et Sergey Brin devaient

© Dunod – La photocopie non autorisée est un délit

apposer leur signature sur chacun des aspects importants du contrat au fur et à mesure qu'il était négocié.

Bien qu'il ait été averti par d'autres acteurs de ce secteur industriel que Google allait voler des visiteurs à Jeeves, Berkowitz signa un contrat pluriannuel avec le leader de la recherche en juillet 2002. Afin d'attirer davantage l'attention, une année supplémentaire fut ajoutée à la dernière minute au contrat de manière à ce que l'annonce basée sur des projections annuelles fasse mention d'un chiffre de 100 millions de dollars de bénéfices partagés. Pour autant, ce contrat ne paraissait pas très logique pour les observateurs de ce marché puisque Google et Ask Jeeves étaient tous deux des moteurs de recherche en quête d'utilisateurs. Berkowitz avait une opinion différente : « Le principe est que l'on peut être concurrents et coopérer en même temps. C'est ce que nous faisons avec Google. J'appelle ce phénomène de la *coopétition.* Au bout du compte, Ask Jeeves ne survivra qu'en faisant preuve d'audace. »

L'accord avait en fait d'immenses avantages pour les deux sociétés. Pour Ask Jeeves, c'était une source de revenus dont il avait cruellement besoin ; pour Google, c'était la preuve qu'il pouvait tisser des partenariats avec des sites Web et d'autres moteurs de recherche sans que ces derniers aient à craindre que Google capte leur clientèle.

L'économie Google fournit la publicité et les revenus que Berkowitz escomptait. Ask Jeeves sortit de l'impasse et commença à faire des bénéfices au cours du quatrième trimestre de 2002. Dans le même temps, Google récupéra de nouveaux clients qu'il n'aurait jamais réussi à atteindre autrement. Le nombre d'utilisateurs qui employaient les deux moteurs de recherche était si faible qu'un partenariat entre les deux firmes était logique. Google se servit aussi de l'accord passé avec Ask Jeeves comme argument de vente lors de ses tractations avec des partenaires de toute taille qui allaient ainsi rejoindre les rangs de l'économie Google.

Quand Google compta parmi ses clients le *New York Times* et Amazon.com, ainsi que d'autres sites Web très fréquentés, l'économie Google prit un élan considérable, augmentant la liste des emplacements où ses publicités pouvaient être affichées, le nombre d'entreprises offrant ces emplacements et le prix qu'elles étaient prêtes à payer pour ce service. L'économie Google bénéficiait aussi d'un effet d'autorenforcement : plus les internautes cliquaient sur les publicités de Google, plus les propriétaires de sites Web gagnaient de l'argent. Ce pactole attirait d'autres sites Web qui désiraient offrir les services de Google à leurs visiteurs. Plus le réseau grandissait, plus il devenait difficile de s'y attaquer. De la même manière que les grandes chaînes de télévision étaient le meilleur emplacement pour les annonceurs cherchant un large public, Google était devenu la destination numéro 1 pour l'affichage de la publicité en ligne.

Afin d'avoir une idée de la puissance de l'économie Google, il est intéressant d'examiner les résultats financiers d'Ask Jeeves, dans la mesure où la majeure partie de ses revenus provient de publicités fournies par Google. Après avoir fait état de pertes en 2002, son chiffre d'affaires est passé à 107 millions de dollars en 2003 et a plus que doublé en 2004 pour atteindre 261 millions, année où Ask Jeeves enregistra plus de 50 millions de bénéfices. Le partenariat eut tellement de succès que les deux parties allaient annoncer par la suite qu'elles le prolongeaient jusqu'en 2007. Ask Jeeves était devenu l'un des principaux bénéficiaires de l'économie Google.

Chapitre 12

Et le cinquième jour...

Krishna Bharat assista, horrifié, depuis sa chambre d'hôtel de la Nouvelle Orléans, aux attaques terroristes du 11 septembre 2001 sur New York et Washington. Bharat, ingénieur informaticien de 31 ans chez Google, originaire d'Inde, zappait sur toutes les chaînes de télévision et cherchait frénétiquement sur le Web pour obtenir le plus d'informations possible sur ce qui venait de se passer. Il s'inquiétait pour sa famille et pour ses projets de voyage puisque tous les avions étaient restés cloués au sol à la suite d'une décision du gouvernement fédéral. Il oublia rapidement le congrès sur la recherche d'information auquel il assistait à la Nouvelle Orléans et les autres participants qui étaient rassemblés dans son hôtel en firent de même. Au lieu de cela, il se concentra totalement sur la pire attaque que venait de subir le territoire des États-Unis depuis Pearl Harbor. Il arrive parfois que de grandes idées naissent de telles catastrophes. Pour Bharat, le 11 septembre marqua le début d'une nouvelle aventure.

Lors de son adolescence passée en Inde, Bharat se décrivait comme un accro des actualités. Il lisait les journaux indiens, regardait la télévision indienne, lisait *Time magazine* et écoutait avec son grand-père qui vivait chez lui les bulletins d'information de la BBC. S'apercevant que la censure et les différences culturelles posaient parfois problème, Bharat se rendit rapidement compte que s'il voulait vraiment comprendre un événement, il devait consulter plusieurs sources d'information, en particulier si les nouvelles avaient un rapport avec l'Inde. Certains sujets étaient trop sensibles pour que les médias indiens les traitent de manière exhaustive ou indépendante, si bien que toutes les semaines Bharat attendait impatiemment l'arrivée de *Time Magazine.* Il devint fasciné par la manière dont son grand-père se tenait informé des événements locaux et internationaux. Cette expérience forte durant son adolescence finit par influencer ses projets professionnels d'adulte.

Après avoir obtenu son doctorat à l'Université Georgia Tech, Bharat déménagea en Californie où il se fit embaucher par Digital Equipment à Palo Alto ; parmi ses attributions, il était consultant pour le moteur de recherche AltaVista. Ce travail augmenta son intérêt pour la recherche sur le Web et compléta sa formation universitaire dans le domaine de la recherche documentaire. Au passage, il rencontra les fondateurs de Google. « Je comprenais les technologies de Google et d'AltaVista, et j'aimais bien Larry et Sergey et leur attitude » se rappelle Bharat. En 1999, il rejoignit les rangs de Google, et avec un autre collègue de chez Digital, il fonda le groupe de recherche de Google.

Dans son nouveau poste, Bharat travaillait sur toute une série de tâches puisque de nombreux domaines du moteur de recherche n'avaient pas encore été développés. Le fait d'appartenir au groupe de recherche lui donnait aussi l'occasion de mettre l'accent sur des projets à plus long terme que ceux sur lesquels travaillaient la plupart de ses collègues. Il essayait notamment de comprendre la manière dont Google était utilisé par des millions de personnes.

Mais travailler chez Google offrait un avantage qu'appréciait beaucoup Bharat : la possibilité pour tout informaticien de passer 20 % de son temps, ou bien une journée par semaine, à travailler sur le projet de son choix, quel qu'il soit. Cette règle des 20 % était une manière d'encourager l'innovation et Brin et Page la considéraient comme essentielle au maintien et à l'établissement de la culture d'entreprise. Dans les autres entreprises, le fait de travailler en indépendant sur des projets annexes n'était en général pas très bien vu si bien que les employés devaient agir en secret et se cacher. Chez Google, la règle des 20 % envoyait un message contraire : passez une journée par semaine à travailler sur un sujet qui vous passionne, et non pas qui plaise à votre patron ; ne vous préoccupez pas d'idées aussi bassement matérielles que de savoir si votre idée va rapporter de l'argent ou bien devenir un produit à succès. En d'autres termes, faites-vous plaisir.

Cette règle des 20 % était inhabituelle dans le monde des affaires, mais elle avait pourtant un précédent. Bien des années auparavant, 3M, la société qui avait notamment créé la marque

© Dunod – La photocopie non autorisée est un délit

Scotch, avait mis au point la règle des 15 % afin de stimuler l'innovation en demandant à ses ingénieurs de passer une partie de leur temps de travail sur des projets de leur choix. Pour 3M, ce temps supplémentaire accordé à la rêverie permit entre autres choses l'invention du Post-it. Mais l'influence la plus directe qui ait incité Brin et Page à adopter ce système pour leurs ingénieurs provenait de l'arrangement dont ils avaient été témoins dans les universités où les enseignants passaient très souvent quatre jours par semaine au bureau et le cinquième jour s'adonnaient à la recherche ou à d'autres projets. Dans la mesure où Sergey et Larry avaient vécu dans un environnement universitaire toute leur vie avant de quitter Stanford pour créer Google, il leur semblait normal d'étendre cette atmosphère de liberté et d'autonomie à leur nouvelle société.

Bharat disait : « Les gens sont plus productifs quand ils travaillent sur des choses qu'ils considèrent comme importantes ou qu'ils ont inventées. C'est aussi l'occasion de favoriser l'innovation qui vient de la base. Il y a des limites à ce qu'une équipe dirigeante peut spécifier ou ordonner. » Les ingénieurs ont le choix d'utiliser un jour par semaine ou bien alors de cumuler les jours et passer ensuite un mois à travailler sur un projet. « Pendant le déjeuner, les gens évoquent les sujets sur lesquels ils travaillent, dit Bharat. C'est un peu comme s'ils étaient le PDG de leur propre PME. Une fois qu'une idée a mûri un petit peu, ils ont tendance à en parler dans un cercle plus large, mais toujours au sein de l'entreprise. »

L'intranet de Google permettait à chacun de faire savoir aux autres ce sur quoi il travaillait, mais la société réservait aussi du temps pour des réunions où les ingénieurs pouvaient recevoir les commentaires de leurs collègues sur leurs idées naissantes. « Un commentaire positif signifie que d'autres personnes sont prêtes à travailler avec vous et cela constitue le préalable d'un projet, dit Bharat. Puis, certaines idées seront financées et l'équipe de direction assurera un suivi afin de garantir que le projet verra le jour. » Plutôt que de laisser les employés travailler au noir à la maison sur leurs inventions, en courant le risque que leurs idées échouent faute de ressources ou bien connaissent un tel succès qu'ils créent leur entreprise, Google leur procure à la fois la liberté et les ressources.

Quand Bharat était en étudiant en doctorat à Georgia Tech au milieu des années 1990, il laissa libre cours à sa passion pour les informations en créant un nouveau type de journal. Il voulait voir s'il pouvait inventer un robot logiciel, une sorte d'aspirateur en ligne, qui récupère des brèves traitant du même sujet sur différents sites Web et les rassemble toutes au même endroit où elles pourraient être reformatées et lues facilement par les gens qui s'y intéressent. « Cela a été ma première expérience des actualités en ligne, dit-il. Il n'y avait pas beaucoup de sources d'informations en ligne à l'époque. » De plus, Bharat, qui avait le don d'organiser de l'information pour la rendre facilement accessible, voulait trouver une manière de concevoir un journal personnalisé qui s'adresse à des lecteurs individuels et tienne compte de leurs habitudes, plutôt que de créer un produit unique qui convienne à tout le monde. « Mon idée de départ était véritablement d'avoir une meilleure mise en page. Je savais comment bien personnaliser les choses. Les journaux en ligne étaient organisés de telle sorte qu'il fallait cliquer sur un lien, puis revenir en arrière. Je me suis dit que je pouvais réaliser une meilleure mise en page. Puis je me suis rendu compte que l'on pouvait observer ce que faisaient les gens. On pouvait alors peut-être adopter la méthode inverse et créer le journal du futur, en étant en avance sur son temps, et en personnalisant leur journal selon leurs goûts. »

Tout cristallisa le 11 septembre : l'adolescence de Bharat en Inde où il était entouré de multiples sources d'information, le travail qu'il avait réalisé à Georgia Tech sur les journaux et les 20 % de temps libre accordé par Google pour l'innovation. En ce jour particulier où l'accès à des informations crédibles était primordial, il commença à réfléchir à un moyen plus rapide et plus facile pour les internautes en général, et les journalistes en particulier, de se tenir au courant de ce qui avait été écrit ou dit dans le monde. « Il y avait tant de choses qui se passaient et tant de points de vue différents : la vision américaine des choses, la vision mondiale, le point de vue de l'Afghanistan et celui de l'Europe. Tout cela était vraiment fascinant. Je me suis rendu compte que le Web n'était pas très pratique pour effectuer des recherches sur un sujet que l'on voulait comprendre de manière approfondie, dit Bharat. Chaque journal faisait son travail en publiant des informations, mais ils n'avaient pas le temps ou pas l'envie de mettre les choses en perspective. Les actualités sont diffusées en temps réel. Il n'y avait pas de moyen pour un journaliste du *Washington Post* de trouver d'autres articles écrits sur le même sujet. Bien évidemment, les moteurs de recherche à l'époque ne facilitaient pas la tâche

© Dunod – La photocopie non autorisée est un délit

pour trouver des articles pertinents. Les lecteurs comme moi et les journalistes eux-mêmes pourraient bénéficier d'un tel système puisque cela leur prenait du temps pour découvrir ce que d'autres avaient dit ou écrit. Particulièrement sur un sujet comme le 11 septembre où tant d'opinions différentes s'exprimaient, je me suis dit que c'était là un problème qui méritait d'être résolu. »

Pendant les mois qui suivirent, Bharat travailla à résoudre les problèmes que les événements du 11 septembre lui avaient révélés. Il y avait énormément de problèmes et de difficultés connexes qu'il fallait traiter en même temps. La question centrale était de savoir s'il était capable d'écrire une série d'équations mathématiques qui simuleraient, de manière automatisée, le type de décisions qu'un rédacteur en chef expérimenté prend quand il choisit les articles et la mise en page. En se servant d'une technique connue sous le nom d'*agrégation*, il commença à diviser les articles en catégories, allant des nouvelles internationales à la politique en passant par l'économie et le sport ; puis il examina la quantité d'activité éditoriale générée par un article donné. Ensuite, il commença à mettre au point le classement des articles en se basant sur leur origine, attribuant une plus grande importance aux articles écrits par des journalistes de grands organes de presse américains, comme le *New York Times*, le *Washington Post* et les agences de presse Associated Press et Reuters. Mais en même temps, l'exhaustivité était importante : quelle que soit l'origine d'une source d'information, qu'elle soit prestigieuse ou obscure, Bharat voulait trouver un moyen d'inclure cette information.

Étant donné l'importance des mises à jour des actualités et le traitement en temps réel de ce qu'il envisageait, la formule de Bharat augmentait le rang des nouvelles récentes par rapport aux nouvelles plus anciennes. « Le mode de calcul doit être révisé constamment. Cela devint une opération en temps réel » dit-il. Il ajouta également un critère de pertinence à son mélange de sources d'information. Par exemple, toutes proportions gardées, un article américain serait plus intéressant pour un internaute américain qu'un article canadien et inversement. Cela pourrait se révéler précieux si différentes éditions du projet de Bharat, appelé Google News, étaient amenées à voir le jour.

Vers la fin de l'année 2001, il avait mis au point la première version de StoryRank, un cousin germain de la formule de PageRank que Google utilise pour classer les résultats de recherche. Mais il se rendit compte qu'il n'était pas suffisant d'afficher les gros titres tout seuls, si bien qu'avec l'aide de quelques collègues, il écrivit une fonction de recherche conçue spécifiquement pour les actualités en ligne qu'il collectait. Il y aurait toujours beaucoup plus de nouvelles que l'on ne pouvait en montrer sur aucune page d'accueil, mais une recherche dans les actualités permettrait à l'utilisateur, un peu comme sur Google, de décider quels sont les sujets à mettre au premier plan.

Deux autres ingénieurs de Google travaillaient avec Bharat à l'élaboration d'une démo fonctionnelle qui fut diffusée au sein de la société afin de mesurer les réactions des autres employés. Il sut qu'il avait touché le gros lot en décembre 2001 quand le PDG Eric Schmidt descendit le voir pour discuter de Google News. « Je savais que c'était apprécié, dit Bharat, car j'avais beaucoup de réactions positives de la part des ingénieurs. Tout à coup, Eric Schmidt a fait irruption dans mon bureau et a dit : « C'est un produit génial. » Je ne savais même pas depuis combien de temps il était chez Google à l'époque, mais il était vraiment intéressé et il poussait pour que cela marche. Alors, par la suite, j'en ai parlé à Larry et Sergey, et ils se montrèrent enthousiastes tous les deux. »

Grâce à l'engouement de ses collègues et avec la bénédiction de sa hiérarchie, le projet personnel de Bharat entamé sur son crédit de 20 % se transforma en un projet à temps plein. Pour Bharat, c'était un rêve qui se réalisait. Et conformément aux pratiques chères à Google, il reçut les ressources nécessaires pour convertir sa démonstration en un produit en ligne capable de servir à des millions d'utilisateurs. Cela signifiait que des designers allaient s'occuper de l'interface utilisateur ; Marissa Mayer, chef de produit chevronné, fut désignée pour mettre en forme l'application et l'étudier du point de vue de l'usager. Une équipe d'ingénieurs fut chargée d'améliorer et de tester le logiciel qui aspirait le Web, classait les articles et organisait les informations disparates pour former un tout cohérent. « Chez Google, si un projet est intéressant, il reçoit un financement » dit Bharat, remarquant au passage que personne ne posait jamais la question de savoir comment le produit allait générer des bénéfices.

Qu'est-ce qui donnait à Google le droit de publier sur son propre site Web des informations produites par différentes entreprises de presse ? En réalité, rien ! Mais le concept eut

© Dunod – La photocopie non autorisée est un délit

immédiatement un tel succès que les organes de presse voulurent participer à ce projet. Google News identifiait systématiquement l'origine des articles qu'il reproduisait et permettait aux utilisateurs de cliquer sur un lien pour consulter la source. Google, en fait, faisait office de courtier de nouvelles. Il ne prétendait pas avoir la propriété des nouvelles qu'il republiait, ce qui signifiait qu'il n'avait pas forcément besoin de passer un accord et de payer pour les articles qu'il récupérait par centaines et plus tard par milliers. « Je préfère de loin ce modèle, disait Bharat. Nous voulons être le point d'accès de l'information, mais nous ne voulons pas être propriétaires du contenu. Nous faisons ce que nous savons faire le mieux, à savoir mettre rapidement les gens en relation avec un contenu qui les intéresse. »

À la différence de la page d'accueil de Google, qui est plutôt sobre, la page d'accueil de Google News débordait de gros titres et d'informations. « Nous voulions nous assurer que l'information était vraiment dense » disait Mayer. Utilisant l'argot des journalistes, elle disait qu'il fallait attacher beaucoup d'importance à la quantité d'information qu'un lecteur peut voir « au-dessus de la pliure », faisant référence à la moitié supérieure d'un journal. Dans ce contexte, « au-dessus de la pliure » indiquait les articles que les utilisateurs pouvaient visualiser sans avoir à faire défiler la page.

Google News eut du succès à la fois auprès des internautes et des journalistes, et apporta son lot d'innovations comme les Alertes Google, un moyen automatique pour les internautes de recevoir par courrier électronique des articles sur des sujets de leur choix (ce n'est pas Bharat qui développa les alertes car à cette époque-là, il avait été nommé à la tête du centre de recherche et de développement de la succursale indienne). Des millions d'internautes s'inscrivirent pour recevoir ces alertes, qui se révélèrent très précieuses pour les gens souhaitant suivre l'actualité d'une entreprise, d'un problème particulier ou d'un individu. Pour les journalistes qui avaient autrefois peur de passer à côté d'un article, les Alertes Google, combinées à la page d'accueil de Google News et à la fonction de recherche, rendaient la couverture des événements beaucoup plus efficace. Cela conduisait aussi à un plus grand partage des idées, puisque les articles étaient issus d'une grande variété de sources planétaires qui allaient du grand quotidien national à la plus petite feuille de chou locale.

Craig Nevill-Manning rejoignit les rangs de Google en 2001 après avoir été professeur à l'Université de Rutgers dans le New Jersey, où il s'était spécialisé dans la recherche de techniques innovantes pour extraire de l'information à partir de sites Web. Natif de Nouvelle Zélande, il était attiré par Google non seulement à l'idée de faire de la recherche intéressante, ce qu'il faisait déjà auparavant, mais aussi par la perspective de voir ses idées transformées en produits que les gens pourraient utiliser. Né en mai 1969, il était plus âgé que la plupart des employés de Google. Vu son âge et son statut, Nevill-Manning, qui avait été assistant post-doc à Stanford, avait le titre de chargé de recherche principal. Comme les autres, il était attiré par la culture d'entreprise de Google, y compris le crédit de temps de 20 %. Il ne lui fallut pas longtemps, après son arrivée à Google, pour utiliser ce temps à explorer le domaine de la vente au détail en ligne.

« Un jour, je parlais avec un autre chef de produit et j'évoquais le fait que lorsque des gens consultent Google pour faire des achats, nous ne leur sommes pas forcément d'un grand secours. Nous n'avions pas une bonne couverture de ce qui était disponible sur le Web et on a souvent besoin de comparer les produits et les prix. Nous avons commencé à réfléchir à la manière d'améliorer les choses. »

Nevill-Manning étudia de près plusieurs boutiques en ligne, notamment Amazon.com, en examinant la manière dont l'information est extraite en fonction de sa catégorie, son prix et sa description. Au bout d'environ six mois, il transforma son idée en prototype. Pour s'amuser, il appela sa nouvelle création « Froogle » car cela rimait avec Google et cela faisait passer l'idée de la quête du meilleur prix, activité favorite des consommateurs[1]. En interne, le nom de code officiel du projet était « Product Search » (recherche de produit). Au début de l'année 2002, il montra son prototype à Larry, Sergey et Eric afin de voir leur réaction. L'idée leur plaisait, mais ils n'étaient pas certains qu'elle justifiait que l'on s'y intéressât davantage. Une question demeurait en suspens : est-ce que Froogle pouvait devenir une partie du cœur de Google ou bien devait-il devenir un produit distinct ? Nevill-Manning reconnut que la meilleure chose à faire était de se concentrer sur son travail quotidien, qui était le système publicitaire de Google,

1. Froogle se prononce comme l'adjectif anglais *frugal* qui signifie économe.

© Dunod – La photocopie non autorisée est un délit

et il mit son idée entre parenthèses. « Nous avons un million de bonnes idées chez Google et on ne peut consacrer des ressources importantes qu'à une infime partie d'entre elles. Mener à bien ce projet nécessitait l'emploi de nombreux ingénieurs pendant plusieurs mois. J'ai donc mis Froogle de côté pendant un moment et je suis retourné travailler sur le système publicitaire » dit Nevill-Manning.

Mais au fil du temps, il s'aperçut qu'il avait du mal à laisser tomber Froogle. Il se mit à affiner le concept et persuada finalement d'autres personnes que cela valait la peine de continuer ce projet avec acharnement. Sa hiérarchie n'en était pas si sûre. De temps à autre, Nevill-Manning rentrait dans le bureau de Sergey pour discuter de Froogle et lui montrer les derniers développements. L'obstacle qu'il devait surmonter était de savoir si Froogle pouvait être exhaustif et extensible, tout comme le cœur du moteur de recherche Google.

Le critère essentiel pour Larry c'était de dire « je veux m'acheter un nouvel appareil de photo numérique » et il saisissait ce critère dans Froogle. Ou bien Sergey disait « J'ai entendu parler de pointeurs laser de couleur verte qui viennent de sortir. Voyons voir si l'on peut les trouver sur Froogle ». Dans le fond, cela revenait à savoir si l'on pouvait trouver des produits récents ou rares avec Froogle. C'est le genre de choses que Google excelle à trouver dans les recoins du Web. En fait, cela se résumait à une seule question : est-ce que cela pouvait être utile pour Larry et Sergey ?

Finalement, Brin céda et donna à Nevill-Manning le feu vert pour constituer une équipe d'ingénieurs afin de concevoir Froogle. L'écriture du code de l'application était différente des autres projets de Google car elle ne s'inscrivait pas dans le modèle du PageRank. En général, les produits disponibles sur le Web n'avaient pas de liens indiquant la popularité, ce qui nécessita d'imaginer une méthode différente pour déterminer les produits les plus pertinents et les plus utiles lors d'une recherche avec Froogle. Le projet était lancé et l'objectif était de sortir Froogle pour la période des achats pendant les vacances de Noël de 2002, mais des incidents retardèrent la sortie du produit si bien que son arrivée tardive sur le marché eut un impact minimal. Aux vacances de Noël suivantes, en 2003, Froogle avait trouvé son public et la plupart de ses visiteurs étaient des utilisateurs de Google qui l'avaient essayé. Dans la tradition de Google, Froogle se distinguait de nombreux autres sites marchands en refusant que des entreprises le payent pour figurer en tête des listes de résultats de recherche, et en optant à la place pour de petits textes publicitaires, clairement identifiés qui apparaissaient à droite de la liste des produits. « Les utilisateurs aiment bien voir tout ce qui est disponible en ayant la possibilité de tout acheter au même endroit » disait Nevill-Manning.

Un débat sur la question du crédit de temps de 20 % chez Google eut lieu entre les Googlers et les employés de Microsoft, certains le jugeant fort utile, d'autres le considérant comme une vitrine pour attirer les informaticiens. Joe Beda, ingénieur chez Google, était un chaud partisan du crédit temps et expliquait pourquoi cela fonctionnait si bien : « Il y a une grande différence entre le fait d'autoriser et d'encourager les projets personnels des employés. Chez Google, on encourage fortement les ingénieurs à utiliser leur crédit de temps pour leurs projets. La question n'est pas de faire quelque chose de votre temps libre, mais plutôt de vous créer du temps pour réaliser votre projet.

Est-ce que ce système de 20 % pourrait fonctionner dans d'autres sociétés ? Je suis sûr que d'autres vont essayer. Cependant, je pense qu'il est important de comprendre qu'il s'agit du résultat d'un environnement et d'une philosophie. Je ne pense pas que c'est une chose qui puisse être imposée de manière indépendante. »

Mais un ingénieur de chez Microsoft a un point de vue différent. Selon lui, Google n'est pas aussi différent des autres entreprises technologiques que la société ou ses employés aimeraient le croire. « Pourquoi est-ce que Microsoft n'a pas cette règle des 20 % ? Eh bien, en ce qui me concerne, si Bill Gates me disait que je peux bénéficier de ce système, je lui dirais « C'est sympa Bill, mais je travaille déjà sur ce qui m'intéresse. » Je suis peut-être un cas isolé chez Microsoft, mais je ne le crois pas. Si un employé n'est pas satisfait de sa situation, il y a beaucoup d'occasions pour aller travailler ailleurs. Mais le problème est que j'ai besoin de 20 % de mon temps pour faire tout le boulot que je déteste faire, comme les notes de frais ou toute la paperasserie administrative. Alors, là, si quelqu'un pouvait m'enlever ce type de corvées, ce serait vraiment un avantage accordé aux employés que j'apprécierais beaucoup. »

© Dunod – La photocopie non autorisée est un délit

Chapitre 13

Google au niveau planétaire

Meng-Ying Lee, un jeune Taïwanais de 26 ans est le symbole de l'utilisation planétaire de Google. Il fait partie de cette nouvelle race d'internautes qui a accès au monde par le biais de la recherche d'information, qui fait jouer sa connaissance des langues et des fuseaux horaires pour se tenir au courant de l'actualité, gérer ses finances et prendre des nouvelles de sa famille et de ses amis qui sont éparpillés à travers divers continents. Poli, enthousiaste et énergique, Lee est venu tardivement aux ordinateurs, mais il s'y est mis très rapidement, en partie grâce à l'ergonomie de Google. Comme des millions d'autres internautes qui se sont mis au Web pour la première fois au début de ce nouveau millénaire, il n'envisage pas Internet sans Google. Quand il est arrivé aux États-Unis en 2001, juste après avoir effectué ses deux années de service militaire obligatoire à Taiwan, il possédait juste un vernis d'anglais et ne connaissait rien aux ordinateurs. Grâce à un programme d'échange avec Taiwan, Lee s'est inscrit à l'université internationale Webber en Floride, où il a étudié l'accueil touristique et, ce qui est plus important, où il a appris à se servir d'un PC.

À présent, Lee est étudiant en M.B.A. dans une université du nord de la Virginie ; la journée, il utilise Google en anglais pour faire ses recherches universitaires et la nuit il reste éveillé jusqu'à 2 ou 3 heures et se sert de la version chinoise de Google grâce à une connexion haut débit à son domicile. Il trouve que faire de la recherche sur le Web en chinois, qui est sa langue maternelle, est plus facile et plus productif pour les tâches courantes et quotidiennes. Parmi celles-ci, on compte la vérification du cours de ses actions, la lecture des actualités et la vision des reportages sur l'Amérique, la Chine et Taiwan ; il suit également les scores de la NBA qui font parfois l'objet de paris. Toutes ses recherches se font en chinois. Mais comme il y a encore une grande partie du Web qui n'est qu'en anglais, Lee consulte également les pages en anglais et utilise le service de traduction automatique des pages Web de Google quand il est coincé (Dans le restaurant de sushi où il est employé, les livreurs utilisent aussi Google pour vérifier les adresses et les trajets avant de partir en livraison).

Pour un jeune homme disposant de faibles moyens, qui jusqu'à un passé récent vivait en dehors du monde des nouvelles technologies, Lee a maintenant au bout des doigts une énorme quantité d'informations qui lui est en grande partie fournie par Google. Il a raté dans les années 1990 la révolution d'Internet et du commerce électronique, mais il peut à présent faire partie de la deuxième génération du Web qui atteint l'âge adulte. Il parle avec excitation de ses copains de fac suédois ou bulgares qui se sont déjà lancés dans le commerce international et il a hâte d'en faire autant. Et même si ses parents habitent maintenant la Californie, les aspirations commerciales de Lee le portent plutôt vers la Chine et Taiwan, qui peuvent s'enorgueillir d'un énorme marché qui commence à s'éveiller au Web.

Dès l'année 2003, des dizaines de millions de personnes effectuaient quotidiennement des recherches avec Google dans leur langue maternelle, en choisissant parmi une centaine de langues disponibles. Parmi ces langues, on compte le grec, le latin, le gaélique, l'hindi, l'ukrainien, l'urdu, le croate, le tchèque, l'espéranto, le perse, le portugais, le norvégien, le suédois, l'espagnol, le swahili, le thaï, le malaisien, l'afrikaans, le maltais, le chinois, le japonais, le tagalog, le basque, l'islandais, l'italien, l'indonésien, le néerlandais, le danois, le zoulou, le coréen, le gallois, l'allemand, le français, l'arabe, l'hébreu, le letton, le lituanien, le roumain, le slovène, le russe, le finnois, l'anglais et, pour rire, le javanais, le klingon et l'Elmer Fudd.

Partout dans le monde, les hommes d'affaires, les investisseurs et leurs avocats n'envisagent plus de signer un contrat avec un partenaire sans enquêter sur lui grâce à Google. Les auteurs qui écrivent des livres (et celui que vous avez entre les mains ne fait pas exception à la règle) trouvent rapidement des faits et des dossiers en utilisant Google. Les hauts fonctionnaires l'utilisent pour trouver par eux-mêmes des documents plutôt que de demander à leurs collaborateurs de les dénicher. Quand des scientifiques s'attaquent à des problèmes épineux, ils cherchent dans Google afin de découvrir des relations

© Dunod – La photocopie non autorisée est un délit

dont ils ne savaient même pas qu'elles existaient. Les ados qui veulent connaître les paroles d'une chanson à la mode vont tout simplement sur Google. Les chefs accomplis tout comme les cuisiniers du dimanche qui ont des restes dans leur réfrigérateur saisissent dans Google leurs ingrédients pour trouver rapidement quel repas ils peuvent concocter. Les agents de la CIA utilisent Google pour traquer les groupes terroristes. Les ingénieurs en informatique se tournent vers Google pour résoudre un problème de programmation plutôt que d'ouvrir un livre ou bien de demander à un collègue. Les personnes malades saisissent dans Google leurs symptômes. Les employés y saisissent le nom de leur patron et les athlètes le nom de leur concurrent. Et que l'on soit globe-trotter ou bien voyageur de salon, on utilise Google pour en savoir plus sur les destinations lointaines sans quitter sa maison.

L'influence planétaire de Google s'étend jusqu'à ce cybercafé du Caire, qui se sert du logo de la compagnie pour attirer les clients.

« Récemment, Google m'a aidé à organiser mon mariage au Chili » dit la routarde Erica Smith de Bethlehem, en Pennsylvanie, une des nombreuses utilisatrices de Google qui a été interviewée dans le cadre de cet ouvrage. « Avec un bon guide touristique et un bon moteur de recherche, j'ai effectué toute la planification depuis mon canapé. Je ne me sers pas d'une agence de voyage et je ne suis jamais allé au Chili ; tout cela est possible parce que j'ai accès à la bonne information. » Matt Stedina, pêcheur du Vermont, se sert de Google pour se renseigner sur ses concurrents qu'il va rencontrer lors de tournois de pêche à la mouche. « J'aime bien savoir de quel coin sont ces gars et pour qui ils travaillent. Je n'ai aucune compétence en informatique, mais Google m'a aidé dans mes recherches. Grâce à lui, le monde est vraiment devenu plus petit. »

Selon le magazine *Wired*, il existe une catégorie spéciale parmi les gens connus que l'on appelle « les super-utilisateurs de Google ». Même s'il leur arrive de se chercher eux-mêmes dans Google ou bien de se tenir au courant de l'actualité, ils ont une façon originale de faire des recherches pour leur travail ou leur plaisir. Gary Trudeau, le dessinateur qui a créé Doonesbury, va sur Google en même temps qu'il dessine. « Google est mon assistante qui me procure des réponses rapides. Quand je travaille dans l'urgence, je l'utilise parfois pour vérifier l'orthographe d'un nom étranger, pour récupérer une image d'un matériel militaire, pour trouver la citation exacte d'un personnage public, pour vérifier une statistique, pour traduire une expression ou bien faire des recherches sur une société donnée. C'est finalement le couteau suisse de la recherche documentaire. » Trudeau n'est pas le seul artiste de talent qui se sert de Google. John Gaeta, qui a supervisé les effets spéciaux de la trilogie Matrix, a confessé au magazine *Wired* qu'il est aussi un fan. « Lors de la semaine qui vient de s'écouler, Google a modifié et affiné ma perception des tulipes, du contrôle de la pensée, des chaussures à plate-forme japonaises, des dictatures sanguinaires africaines, du papier peint en relief à haute définition, des plats épicés au poulet, des baignoires carrelées, de l'imagerie médicale, de l'hygiène des chiens Chihuahua et de beaucoup d'autres questions capitales. Véritablement, grâce à Google, je ne suis plus le même homme qu'il y a une semaine. »

D'autres fonctionnalités de Google, comme Google News, ont un immense succès, tout particulièrement dans une ville comme Washington DC qui est peuplée d'accros aux actualités. « Je ne peux pas imaginer ma vie sans Google News » dit Michael Powell, qui était alors directeur de la Commission fédérale des communications. Wes Boyd, président de MoveOn.org, qui fait la promotion des idées progressistes à Washington, déclare, « Google est vraiment génial. Les gens pensent maintenant que j'ai un QI très élevé. Je peux sortir une référence ou une citation en quelques secondes, et je peux rapidement trouver à qui je parle et les raisons de sa célébrité ; c'est vraiment très utile pour ceux qui n'ont pas la mémoire des noms. »

Aucune autre marque n'est parvenue aussi vite à cette reconnaissance planétaire que Google. Le nom de la société

© Dunod – La photocopie non autorisée est un délit

est entré dans le vocabulaire, non seulement en anglais, mais dans d'autres langues : les Allemands *googeln*, les Finnois *googlata* et les Japonais *guguru*. Cependant, tout le monde ne peut pas accéder facilement à Google. Surfer sur le Web dans de nombreuses parties de l'Afrique de l'Ouest, par exemple, est un processus coûteux et d'une lenteur horripilante. De nombreuses personnes, en particulier chez les jeunes, connaissent Google et souhaitent vivement l'utiliser pour trouver des informations et s'enrichir intellectuellement, mais l'accès et les infrastructures ne parviennent pas à suivre la demande. Dans le Libéria déchiré par la guerre, le Prince Charles Johnson III, qui travaille pour les Nations Unies et qui a fait des études universitaires, pouvait utiliser Google pour faire ses devoirs d'économie et de gestion quand il était à l'université. Mais si Johnson peut avoir accès à Internet depuis son travail, le coût moyen d'une heure d'Internet dans un cybercafé s'élève à 2 dollars, ce qui est un luxe sauf pour les Libériens les plus fortunés. Chez son voisin, en Guinée, l'accès est cependant moins cher, même s'il est lent et intermittent en raison de problèmes de pannes électriques. Au Cyber Ratoma, un cybercafé de la capitale, les Guinéens qui parlent français utilisent Google.fr pour chercher des formations en ligne, des opportunités commerciales et des médicaments. Comme Meng-Ying Lee, ces internautes se rendent compte que de nombreuses ressources du Web sont en anglais, mais ils demandent de l'aide à un proche, comme le propriétaire du cybercafé, Diallo Mamadou Sarifou, plutôt que d'utiliser les services de traduction automatique de Google. Sarifou prétend que l'interface simple et rapide de Google rend plus facile la navigation sur le Web dans les pays en voie de développement Cela a commencé dans les années 1960 avec le boom du trafic aérien ; puis récemment la baisse du prix des appels téléphoniques internationaux et le courrier électronique ont accéléré ce phénomène que Google a encore amplifié : l'élimination de la géographie comme obstacle à la communication et au commerce. Depuis leur domicile ou leur bureau, les gens peuvent tisser des relations sérieuses avec des étrangers du bout du monde et grâce à Google connaître leurs antécédents personnels, voir à quoi ils ressemblent avec Google Image, trouver leur numéro de téléphone et leur page perso, et voir des photos satellite de leur maison.

Mais cette pratique de l'espionnage grâce à Google soulève des problèmes importants de respect de la vie privée et de déontologie qui n'ont pas encore été bien pris en compte. De la même manière que le téléphone mobile et le courrier électronique ont engendré de nouvelles règles de conduite qu'il a fallu intégrer au fil du temps, Google a obligé les gens à accepter de nouveaux comportements. Quelle est la différence entre une recherche innocente sur une personne à l'aide de Google et le fait de traquer ces informations sur Internet ? Est-ce que les gens devraient avouer sans détour qu'ils ont fait des recherches sur Google ou bien faire semblant d'ignorer les détails qu'ils ont appris lors de leur recherche ? Dans un monde où le passé des gens se retrouve de plus en plus souvent étalé au grand jour sur le Web et où une recherche rapide peut révéler des détails embarrassants, il n'est pas facile de répondre à toutes ces questions.

La triste réalité d'Internet, c'est qu'on y trouve de nombreuses informations, contradictoires, inexactes ou obsolètes. Les rumeurs y circulent en abondance et même les sites de confiance sont parfois longs à mettre à jour les informations, ce qui est une source d'énervement pour les utilisateurs de Google. Certains regrettent les photos anciennes ou peu flatteuses que l'on trouve dans Google Image. Il est difficile, voire impossible de faire supprimer ces photos ou bien d'arriver à repérer l'origine d'une information erronée une fois qu'on l'a laissée faire des dégâts sur le Web. Il suffit de demander ce qu'il en pense à Sergey Brin dont plusieurs photos datant de son passage à Stanford sont disponibles sur le Web, notamment une où il est habillé en travesti...

Pour le bonheur des cyberdétectives et le malheur de ceux qui sont traqués, les anciennes pages Web ressuscitent après leur mort grâce à la pratique de Google qui stocke et met en cache une copie de chaque page Web qui est téléchargée. Ainsi, après qu'une page ait été retirée par son auteur, elle peut être retrouvée grâce à Google. Un site Web appelé Wayback Machine, qui est hébergé par l'association sans but lucratif Internet Archive, va même plus loin ; il a constitué une vaste mémoire du Web depuis 1996 que l'on arrive à retrouver dans certaines recherches Google. Les premières versions du site Google, par exemple, ainsi que les pages perso de Page et Brin à Stanford sont conservées sur le site Wayback Machine.

Il est facile de balayer d'un revers de manche les dangers de la recherche d'informations sur des personnes, mais des droits importants concernant le respect de la vie privée sont en jeu. Les demandeurs d'emploi ou ceux qui souhaitent accéder à la propriété et qui veulent passer sous silence une indiscrétion

© Dunod – La photocopie non autorisée est un délit

passagère ou bien un passé criminel sont à la merci d'une recherche Google. Au fur et à mesure que l'influence et l'audience de Google s'accroissent, l'espionnage est facilité et il sera plus facile pour un gouvernement de surveiller ses citoyens et on sera peut-être amené à légiférer pour encadrer l'activité des cyberdétectives.

Les étudiants de tous âges se servent énormément de Google, même si certains enseignants encouragent l'utilisation de moteurs de recherche plus spécialisés dans le domaine universitaire ; ils incitent aussi les étudiants à fréquenter les bibliothèques, à s'entretenir avec des interlocuteurs humains et à obtenir des informations grâce à des moyens plus traditionnels et éprouvés. Les enseignants sont partagés quant à la valeur de Google. Nombre d'entre eux prétendent qu'il rend les étudiants paresseux, encourage le plagiat et fait obstacle au processus d'apprentissage en favorisant une recherche en un seul clic, au détriment d'une recherche approfondie motivée par le désir d'en savoir plus sur un sujet. D'autres chantent ses louanges en disant que sa convivialité encourage la découverte de documents de références et leur analyse à toutes les heures du jour et de la nuit. Ils prétendent aussi que Google aplanit les différences entre les étudiants, que leur université soit petite ou grande, qu'ils soient riches ou pauvres, et qu'ils aient accès à une bibliothèque formidable ou non. En bref, ils soutiennent l'objectif de Google qui est de démocratiser l'accès à l'information, y compris à une quantité grandissante de documents issus de la recherche universitaire.

Peter Fader, professeur de marketing à l'université de Pennsylvanie, se considère comme un fanatique de Google, mais il y voit un réel danger car ses étudiants comptent trop sur le moteur de recherche : « Google est tellement bon qu'il donne l'impression que tout ce qui vaut la peine d'être traité est effectivement traité. Or, cela n'est pas vrai, notamment quand on effectue une recherche savante. Une grande partie d'Internet est en fait hors d'atteinte, et il est important de bien identifier les cas où une autre ressource, par exemple une base de données spécialisée, donnera de meilleurs résultats. Je fais confiance à Google de manière implicite pour tout ce qu'il réalise, mais je ne lui demande pas de me beurrer mes tartines le matin. »

En revanche, ce que Fader lui demande de faire, pratiquement tous les jours, c'est de trouver des images sur le Web pour illustrer ses cours de marketing. « Dans n'importe quel cours magistral, j'ai au moins une demi-douzaine d'images qui proviennent de Google Image. » En accélérant le repérage des citations de recherche, Google se révèle également utile quand il faut prendre des décisions pour recruter ou titulariser des enseignants. En particulier pour les nouvelles recherches, Google apporte une meilleure lisibilité de leur impact et de leur capacité à traverser les champs disciplinaires.

Dans la galaxie des utilisateurs de Google, il existe un petit cercle d'aficionados et d'évangélistes qui surveillent de près tous les mouvements du leader de l'industrie de la recherche et font office de comité éditorial et de chambre d'écho pour tout ce qui touche à Google. La plupart de ces hommes, car il s'agit presque exclusivement d'hommes, ont un travail régulier, mais peu d'aspirations dans le domaine du journalisme ; ils ont simplement un intérêt profond pour la technologie de la recherche et possèdent un site Web où ils partagent leurs opinions.

Philipp Lenssen, un programmeur allemand de 28 ans, passait des vacances prolongées à Kuching, en Malaisie, quand il adhéra à cette bande d'observateurs professionnels de Google. Il rendait de menus services à des amis, mais n'avait pas réellement de boulot car il n'avait pas de permis de travail ; il passait du temps dans des cybercafés à travailler sur des projets personnels et à se plonger dans des articles techniques sur les moteurs de recherche. Quand il a commencé à poster des commentaires concernant Google sur son blog, où il écrivait le genre de choses qu'il aurait aimé lire mais qu'il n'arrivait pas à trouver ailleurs, il remarqua que d'autres personnes les lisaient également. Lenssen avait appelé son blog « Googlosophy Blogoscoped »[1], un nom à la Monty Python, censé donner une idée du ton pseudo-scientifique, mais humoristique, qu'il comptait adopter. Mais comme il ne voulait pas avoir d'ennuis avec Google dont la politique de défense de sa marque était assez stricte et qui n'appréciait pas les noms commençant par « Google », il raccourcit le nom en Google Blogoscoped.

© Dunod – La photocopie non autorisée est un délit

1. La *googlosophie blogoscopée*.

Ce nom inhabituel aida le site de Lenssen à sortir de l'anonymat parmi la foule des blogs qui commençaient à surgir partout sur le Web. Les blogs, qui tirent leur nom de la contraction « Web log » (signifiant journal sur le Web), étaient un nouveau genre de page perso, caractérisé par des informations quotidiennes et spontanées, sur tous les sujets imaginables, du jardinage à la politique en passant par les voyages. La plupart étaient de simples passe-temps, mais un petit nombre de blogs arrivaient à attirer un public important et des revenus significatifs. En affichant des publicités provenant des réseaux affiliés de Google, les blogs populaires gagnaient des sommes conséquentes en affichant des messages ciblés correspondant au contenu de la page.

Au fur et à mesure que la fréquentation du blog de Lenssen grandissait, il se lança également dans la publicité, en s'inscrivant au réseau de Google et en sollicitant d'autres sponsors. Au début, il ne gagnait pas grand-chose ; mais au fil du temps, ses divers sites Web finirent pas générer de petits bénéfices. En éliminant le besoin d'une force de ventes et d'un minimum de contrats qui empêche généralement les petites sociétés personnelles « à la maison » de grandir, Google a permis l'éclosion de toute une série de petits éditeurs indépendants.

« Je suis content non seulement de l'argent que me rapporte Google, mais aussi des liens qu'il fournit, dit Lenssen. Tout comme les publicités pour Armani enjolivent les revues de mode sur papier glacé, je trouve que les textes publicitaires de Google améliorent le contenu de son site qui est souvent un peu austère. Les milliers d'internautes qui consultent Google Blogoscoped viennent de tous les pays du monde. Je poste des commentaires et des analyses personnels, des brèves, des interviews avec des acteurs de l'industrie et de temps à autre une nouvelle récente qui est récupérée par d'autres bloggeurs. Mon plus gros scoop concernait un employé de Google qui livrait franchement sur son blog son opinion à propos des problèmes internes de la société et qui a été viré sans autre forme de procès. Ce n'était pas vraiment ce qu'on pouvait appeler un Googlegate, mais les agences de presse ont repris cette information et cela a fait des vagues. »

Lorsque Google a lancé son propre blog officiel, le site de Lenssen (ainsi qu'une bonne vingtaine d'autres) apparaissait dans une section intitulée « Nos lectures ». De la part de la société qu'ils suivaient religieusement, c'était un peu comme un couronnement semi-officiel.

Chapitre 14

Poissons d'avril

Au printemps 2004, alors que les affaires allaient bon train et que Google jouissait d'une popularité toujours croissante, Larry et Sergey se préparaient à éblouir les internautes grâce à un nouveau genre de courrier électronique. S'appuyant sur la forte renommée de la marque Google, ils appelèrent ce nouveau service « Gmail ». Michael Moritz, qui avait investi dans Google, disait depuis plusieurs années que les deux activités préférées des internautes étaient la communication et la recherche d'information. Dans la mesure où Google dominait le secteur de la recherche, le courrier électronique semblait logiquement être l'étape suivante permettant d'étendre l'éventail des services proposés par l'entreprise. Pour bénéficier de l'effet de surprise, les dirigeants de Google gardèrent le secret sur les détails du développement de Gmail au sein du Googleplex.

Larry et Sergey voulaient que Gmail soit un succès fracassant. Il n'y avait pas de raison de fournir ce service à moins qu'il ne soit radicalement meilleur que les services de courrier électronique déjà offerts par Microsoft, Yahoo, AOL et d'autres. Ils conçurent Gmail dans l'optique qu'il soit plus intelligent, plus convivial et meilleur marché. Si tel n'était pas le cas, les utilisateurs de Google ne seraient pas impressionnés et ses créateurs ne seraient pas fidèles à leurs exigences élevées. Il s'agissait aussi d'une occasion de se faire plaisir en inventant un genre d'e-mail dont ils avaient longtemps rêvé après s'être lassés des autres services et de leurs défauts. Ils avaient identifié des problèmes propres aux e-mails que Google, grâce à son immense puissance informatique, pouvait régler. Par exemple, il était difficile, voire impossible, de retrouver d'anciens courriels quand les utilisateurs en avaient besoin. America Online effaçait automatiquement les courriels après 30 jours, afin de

© Dunod – La photocopie non autorisée est un délit

diminuer les coûts du service. Il n'était pas facile de stocker les montagnes de courriels qu'un usager intensif d'Internet amassait ; et si l'on ne voulait pas ralentir son ordinateur, il fallait payer Microsoft, Yahoo ou bien une autre société pour bénéficier d'un espace de stockage supplémentaire.

Pour laisser sur place ses concurrents et renforcer encore l'image de marque de Google, Larry et Sergey, ainsi que l'équipe de développement de Gmail, réglèrent tous ces problèmes. Afin que ce nouveau service ait un succès immédiat, ils avaient prévu d'accorder un espace gratuit de stockage d'un giga-octet (1 000 Mo) sur le réseau informatique même de Google pour chaque compte Gmail. Cette quantité était 500 fois supérieure à celle offerte par Microsoft et 250 fois supérieure à celle proposée par Yahoo. Google pouvait se permettre d'offrir ce service en raison de la manière dont son super réseau informatique avait été conçu. Un giga-octet représentait une quantité de stockage tellement phénoménale que Google assura aux utilisateurs de Gmail qu'ils n'auraient plus jamais à supprimer aucun e-mail.

Enfin, conformément à l'esprit Google, les utilisateurs de Gmail seraient capables de retrouver leurs courriels sans avoir à réfléchir à la manière de les trier ou de les stocker. Une recherche dans Gmail serait rapide, précise et aussi facile à effectuer que dans Google. Ce service eut un succès immédiat auprès des employés dignes de confiance qui le testèrent en secret au sein du Googleplex. Ils s'abstinrent d'en parler à l'extérieur, mais l'excitation à propos de la sortie officielle de Gmail allait crescendo.

Afin d'amorcer le bouche à oreille qui avait tant réussi à Google, la société décida d'offrir le produit en test à un millier de leaders d'opinion, puis de leur donner la possibilité d'accorder un nombre limité de comptes Gmail à leur famille et à leurs amis, selon un principe d'invitation. Cela laisserait le temps à l'entreprise de déboguer cette nouvelle offre. Et dans la mesure où Google accordait un giga-octet d'espace de stockage à chaque compte Gmail, la montée en charge serait progressive, ce qui permettrait de s'assurer que le réseau informatique répondait toujours parfaitement aux sollicitations.

Contrairement à ses nouveaux produits, Gmail était conçu pour générer des profits, même pendant la phase de test. Comme la demande pour la publicité augmentait, la compagnie avait besoin d'augmenter la quantité d'espace disponible qu'elle pouvait vendre. Il semblait logique à Larry et Sergey de tirer des bénéfices de Gmail en y plaçant le même type de publicités que l'on trouve à droite des résultats de recherche dans Google. Les publicités seraient ciblées en fonction de mots contenus dans les courriels. Il s'agissait là d'un modèle économique qui bénéficiait à la fois aux publicitaires et aux utilisateurs et qui avait fait ses preuves avec les résultats de recherche de Google. En accordant aux publicitaires plus d'espace sur le réseau de Google, Gmail apporterait une manne à la société qui augmenterait au fil du temps, au fur et à mesure que les technologies de la communication se développeraient.

Si l'on regardait le monde à travers le prisme Google, cela semblait une idée géniale à tous points de vue. Cela n'effleura pas l'esprit de Larry, de Sergey ou de n'importe quel ingénieur responsable du projet que des personnes sensées et pour lesquelles ils éprouvaient du respect s'opposeraient catégoriquement à la violation de la vie privée que constituaient la lecture des courriels par les ordinateurs de Google et l'affichage de publicités en fonction du contenu des messages. Murés dans leur réalité virtuelle, ils avaient complètement oublié la réalité politique qui les attendait au tournant. Et dans la mesure où ils étaient des informaticiens travaillant en vase clos, ils ne demandèrent pas les conseils des personnes avisées, n'informèrent pas à l'avance les testeurs du produit et ne firent rien pour empêcher le tollé provoqué par Gmail et son manque de respect de la vie privée. C'était l'image de marque de Google qui était en jeu. Pour les deux fondateurs, qui tiraient une certaine fierté du fait d'être bien informés, ce fut une dure leçon sur les dangers que l'on court quand on est trop intelligent et coupé du reste du monde.

Afin de donner une tonalité humoristique à Gmail, Larry et Sergey choisirent d'annoncer la nouvelle offre le 1er avril 2004. Les années précédentes, Google avait fait des poissons d'avril assez fantaisistes, si bien que lorsque les journalistes entendraient parler un 1er avril de l'espace de stockage gratuit d'un giga-octet, ils ne sauraient pas à quoi s'en tenir. Cela engendrerait encore plus d'interrogations et de discussions, renforçant ainsi l'intérêt pour le produit sans coûter un sou à l'entreprise en frais de publicité ou de marketing. C'était exactement ce que le tandem de Google voulait.

Le 1er avril 2004, Google publia un communiqué de presse dont le titre disait : « La recherche est notre deuxième activité

© Dunod – La photocopie non autorisée est un délit

en ligne — Le courrier électronique est l'activité numéro 1. Le communiqué racontait que la source d'inspiration de Gmail provenait des doléances d'une utilisatrice de Google à propos de la piètre qualité des services de courrier électronique existants. Elle se plaignait de passer tout son temps à archiver des messages ou à tenter de les retrouver. Et quand elle ne faisait pas cela, elle devait se démener pour supprimer des courriels et rester en dessous de la limite des quatre méga-octets. Elle avait alors demandé à Google : « Vous ne pourriez pas faire quelque chose pour arranger cela ? »

Brin disait : « Si un utilisateur de Google a un problème avec le courrier électronique, alors cela nous concerne. Et même si le développement de Gmail a été un peu plus compliqué que prévu, nous sommes heureux de pouvoir l'offrir à l'utilisatrice qui en a fait la demande. »

Le communiqué de presse ne parlait pas du tout des publicités que Google avait l'intention d'insérer dans les courriels, mais lors de la conférence de presse, Wayne Rosing, qui était à l'époque vice-président de l'ingénierie de Google, révéla le projet : « Gmail a été conçu à partir d'expériences impliquant le ciblage de nos publicités. Nous nous sommes livrés à des analyses textuelles et cela a bien fonctionné. » Au départ, Gmail ne concernait qu'un petit nombre de testeurs, et la volonté de limiter sa diffusion constituait un attrait ; cela n'empêcha pas Rosing de déclarer : « Nous pensons qu'à brève échéance nous pourrons avoir des millions, voire des dizaines de millions d'utilisateurs de Gmail. »

Quand le bruit courut que Google envisageait d'intégrer des publicités dans les courriels, certains hommes politiques et des groupes de défense de la vie privée attaquèrent la société et ses projets en déclenchant une véritable tempête médiatique. Dans le Massachusetts, une loi anti-Gmail fut mise en place. Les partisans de la vie privée étaient scandalisés et ils insistèrent pour que le produit soit immédiatement retiré de la circulation et commencèrent à faire circuler des pétitions anti-Google. Un législateur californien menaça la compagnie en disant que si Google n'abandonnait pas Gmail, elle demanderait qu'on légifère pour l'interdire. Sa proposition de loi passa avec succès devant la commission judicaire du sénat de l'état de Californie, à l'unanimité moins une voix. Elle dénonçait l'invasion mercantile de la publicité dans les courriels comme une atteinte grossière et injustifiée à la vie privée. Pour la première fois,

Google était montré du doigt. Les gens considéraient que les courriels étaient privés et le fait que Google insère des publicités en fonction du contenu des messages semblait dépasser les bornes.

Larry et Sergey n'avaient pas vu venir le coup. Ils n'avaient jamais envisagé de réactions négatives ou hostiles face à leur nouvelle offre formidable. L'image de force libératrice savamment entretenue par Google jusqu'ici avait été confrontée au spectre du géant de la recherche jouant à Big Brother et espionnant des millions d'internautes envoyant des courriels. Il s'agissait là d'une horrible métamorphose. Pour les commentateurs, des principes fondamentaux comme la liberté et la vie privée étaient en jeu.

« Google compromet sa réputation d'honnêteté et son souci de toujours placer l'utilisateur au premier plan en développant un nouveau service de courrier électronique baptisé Gmail » écrivit Walt Mossberg, le journaliste chargé des nouvelles technologies du *Wall Street Journal*. « Le problème ici ne provient pas d'une confusion entre les publicités et le contenu éditorial, mais du fait que Google analyse vos courriers électroniques privés afin de détecter des mots-clés qui généreront des publicités. Cette pratique semble être une atteinte à la vie privée. » Mossberg faisait remarque que la compagnie déclarait que l'analyse était réalisée automatiquement par des ordinateurs, mais il concluait que le système proposé donnait quand même un peu froid dans le dos et qu'il pouvait être une source de graves problèmes si l'analyse du contenu des messages était détournée de son usage initial par Google. Google pouvait être obligé d'utiliser l'analyse du contenu des messages pour répondre à une assignation gouvernementale ou bien à une injonction judiciaire qui pourraient s'appliquer aux archives électroniques de ses clients sur plusieurs années.

Agissant d'une manière qui reflétait l'inquiétude grandissante, Mossberg insistait auprès de Google pour qu'il calme le jeu : « Je demande à Google de préserver sa très grande réputation d'honnêteté et de souci du consommateur en proposant une forme alternative de ce nouveau service Gmail. La compagnie devrait offrir des comptes Gmail sans publicité et sans analyse de contenu pour un coût annuel modique. Google agirait alors comme il l'a toujours fait : en laissant le choix à l'utilisateur. »

© Dunod – La photocopie non autorisée est un délit

Dans la mesure où Mossberg était un grand admirateur et un fan de Google et de ses services, son article prit Larry et Sergey par surprise. D'autres défenseurs de la vie privée s'attaquèrent de manière plus véhémente à Gmail et à Google que ne l'avait fait Mossberg, dont les propos avaient été mesurés : « Google crée de facto des dossiers incroyablement détaillés sur chacun d'entre nous, que le gouvernement n'aurait jamais l'autorisation de constituer ; et du fait de leur création, ces dossiers deviennent disponibles pour le gouvernement » disait Kevin Bankston, avocat de *l'Electronic Frontier Foundation* (EFF), association de défense des libertés publiques très respectée. Miguel Helft, éditorialiste du *San Jose Mercury News,* écrivit que la piètre gestion par Larry et Sergey de l'introduction de Gmail était un mauvais poisson d'avril. L'offre de stockage pratiquement illimité sur les ordinateurs de Google renforçait le risque d'abus du gouvernement puisque les courriels hébergés sur les machines de Google ne bénéficiaient pas des mêmes protections légales que les courriels stockés sur le PC d'un internaute. Helft suggéra à Google de se racheter en favorisant le vote d'une loi à Washington qui renforcerait le droit à la vie privée.

La question de la vie privée mobilisa les troupes. La Privacy Rights Clearinghouse, basée à San Diego, ainsi que trente autres groupes de défense des libertés publiques et de la vie privée à travers le monde signèrent une lettre publique adressée à Google demandant que la société suspende le service Gmail. Outre les groupes américains, on comptait parmi les signataires des groupes australiens, canadiens, espagnols, hollandais et britanniques.

Dans cette lettre envoyée à Larry et Sergey, les groupes demandaient instamment à Google de préciser sa politique et ses pratiques en matière de partage des données entre la recherche et les opérations du service Gmail. Google conservait déjà des données indiquant l'adresse IP de l'ordinateur qui effectuait une recherche et la nature de la requête. Le mélange des données issues des recherches avec les données personnelles nominatives devenait à présent possible, puisque Gmail nécessitait que les individus s'inscrivent nommément pour bénéficier du service. Un utilisateur de Gmail effectuant une recherche avec Google serait potentiellement identifiable. Le fait que toutes ces informations personnelles soient disponibles dans une seule base de données électronique inquiétait les gens, dans la mesure où cela permettait à des employés malhonnêtes, des hackers, des avocats spécialisés dans le divorce, des détectives privés et des procureurs trop zélés de trouver toutes ces informations au même endroit. La plupart des gens ne se soucient pas des problèmes de vie privée tant que leur propre vie privée n'est pas menacée. C'est pour cette raison que les groupes de défense des libertés publiques se devaient d'intervenir avant qu'il ne soit trop tard.

Cette lettre datée du 6 avril 2004 disait : « Le système Gmail crée un dangereux précédent et réduit le niveau d'exigence en matière de communication par courrier électronique. Il se peut que ce précédent soit adopté par d'autres sociétés et d'autres gouvernements et qu'il perdure bien après la disparition de Google. » La lettre continuait en stipulant qu'il était possible qu'aucune politique adoptée par Google ne protège correctement les consommateurs des futurs abus ; était également contestée la position de Google qui prétendait que l'analyse automatique des courriels par des ordinateurs était moins dangereuse que la lecture par des humains de courriels privés. « Un système informatique qui possède une capacité de stockage, une mémoire et une facilité à associer des informations bien supérieures à celles d'un être humain peut s'avérer tout aussi néfaste qu'une personne qui écouterait des communications, sinon plus. »

Ce qui renforçait les craintes, c'était l'offre de stockage gratuite d'une capacité considérable et la conservation permanente des courriels. Cela signifiait que les courriels seraient gardés indéfiniment sur les serveurs de Google, alors même que les protections les plus contraignantes en matière de vie privée aux États-Unis seraient épuisées après 180 jours. Pour toutes ces raisons et quelques autres encore, le Centre d'information sur la confidentialité électronique publia un communiqué dont les conclusions étaient que Gmail était un produit non-conforme qui violait le caractère sacré des communications privées. Google avait l'intention de conserver et de stocker les courriels et les recherches, créant ainsi une base de données alléchante d'informations personnelles sur des millions de personnes à travers le monde. Pour beaucoup de gens, le fait que les recherches effectuées sur Google paraissent anonymes constituait un attrait indéniable, que les révélations quant à l'archivage et la traçabilité des formules de recherche remettaient en question.

Au beau milieu de ce concert de protestations, les comptes gratuits Gmail, qui avaient été diffusés en petit nombre pour les rendre plus attirants, commençaient à se négocier jusqu'à une

© Dunod – La photocopie non autorisée est un délit

centaine de dollars sur le site de vente aux enchères d'eBay. Quand Larry et Sergey eurent vent de cela, ils devinèrent que les réactions négatives allaient finir par s'estomper. Après tout, Google avait toujours cherché à repousser les limites de l'innovation, et il fallait parfois du temps aux gens pour s'adapter au changement. Quoi qu'il en soit, les défenseurs de la vie privée faisaient souvent beaucoup de bruit à propos de choses qui ne dérangeaient pas la plupart des gens, qui attachaient pour leur part plus d'importance aux avantages, aux performances et à la gratuité. D'ailleurs, comme on se plaisait à le répéter au sein du Googleplex, les gens doivent savoir que les autres grands services de courrier électronique ont des ordinateurs qui analysent les courriels pour rechercher la pornographie, les virus et le spam. Vu sous cet angle, Gmail n'était pas différent.

De leur point de vue, il y avait beaucoup de bruit pour rien, c'est pourquoi Larry et Sergey ne voyaient nul besoin de se défendre ou bien de répondre aux critiques outrancières. En fait, toute cette publicité allait certainement augmenter la notoriété de Google et de son rejeton Gmail. L'heure viendrait bientôt où des journalistes bienveillants qui avaient testé Gmail et avaient été enthousiasmés commenceraient à écrire des articles où ils expliqueraient que la critique était injustifiée. D'autres sociétés plus conformistes auraient certainement envisagé de retirer Gmail du marché, au moins temporairement, afin de calmer les esprits. Mais nous avions affaire à Google, qui possédait une grande influence et des dirigeants suffisamment confiants en eux-mêmes pour se tirer de ce mauvais pas sans broncher.

« Cette affaire peut paraître inquiétante, mais elle ne l'est pas vraiment, disait Sergey. Les publicités ont un rapport avec le message que vous êtes en train de lire. Nous ne conservons pas vos courriers pour faire de la fouille de données ou des choses de ce genre. Et aucune information, quelle qu'elle soit, ne sort de chez nous. Nous avons besoin de protéger les courriels et la vie privée des gens. Tous les services de Webmail analysent vos courriels. Ils sont analysés afin de détecter le spam et de n'afficher que les messages pertinents. Tout ce que nous faisons, c'est d'afficher des publicités. Ce processus est automatisé. Personne n'est là à regarder, alors je ne pense pas qu'il s'agisse d'un problème de vie privée. Cela fait un moment que j'utilise Gmail et j'aime bien avoir des publicités. Nos publicités ne sont pas gênantes et elles sont utiles. »

Quand Google testa Gmail, les gens achetèrent beaucoup de choses en cliquant sur les publicités. Pour Larry, c'était la preuve que les internautes, les publicitaires et le compte en banque de Google bénéficiaient tous des petites publicités de Gmail. « Même si cela peut faire un petit peu peur au départ, c'est utile » disait-il.

Mais au fur et à mesure que le mouvement anti-Gmail prenait de l'ampleur, certaines personnes chez Google commençaient à douter. Certains des principaux investisseurs de la société étaient furieux de la manière dont Gmail avait été mis sur le marché et du moment choisi pour son lancement. Comment le PDG, Eric Schmidt, avait-il pu laisser passer cela, quelques semaines seulement avant que la compagnie annonce son introduction en Bourse ? Son rôle était pourtant d'empêcher le tandem de Google de faire des choses qu'ils considéraient comme vraiment intelligentes, mais que le commun des mortels trouvait stupides, ou tout du moins inopportunes. Les protestations concernant Gmail pouvaient être néfastes pour Google et porter atteinte à sa crédibilité. Si on laissait les choses en l'état, Gmail pouvait ruiner l'atout le plus important de Google : la confiance de centaines de millions d'internautes et de publicitaires du monde entier. De plus, Microsoft, Yahoo et d'autres concurrents saisiraient l'occasion pour se répandre en propos négatifs sur l'entreprise. Ils feraient savoir aux internautes que Google opérait effectivement de manière différente. Par exemple, il conservait des copies de tous les courriels, même ceux que les utilisateurs effaçaient.

Page pensait que la plus grosse gaffe de Google, ce n'était pas les publicités dans Gmail, mais la manière dont le nouveau service de courrier électronique avait été lancé. « Nous avons appris quelques petites choses, disait Larry. Nous aurions pu mieux communiquer. Les gens ont commencé à en parler avant d'avoir pu l'essayer, et je ne m'attendais pas à un tel intérêt. Nous avons diffusé notre charte concernant le respect de la vie privée et les gens s'y sont beaucoup intéressés. Comme c'était le seul document auquel ils avaient accès, il a généré beaucoup de controverses. »

S'ils voulaient arrêter cette fronde anti-Gmail, il fallait que soit Larry soit Sergey s'impliquent davantage et pour ce faire, ils devaient bénéficier des conseils d'une association militant pour le respect de la vie privée qui soit sérieuse et qui leur dise la vérité, même si elle était difficile à entendre, sans pour autant être alarmiste. Bien qu'il préférât se concentrer sur les

© Dunod – La photocopie non autorisée est un délit

utilisateurs, Larry reconnaissait qu'il était nécessaire de voir Gmail sous l'angle politique. Il avait un ami dans le monde des défenseurs de la vie privée, Brad Templeton, et il était temps de prendre contact avec lui. Templeton connaissait le cyberespace depuis un bon bout de temps et il avait assisté à la naissance de tant de découvertes technologiques qu'on lui attribuait la paternité du point dans le « .com », quand les premières décisions furent prises concernant le système d'adressage d'Internet. Templeton avait beaucoup de casquettes : il était président de l'*Electronic Frontier Foundation*, une des principales organisations de défense de la vie privée ; c'était un ami de Larry et un ancien de Burning Man ; il avait été consultant pour Google et il gagnait de l'argent grâce à des publicités fournies par Google sur son site Web perso. Il était temps de lui demander conseil.

Page considérait que s'il devait y avoir quelqu'un qui arbitre le débat à propos de Gmail, c'était bien Brad Templeton et l'*Electronic Frontier Foundation.* La fondation dirigée par Templeton avait refusé de se joindre à la coalition qui demandait à Google d'abandonner Gmail, même si Templeton prenait très au sérieux les problèmes immédiats relatifs à la vie privée et leurs conséquences à long terme. De par son éducation d'intellectuel de gauche, Page comprenait qu'il était important de trouver un consensus sur de tels problèmes. Templeton, pour sa part, était arrivé à la conclusion que la situation était complexe, et que Gmail n'était ni bon, ni mauvais. Il en avait parlé avec son collègue de l'EFF, Kevin Bankston. Celui-ci pensait qu'il serait logique que les gens qui s'inquiètent du respect de leur vie privée prennent les choses en main et choisissent une société pour gérer leurs courriels et une autre pour la recherche ; de cette manière, toutes les informations les concernant ne seraient pas concentrées au même endroit.

Templeton rencontra Page afin de passer en revue les implications de Gmail, puis il fit une analyse sérieuse et impartiale de ses avantages et de ses inconvénients. « Google devrait crypter les courriels, de manière à ce qu'il soit techniquement impossible de faire une recherche dans la totalité d'une archive, dit-il. Les données personnelles devraient être supprimées des journaux listant les connexions. Les mesures que Google peut prendre impliquent des sacrifices et c'est pour cela qu'elles n'ont pas été prises. Google fait des analyses et aime bien dégager le profil de ses utilisateurs et de ses clients. C'est la raison pour laquelle ces données ne sont pas détruites. »

Templeton traita habilement le conflit concernant le respect de la vie privée. « Même s'il y a eu une réaction trop négative par rapport à Gmail, écrivait-il, il existe de véritables problèmes dont on doit s'inquiéter. » Parmi ceux-là, il y avait, selon la loi fédérale en vigueur, la perte de protection juridique pour les courriels conservés par Google au-delà de 180 jours. Il disait aussi que la corrélation de Gmail et des recherches Google, pratique qui permettait à Google de personnaliser ses services pour les internautes, posait d'énormes problèmes de respect de la vie privée qui allaient empirer au fur et à mesure que l'audience de Gmail grandirait. Templeton pensait qu'il était possible que des informations stockées sur un ordinateur distant puissent parfois être dévoilées et tomber entre de mauvaises mains. En stockant leurs courriels et leurs recherches sur les ordinateurs de Google qu'ils n'avaient pas sous la main, les utilisateurs contribuaient à leur insu à la constitution d'une base de données pouvant servir à ce qu'il appelait une « société de la surveillance ».

« Quand nos données personnelles sont stockées à la maison, la surveillance de masse de ces données est tout simplement impossible à grande échelle. Cela coûterait trop cher car il faudrait répéter l'opération un million de fois. En ligne, c'est complètement différent car il suffit d'accéder une seule fois à l'ordinateur distant, que ce soit légalement ou illégalement. »

Templeton cita également des problèmes internationaux dont Google ne s'était pas soucié avant la sortie de Gmail : la façon dont les gouvernements des différents pays appréhenderaient la base de données de Google en fonction de leurs lois et de leurs cultures. « Quand nous concevons nos systèmes, disait Templeton, est-ce que nous pensons souvent aux conséquences quand leur usage se répandra en Chine ou en Arabie Saoudite ? Ou bien encore, quelles seront les implications s'ils sont vendus à des sociétés dont les politiques ne sont pas aussi bienveillantes ? »

Templeton disait surtout que les internautes devaient prendre conscience des dangers : « Vous ne devez pas attendre plus de confidentialité d'un courriel que d'une carte postale, ou pire, d'une carte postale que vous remettez à un tiers pour qu'il la fasse parvenir à votre destinataire. » Il disait qu'un grand nombre de ses recherches sur Google révélaient des informations personnelles, notamment les noms des médicaments qu'on lui avait prescrits. Le plus grand danger, concluait-il, était la fusion de Gmail et des recherches Google

© Dunod – La photocopie non autorisée est un délit

dans un climat dans lequel les libertés publiques seraient affaiblies. Pour toutes ces raisons, la crainte de Google et de Gmail était un problème en soi. « La vie privée n'est pas seulement importante ; il est aussi primordial de croire qu'on peut en bénéficier. Si l'on soupçonne même que l'on est surveillé, cela change notre comportement et on devient moins libre en tant qu'individu. »

Mais Templeton faisait aussi remarquer que dans la mesure où les sociétés privées stockaient déjà sur leurs ordinateurs notre niveau d'endettement, nos informations bancaires et notre dossier médical, il était inévitable que d'autres informations personnelles soient disponibles en ligne. Et même si la protection n'était pas parfaite, les gens s'adapteraient. Entre-temps, un certain nombre de défenseurs de la vie privée qui avaient attaqué Gmail l'essayèrent et commencèrent à y prendre goût. Les journalistes chantaient également ses louanges ; pour la première fois, ils étaient capables de retrouver facilement et rapidement d'anciens courriers électroniques. La capacité de stockage était immense et gratuite. Et Gmail avait une façon intéressante de transformer une série de courriels entre deux personnes en quelque chose qui ressemblait à une conversation. Larry et Sergey prévoyaient qu'avec la généralisation de l'utilisation de Gmail, les internautes seraient séduits par ses avantages et les problèmes de respect de la vie privée s'estomperaient. « Gmail est un très bon produit, promis à un grand avenir, disait Templeton. La plupart des choses que Google réalise avec Gmail sont intéressantes et novatrices. »

Chapitre 15

Porn Cookie Guy

Matt Cutts, qui travaillait jadis à la NSA (*National Security Agency*) sur les problèmes de cryptage et de sécurité, a désormais pour mission de combattre la pornographie indésirable chez Google. Cutts, dont le surnom est « Porn Cookie Guy » (le gars des cookies porno), a mis au point et assure le suivi du filtre de Google appelé SafeSearch qui est conçu pour bloquer les contenus pornographiques des internautes. Cutts doit son surnom aux petits gâteaux fabriqués par sa femme et qu'il distribue à ses collègues qui l'aident à traquer les contenus pornos indésirables. Né dans le Kentucky et ayant suivi un cursus de doctorat dans une université de Caroline du Nord, Cutts est chargé de trouver et d'éliminer les contenus pornographiques à la fois dans les résultats de recherche de Google et dans les publicités. Marissa Mayer, vice-présidente des produits de recherche de Google, déclare que ce qui constituait autrefois un problème majeur pour Google a été diminué de façon spectaculaire.

« Matt travaille pour améliorer la qualité de la recherche afin d'éviter un certain nombre de mauvaises surprises, dit Mayer. Ainsi, pour ceux qui le souhaitent, les contenus choquants sont supprimés des résultats de recherche. Même si les gens n'activent pas la fonction SafeSearch, les contenus douteux sont supprimés. »

Malgré toutes ces précautions, certains sites pornos plus habiles que d'autres trouvent le moyen de se faire référencer dans Google. Leurs propriétaires achètent souvent le nom d'autres sites Web qui viennent à expiration, ce qui leur permet de se faire afficher dans la fenêtre de résultats de Google sans révéler la vraie nature de leur contenu. « Il y a des gens qui achètent des centaines de noms de domaines, déclare Cutts,

© Dunod – La photocopie non autorisée est un délit

et on appelle cette pratique « porn-napping », en référence au kidnapping. »

L'ingénieur logiciel Matt Cutts (au milieu de la photo), également connu sous le nom de « Porn Cookie Guy », répond aux questions de webmestres souhaitant améliorer le rang de leurs sites dans les résultats des recherches faites sur Google.

Tout en combattant la pornographie indésirable, Google gagne cependant des millions de dollars chaque année grâce aux publicités pornographiques qui s'affichent à côté des résultats de recherche. Une requête sur quatre (qu'elle soit faite sur Google ou sur d'autres moteurs de recherche) concerne des contenus à caractère pornographique, selon une étude réalisée en 2004 par Family Safe Media, une association de surveillance des médias. Cette statistique laisse à penser que Google reçoit quotidiennement des dizaines de millions de requêtes pornographiques.

La recherche d'images Google, accessible par un onglet à partir de la page d'accueil, au-dessus de la zone de recherche, permet d'afficher des photos pornos gratuitement. Sur la partie droite de la page de résultats, figure toute une série de publicités payées chaque fois qu'un internaute saisit une requête porno. « Google autorise généralement les publicités pour adultes, comme par exemple les contenus sexuellement explicites » déclare la compagnie sur son site Web. En raison de cette politique et par sa position de leader des moteurs de recherche, Google est l'un des plus gros pourvoyeurs de pornographie sur Internet. La compagnie ne révèle pas le montant des bénéfices générés par la pornographie ni par aucun autre secteur commercial. Mais l'anonymat et la relative facilité d'accès à la pornographie attirent bien évidemment certains adultes et certains adolescents qui n'ont pas l'âge requis dans la mesure où ils peuvent faire cela en toute discrétion, comme le faisait remarquer l'étude de 2004.

Les internautes qui recherchent des contenus pornographiques en ligne ont peut-être tort de croire qu'ils sont protégés par l'anonymat. Google conserve les enregistrements électroniques de toutes les recherches qui peuvent éventuellement être rattachées à des ordinateurs spécifiques. Si quelqu'un a un compte Gmail ou s'est inscrit à tout autre service Google, les enregistrements électroniques de la société pourraient être utilisés pour retrouver la trace d'individus ayant fait des recherches pornographiques.

Chose qui n'est pas surprenante, Google et son grand rival, Yahoo, font tous deux de jolis bénéfices en vendant des publicités à caractère sexuel. La pornographie, dans certaines limites, est protégée par le premier amendement aux États-Unis. Dans les pays où la pornographie en ligne est interdite, notamment l'Allemagne et l'Inde, Google et Yahoo respectent les législations locales.

Cependant, toutes les règles de Google concernant la publicité ne sont pas appliquées de manière très stricte. Par exemple, Google stipule que le moteur de recherche n'accepte pas de publicités pour la prostitution, mais il vend des publicités pour des sites Web proposant des services d'escorte. Si l'on saisit ces mots dans Google, cela donne par exemple la publicité suivante : « Relations sexuelles chaudes. Hommes et femmes dans votre région. Trouvez toute de suite la personne qui vous correspond. » Si l'on tape « XXX » dans Google, on obtient : « Des millions de gens veulent du sexe ! Inscrivez-vous aujourd'hui et vous coucherez ce soir. » Sur le site de Google, il est indiqué que la fonction SafeSearch bloque l'affichage dans les résultats de recherche des pages Web à contenu sexuellement explicite. Si l'on utilise le filtrage strict, une recherche sur « XXX » bloque l'affichage de tous les contenus pornographiques dans les résultats de recherche gratuits, mais n'empêche pas les publicités à caractère sexuel, notamment l'une d'entre elles qui dit « Communauté de webcams gratuite : filles chaudes en direct, chat vidéo gratuit. »

© Dunod – La photocopie non autorisée est un délit

Si l'on saisit le mot pornographie dans Google, les résultats gratuits renvoient vers des sites militant contre la pornographie, alors que si l'on saisit « porno », cela vous mène vers des sites pornographiques. Dans les deux cas, on trouve à droite des résultats de recherche de petits textes publicitaires que Google a vendus à des sites commerciaux à contenu pornographique qui reversent de l'argent chaque fois que quelqu'un clique sur une de leurs pubs chaudes. Dans le même temps, Google s'efforce de respecter scrupuleusement toutes les lois fédérales et les lois d'état qui interdisent la pédophilie. La publicité sur Google est interdite pour la pornographie impliquant des mineurs ou tout autre acte sexuel non consenti, déclare la société.

La vente par Google de publicités à caractère sexuel s'inscrit dans le cadre général de normes particulières. Ces choix sont significatifs de la philosophie et des valeurs des fondateurs de Google (« Ne faites pas de mal ! »), et particulièrement de Sergey Brin, qui a le pouvoir de décider quelle sorte de publicité le moteur de recherche accepte ou refuse. La politique concernant la publicité reflète en général les préférences personnelles des fondateurs de Google et la firme publie sur son site Web des conditions générales détaillées.

Google accepte les publicités pour le vin, mais refuse celles pour la bière ou les boissons fortement alcoolisées. Officiellement, mais pas toujours en pratique, il refuse les publicités politiques qui dénigrent un individu qui est candidat à une fonction quelconque, mais accepte les annonces hostiles qui déforment et diabolisent les positions d'un élu ou d'un candidat sortant. Il refuse toutes les publicités pour les cigarettes et envoie un signal politique fort en refusant catégoriquement les publicités pour les armes à feu. Mais il fait des bénéfices sur la vente de publicités pour les balles, les silencieux et d'autres accessoires qui peuvent augmenter la dangerosité des armes. Cela se produit en dépit d'une règle écrite qui stipule que les publicités pour les munitions sont interdites.

Google déclare également qu'il n'accepte pas de publicité pour des substances permettant d'effacer la présence de drogue, pour des additifs permettant de maquiller les tests d'urine, ou pour tout autre produit conçu pour aider les gens à passer entre les mailles du filet de la détection de produits illicites. Il ne permet pas de publicités qui font l'apologie de la violence ou qui s'en prennent à une minorité qui serait définie par l'âge, la race, la religion, le handicap ou les préférences sexuelles. Les publicités pour les décodeurs pirates et tout autre appareil permettant de regarder les chaînes payantes gratuitement sont interdites. La politique de Google interdit aussi les publicités pour les médicaments non autorisés, les feux d'artifice, les casinos en ligne, les remèdes miracle, les détecteurs de radar et diverses armes, y compris les coups-de-poing américains.

Au début de l'année 2004, Google a intenté un procès à Booble.com, un site Web conçu comme un moteur de recherche spécialisé dans les contenus à caractère sexuel. Google arguait que la similitude entre les noms, l'aspect, le logo et les couleurs des deux marques pouvaient prêter à confusion pour le consommateur et violaient le droit des marques. Booble, un site britannique qui se présente comme un moteur de recherche pour adultes et un annuaire pornographique, s'est défendu en invoquant le premier amendement et en déclarant qu'il avait le droit de parodier Google.

Le logo de Booble remplace les deux « o » au milieu de Google par une paire de seins (*boob* signifie la poitrine en anglais). Et au lieu du bouton « J'ai de la chance », on trouve sur le site de Booble un bouton qui dit « J'ai envie de jouer ».

Chapitre 16

Introduction en Bourse

Larry et Sergey avaient repoussé l'introduction en Bourse aussi longtemps qu'ils l'avaient pu, mais la date butoir de la fin d'avril 2004 approchait. Rester une compagnie privée comportait d'énormes avantages et ils étaient très contrariés de devoir y renoncer. Le pire de tout était que leurs rivaux, Microsoft et Yahoo, allaient apprendre à quel point Google était devenu une entreprise rentable, ainsi que de nombreux détails sur l'étendue des opérations de la société. Une fois que ces informations seraient rendues publiques, la concurrence serait encore plus rude. Mais les lois fédérales obligeaient les sociétés qui possédaient beaucoup de biens et de nombreux actionnaires à publier leurs résultats financiers, et Google avait dépassé ces limites. La compagnie avait aussi procédé à des embauches et avait octroyé à ses nouvelles recrues de nombreuses actions de la société ; ainsi Larry et Sergey se sentaient moralement obligés d'offrir à ces employés le moyen de convertir cet investissement en argent frais.

Ils savaient bien que le paysage économique était jonché des débris de sociétés dont les fondateurs et les employés s'étaient égarés après avoir travaillé dur tant que la firme était privée. Dans de nombreux cas, le triste résultat de l'introduction en Bourse était que l'énergie et la motivation avaient décliné alors même que des centaines d'employés qui ne pouvaient jadis même pas s'acheter une voiture au comptant devenaient brusquement millionnaires. Et puis il y aurait inévitablement beaucoup de publicité indésirable autour de Brin et Page. Tout le monde saurait qu'ils étaient milliardaires et ils étaient inquiets pour leur mode de vie et la sécurité de leurs familles. Qu'adviendrait-il de la liberté dont ils jouissaient dans leur vie quotidienne ? Auraient-ils besoin que des gardes du corps surveillent leurs moindres faits et gestes afin de les protéger ?

Le père de Sergey continuait d'enseigner les mathématiques à l'université du Maryland et sa mère travaillait toujours pour la NASA au Centre des vols spatiaux Goddard. La plupart des collègues des parents de Brin ignoraient tout de leurs liens avec Google. Le fait de porter à la connaissance du public la richesse de Sergey allait-elle changer la vie de ses parents ou bien la mettre en danger ?

Même s'ils refusaient de l'admettre, Brin et Page savaient pertinemment qu'ils s'étaient engagés de manière inévitable dans le processus d'introduction en Bourse le jour où ils avaient accepté les 25 millions de dollars de Kleiner Perkins et Sequoia Capital. Les sociétés de capital risque devaient réaliser un retour sur investissement et rapporter de l'argent ou des actions à ceux qui avaient investi dans leurs fonds.

Il serait certes commode de disposer d'une plus grosse trésorerie pour faire fructifier les affaires et préparer les combats contre Microsoft, mais la société générait déjà beaucoup d'argent. Ni Brin ni Page n'avaient réellement besoin des milliards de dollars qu'ils se mettraient dans la poche grâce à cette introduction en Bourse, puisqu'ils vivaient tous les deux de manière relativement simple et modeste. Et ils n'attachaient pas non plus une grande importance à l'accumulation de richesses car ce n'était pas pour eux une fin en soi ni un indicateur de leur succès.

Pour la plupart des entrepreneurs de la Silicon Valley, une introduction en Bourse[1] était le rêve ultime, le moment où l'on pouvait tirer fierté de son succès et mesurer sa valeur selon l'étalon américain : le dollar. Mais Brin et Page étaient tout le contraire de cela. Ils aimaient l'intimité et la liberté et étaient très satisfaits que les analystes financiers et leurs concurrents sous-estiment systématiquement les performances de Google. Dans la mesure où la société n'avait pas de dettes, qu'elle était autofinancée et possédait une très grosse trésorerie, ils n'avaient pas besoin de vendre des actions au public afin de lever des capitaux. Le seul avantage qu'ils voyaient à l'introduction en Bourse, c'est qu'ils auraient plus d'argent pour croître et mettre en œuvre les projets qu'ils avaient pour Google.

S'il fallait qu'ils entrent en Bourse et abandonnent leur chère intimité, Larry et Sergey y consentaient, mais à leur manière, tout comme ils l'avaient fait lors de la levée de fonds

1. IPO : *Initial Public Offering.*

© Dunod – La photocopie non autorisée est un délit

de capital risque. Ni Wall Street ni qui que ce soit d'autre n'allait leur dire comment opérer cette transaction. Et peu importait que la finance soit étrangère à leur domaine d'expertise. Tous ces trucs de Wall Street paraissaient simples comparés à la mise au point d'un bon moteur de recherche, à la motivation des troupes et à la gestion d'une entreprise rentable dont la croissance était exponentielle, si bien qu'ils comptaient fermement garder la mainmise sur Google et sur sa mise sur le marché. Ils n'avaient certes pas le choix concernant l'entrée en Bourse, mais cela ne signifiait pas qu'ils allaient se laisser manipuler par Wall Street.

Dans les annales de Wall Street, aucune entreprise n'avait été introduite en Bourse avec succès de la manière dont Larry et Sergey l'envisageaient. Cela ne leur faisait pas peur du tout. Habitués à rêver et à faire des choses que personne d'autre n'osait faire, ils étaient bien décidés à ouvrir une nouvelle voie. Ils allaient poser des questions, obtenir des réponses et prendre des décisions en fonction de ce qui leur paraissait juste. Si quelqu'un à Wall Street n'appréciait pas, il pouvait toujours se retirer de la partie.

À la veille d'une introduction classique, une firme d'investissement de Wall Street fixe le prix initial de vente au public des actions de la compagnie en tenant compte de la demande des investisseurs, des conditions du marché et d'autres facteurs. Il existe toujours une tension entre la société qui entre en Bourse et la firme d'investissement. La maison de courtage de Wall Street a intérêt à sous-estimer le prix de l'action pour en faciliter la vente et enrichir quelques investisseurs privilégiés qui réaliseront une belle plus-value quand l'action s'envolera le premier jour de la cotation. De l'autre côté, la société qui entre en Bourse, souhaite obtenir le prix le plus élevé possible parce que la vente d'actions lui rapportera plus d'argent. Les banques d'investissement de Wall Street tentèrent de persuader les dirigeants de Google qu'il était préférable de sous-estimer légèrement le prix de l'action. De cette manière, prétendaient-elles, les grands investisseurs trouveraient qu'il s'agissait là d'une bonne affaire et seraient plus enclins à acheter des actions ultérieurement, au cas où la compagnie aurait besoin de lever des fonds supplémentaires.

Quelques grandes sociétés de Wall Street contrôlaient la totalité du processus d'entrée en Bourse. Elles fixaient le prix initial de l'action, décidaient à quels investisseurs seraient allouées des actions et facturaient très largement leurs services. Larry et Sergey connaissaient les scandales qui agitaient Wall Street (à propos de pratiques parfois illégales, parfois contraires à l'éthique), et ils ne voulaient absolument pas être mêlés à un système qui leur semblait corrompu.

Ils se fiaient davantage aux équations mathématiques, aux logiciels et à la technologie qu'aux consultants de Wall Street qui étaient assoiffés d'argent. En fait, à l'ère d'Internet, ils avaient beaucoup de mal à comprendre pourquoi Wall Street continuait à lever des fonds pour les sociétés d'une manière aussi démodée, en utilisant les mêmes procédés depuis des décennies. C'était comme si, malgré les améliorations que pouvait apporter la technologie, Wall Street préférait continuer à faire des affaires comme elle l'avait toujours fait, en accordant plus d'importance aux relations et aux frais bancaires qu'aux intérêts des clients. Tant qu'aucune grande firme d'investissement ne changerait sa façon de procéder, aucune autre société ne serait obligée de le faire.

Du point de vue de Wall Street, il était rare d'avoir affaire à une société comme Google qui soit suffisamment puissante, arrogante et populaire pour tenter d'imposer ses propres règles d'introduction sur le marché. Dans la plupart des cas, les hommes d'affaires avaient besoin qu'on leur fasse de la publicité, qu'on les assiste, qu'on les conseille et qu'on leur donne un moyen éprouvé pour que les investisseurs écoutent leur baratin et les financent par la suite. Pour de telles mises en relation et de tels services, les sociétés étaient prêtes à payer des honoraires dont les consultants de Wall Street leur disaient qu'ils seraient prélevés sur les fonds levés par l'entrée en Bourse plutôt que directement sur les comptes des sociétés.

Cependant, dans la déclaration financière d'introduction en Bourse qu'il avait remplie auprès de la SEC[1], Google avait prévu une méthode totalement différente de distribuer des actions au public plus ouverte et plus égalitaire. Cela compenserait la tendance de Wall Street à sous-estimer le prix de l'action. Le processus impliquait une version high-tech de ce que l'on appelle dans le jargon boursier « une vente aux enchères hollandaise » (également appelée enchère au rabais) qui tirait son nom de la manière dont les horticulteurs fixaient le prix des tulipes en Hollande.

© Dunod – La photocopie non autorisée est un délit

1. L'équivalent américain de la COB, la Commission des opérations de Bourse.

De la même manière que Google vendait ses publicités selon le système d'une vente aux enchères automatique permanente, la compagnie fixerait le prix et vendrait ses actions en fonction des enchères faites en ligne par les investisseurs potentiels. Toute personne atteignant ou se situant au-dessus du prix de compensation fixé par Google pourrait acheter des actions. Tous ceux qui étaient en dessous de ce prix n'en recevraient pas. Les dirigeants de Google admirent plus tard qu'ils auraient préféré un système de vente aux enchères permanent sans prix fixe, mais le règlement de la SEC nécessitait que l'on fixe un prix d'introduction identique pour tous les investisseurs. Google, avant de recevoir des enchères électroniques de la part d'investisseurs qui placeraient des ordres par l'intermédiaire de maisons de courtage, annoncerait publiquement un prix minimum et un prix maximum, et inviterait les gens à enchérir avec cette fourchette comme repère. Les grands investisseurs, tout comme les petits, auraient le droit d'acheter des actions selon le même procédé. Il n'y aurait pas de favoritisme, pas d'actions réservées pour la famille et les amis et pas de prix préférentiel. Tout au contraire, même les novices avec peu d'argent à investir (et qui en général sont ignorés par Wall Street) pourraient participer à la vente aux enchères, pour peu qu'ils puissent acheter un minimum de cinq actions. Ce seuil plancher très bas était inhabituel et les maisons de courtage ne l'auraient pas autorisé si Google n'avait insisté.

Tout à coup, il apparut que des millions d'utilisateurs américains de Google qui n'avaient auparavant jamais participé à une introduction en Bourse pouvaient s'acheter une poignée d'actions, s'ils pouvaient se le permettre, sans se faire éliminer du jeu. C'était là toute la philosophie de Google. Brin et Page, même s'ils étaient réticents à l'idée d'introduire leur société en Bourse, décidèrent de le faire de la manière la plus populaire possible.

Brin et Page ne supportaient pas ce qu'ils considéraient comme un monopole de Wall Street, à savoir les frais bancaires. Toutes les sociétés facturaient les mêmes frais exorbitants, que les transactions soient faciles, difficiles ou bien normales. Toutes les firmes qu'ils avaient interrogées parlaient de frais de 7 % ; dans le cadre d'une introduction en Bourse de 2 milliards de dollars, elles allaient gagner 140 millions. En théorie, elles empochaient ces frais en compensation du risque qu'elles prenaient. Les firmes de Wall Street garantissaient aux sociétés qui entraient sur le marché qu'elles recevraient un prix spécifique pour leurs actions et elles étaient d'une certaine manière payées pour le risque qu'elles se retrouvent incapables d'écouler toutes les actions, pour une raison ou une autre. Mais en pratique, toutes les firmes faisaient payer les mêmes frais pour chaque transaction et se livraient à une prévente de grandes quantités d'actions. Cela ne paraissait pas logique à Larry et Sergey, particulièrement pour une action aussi enviée que celle de Google.

Les fondateurs décidèrent qu'ils rétribueraient Wall Street à un tarif inférieur de moitié à celui qui était habituellement en vigueur ; et si les maisons de courtage n'appréciaient pas, elles n'étaient pas obligées de participer. De plus, Brin et Page mirent au point des plans détaillés pour prendre le contrôle sur la fixation du prix et les allocations d'actions, sujets qui avaient fait scandale à Wall Street par le passé, et ils se réservèrent le droit d'annuler l'opération au tout dernier moment s'ils changeaient d'avis. Pour employer une litote, le tandem de Google envoyait le message suivant à Wall Street : « Vous pouvez crever ! » Si la société réussissait, cela pouvait réduire considérablement les frais et le rôle des intermédiaires dans les futures introductions en Bourse.

Larry et Sergey allaient aussi refuser de nommer quelqu'un au poste de président du conseil d'administration de Google lors de cette introduction. Le poste resterait tout simplement vacant. C'était complètement inhabituel, mais c'était pour Brin et Page un autre moyen de garder le contrôle. Le PDG, Eric Schmidt, ferait office de président du comité exécutif du conseil d'administration, ce qui lui permettrait de s'acquitter des charges légales obligatoires qu'implique toute introduction en Bourse. Brin et Page resteraient co-présidents et actionnaires majoritaires. Et tous les deux, assistés de Schmidt qu'ils contrôlaient de près, allaient gérer Google de concert. Ils nommeraient un président du conseil d'administration plus tard, éventuellement quand ils en auraient le temps.

Toutes les firmes de Wall Street qui rencontraient Google pour discuter de l'entrée en Bourse devaient signer un accord de totale confidentialité. Une fois que le Crédit Suisse, la First Boston et Morgan Stanley furent choisis pour assurer la cogestion de l'opération, Google leur demanda de signer un nouvel accord de confidentialité à chaque réunion. En plus de cela, Google leur révéla un minimum d'informations sur ses

© Dunod – La photocopie non autorisée est un délit

finances et sa gestion, les laissant dans l'ignorance aussi longtemps que possible. Google signala également à l'ensemble de Wall Street que les conséquences juridiques de fuites, sur n'importe quel sujet, avant ou après l'introduction en Bourse, seraient graves, ce qui amena les banques d'investissement et les avocats à se plaindre qu'ils n'avaient jamais vu personne d'aussi impossible à vivre que les gens de chez Google.

Entre autres choses, Larry et Sergey furent conseillés par leurs avocats de chez Wilson Sonsini Goodrich & Rosati, un cabinet prestigieux qui avait géré la quasi-totalité des grosses transactions entre la Silicon Valley et Wall Street ; on leur expliqua qu'une fois qu'ils auraient rempli les documents de la SEC concernant l'entrée en Bourse, il leur faudrait communiquer avec parcimonie et s'assurer qu'ils ne feraient rien pour vanter les mérites de l'action Google. Il ne semblait pas très logique à Brin et Page que pendant la « période de calme »[1] une tournée soit autorisée au cours de laquelle ils rencontreraient à huis clos les représentants de la haute finance, les investisseurs institutionnels et les poids-lourds de Wall Street, pour leur faire des présentations et répondre à leurs questions. En raison de leurs convictions égalitaires Brin et Page ne comprenaient pas pourquoi ils devraient donner un avantage à tous ces nantis aux quatre coins des États-Unis alors que les petits investisseurs (parfois d'ailleurs utilisateurs de Google) devraient se débrouiller par eux-mêmes ? Cette pratique égoïste semblait être une tradition à Wall Street, et ils avaient bien l'intention d'y mettre fin (ou du moins de l'infléchir) lors de leur introduction en Bourse. Ils révéleraient très peu de choses lors de cette tournée et donneraient accès à tout le monde aux mêmes informations concernant Google en les publiant sur Internet.

« Google n'est pas une société conventionnelle et nous n'avons pas l'intention qu'elle le devienne. »

C'est sur ces mots que commençait la lettre de Brin et Page qui accompagnait l'exposé des détails financiers du dossier obligatoire qui fut remis à la SEC la troisième semaine d'avril 2004. L'idée d'inclure une lettre sur la philosophie de Google écrite par les fondateurs et jointe à la déclaration obligatoire à la SEC avait été approuvée par Wilson Sonsini. Cette lettre fut immédiatement publiée en ligne, et toute personne

1. Laps de temps (*quiet period*) prévu pour laisser le marché évaluer « calmement » la vraie valeur de l'action avant la première cotation.

connectée à Internet pouvait en prendre connaissance. C'était le genre de chose que notre tandem avait décidé de faire, quelle que soit l'opinion de leurs investisseurs en capital risque, John Doerr et Michael Moritz. C'était Larry et Sergey qui avaient eu l'idée de cette lettre au départ. Ils voulaient montrer que Google avait une personnalité, que c'était une entreprise pas comme les autres. La plupart des sociétés qui entraient en Bourse remplissaient sobrement les documents de la SEC en y incluant des données financières et juridiques standard. Brin et Page voulaient capter l'attention du monde grâce à une lettre inhabituelle soulignant la culture d'entreprise de Google et exprimant leur vision du monde.

Inquiet des conséquences possibles de cette lettre qui mettait en garde Wall Street et tout investisseur en désaccord avec Brin et Page en lui conseillant d'aller voir ailleurs, Moritz se mit au travail. La veille de sa publication, il parvint à en arracher un exemplaire à Page. Il fit quelques modifications et lui donna un ton plus mesuré, édulcorant par ci, ajoutant des nuances sémantiques par là et, détail capital, donna davantage d'importance au rôle que le PDG Eric Schmidt jouerait dans la gestion de la compagnie.

Après avoir forcé Google à embaucher Schmidt, Doerr et Moritz ne voulaient surtout pas que son prestige apparaisse diminué aux yeux des investisseurs. Pour que l'avenir de la société soit envisagé avec confiance et que la première cotation atteigne un niveau correct, Doerr et Moritz savaient d'expérience que les investisseurs avaient besoin d'être convaincus que même si les fondateurs se chargeaient de l'innovation et cherchaient à changer le monde, un cadre expérimenté serait présent afin de veiller à ce que la société se concentre sur ses actionnaires, mette en place des garde-fous et soit gérée de manière saine.

Brin et Page déclaraient à plusieurs reprises dans cette lettre qu'ils avaient bien l'intention de ne rien changer à Google une fois la société cotée sur le marché. Par exemple, ils ne se prosterneraient pas devant l'autel des bénéfices trimestriels cher à Wall Street. Au lieu de cela, ils feraient ce qu'ils pensaient être le mieux pour Google à long terme.

« *Une équipe de direction qui se laisse distraire par une série d'objectifs à court terme est aussi absurde que quelqu'un qui est au régime et se pèse toutes les demi-heures,* écrivaient-ils. *Selon les mots de Warren Buffett : « Nous n'allons pas lisser » les résultats annuels ou*

© Dunod – La photocopie non autorisée est un délit

trimestriels : si les chiffres sont mauvais quand ils arrivent au siège de l'entreprise, ce sont des chiffres mauvais qui vous parviendront. »

Ils appelèrent cette lettre « Manuel de l'utilisateur à l'intention des actionnaires Google » et dirent qu'ils s'étaient inspirés des rapports annuels de Berkshire Hathaway, une très grosse compagnie d'assurances dirigée par un gourou de l'investissement, Warren Buffett. D'un simple coup de plume, Larry Page et Sergey Brin s'étaient associés dans l'esprit du public à Buffett, l'investisseur américain le plus talentueux de l'époque.

Google était une dot-com technologique qui, à la différence de ses rivaux (notamment Yahoo), ne possédait pas ou ne créait pas de contenus originaux, mais faisait des bénéfices en vendant de la publicité, ce qui est un trait caractéristique des médias. Dans leur lettre, les fondateurs décrivaient les plans de Google, qui comptait émettre deux types d'actions : les actions de classe A pour les investisseurs normaux (qui donnaient droit à une seule voix par action), et les actions de classe B (qu'ils se destinaient et qui donnaient droit à dix voix par action), ce qui leur donnait un contrôle absolu sur l'entreprise. Cette structure à deux classes empêchait tout rachat de la compagnie sans leur consentement, découragerait les investisseurs publics de chercher à influencer sa gestion et leur laisserait les coudées franches dans la gestion de la société. C'était pour eux le moyen idéal de rester maîtres à bord tout en permettant à Google de lever des milliards de dollars grâce à son entrée en Bourse.

Brin et Page justifièrent l'existence de ces deux classes d'action en comparant Google (qui avait six ans) à trois grands journaux américains, le *Washington Post*, le *New York Times* et le *Wall Street Journal* ; en effet, ces journaux avaient plusieurs classes d'actions qui étaient utilisées par les familles qui les contrôlaient afin de préserver l'indépendance éditoriale.

La lettre disait notamment : « *Il est probable que le principal effet de la structure adoptée est de donner à notre équipe, particulièrement à Sergey et à moi-même, une influence de plus en plus importante sur le sort de la société et les décisions qui y seront prises, au fur et à mesure que les actions de Google changeront de propriétaire. Nous pensons qu'un système à deux classes permettra à Google, une fois coté en Bourse, de conserver une grande partie des avantages dont jouit une compagnie privée.* »

Il manquait à la structure à deux classes qui était proposée un des ingrédients essentiels que Brin et Page avaient instillés au sein de Google pour maintenir l'éthique du travail de leurs employés : l'obligation de rendre des comptes. Pour dire les choses simplement, l'embauche de presque toutes les personnes qui postulaient chez Google devait être approuvée par Brin ou Page, qui insistaient même pour voir les résultats des tests. Les fondateurs, qui avaient le pouvoir ultime d'embaucher ou de licencier, n'avaient jamais été confrontés à un tel système de responsabilité quand ils géraient Google en tant qu'entreprise privée, et ils ne souhaitaient pas avoir à rendre des comptes à qui que ce soit sous prétexte que la société allait être cotée en Bourse. Cela signifiait qu'ils pouvaient renvoyer Eric Schmidt aussi facilement que le dernier informaticien qu'ils venaient d'embaucher.

Ils écrivaient également dans ce document : *« En tant qu'investisseur, vous misez à long terme sur notre équipe, ce qui peut s'avérer risqué. Nous pensons qu'une société qui fonctionne correctement devrait fournir un accès gratuit à une information honnête et pertinente. Google a par conséquent une responsabilité envers le monde. La structure à deux classes garantit que nous assumons cette responsabilité. »*

Brin et Page déclaraient qu'ils géraient Google avec une devise à l'esprit : « Ne faites pas de mal. » Et dans le domaine de la recherche, ils expliquaient ce que cela représentait pour eux.

« Nos résultats de recherche sont les meilleurs que nous sachions produire. Nous n'acceptons pas d'argent pour modifier ces résultats. Nous affichons aussi des publicités que nous identifions clairement et que nous tentons par tous les moyens de rendre pertinentes. Ceci est comparable à un journal où les publicités sont bien séparées des articles, qui ne sont pas influencés par les annonceurs. »

Avec cette déclaration empreinte d'une grande immodestie, ils balisaient leur terrain et critiquaient Yahoo et Microsoft, leurs principaux rivaux. Le tandem de Google accusait indirectement Yahoo (deuxième moteur de recherche aux États-Unis) de malhonnêteté car il acceptait des paiements de la part d'autres sites Web pour améliorer leurs chances de figurer en tête des résultats de recherche. Cette déclaration d'intention comportait un message sous-jacent : les résultats de recherche de Google étaient bons et purs, ceux de Yahoo étaient impurs.

Mais la distinction n'était pas aussi simple. Selon une étude réalisée par Pew Charitable Trusts, il s'avéra que la majorité des

© Dunod – La photocopie non autorisée est un délit

internautes ne se rendait même pas compte que les résultats de recherche de Google contenaient des publicités. Cela expliquait pourquoi bon nombre de personnes ne comprenaient pas la manière dont Google gagnait de l'argent. Selon cette étude, 62 % des utilisateurs de Google ne comprenaient pas la différence entre les résultats de recherche gratuits et les publicités qui s'affichaient sur le côté droit. Si plus de gens se rendaient compte que les petits encarts de texte étaient des publicités payées, ils seraient moins enclins à cliquer sur les liens, selon les experts en marketing. Les bénéfices de Google augmentaient plus rapidement en raison de l'ambiguïté de ce nouveau média.

En donnant à ces publicités le nom de « liens sponsorisés »[1], Google employait une terminologie peu précise. Ce terme évitait la mauvaise image attachée au mot « publicité » et produisait un plus grand nombre de clics. « Les publicités de Google sont exceptionnellement efficaces car la plupart des gens ne se rendent pas compte qu'il s'agit de publicités. Est-ce que cela est mal ? » demanda Alan Deutschman dans un article du magazine *Fast Company*.

Pour beaucoup, les commentaires de Google sur le bien et le mal paraissaient totalement intéressés et n'étaient qu'une façon de justifier ses agissements. Cependant, cette attitude classait à part la compagnie et attirait sur elle l'attention générale. Elle avait également une influence positive sur les employés actuels et futurs de Google. Beaucoup de ses ingénieurs les plus brillants avaient une conscience aiguë des problèmes philosophiques du bien et du mal. La technologie en elle-même pouvait être une force employée à bon escient ou bien tomber dans le côté obscur. D'instinct, les ingénieurs de talent étaient attirés par une société dont les valeurs morales allaient au-delà du discours sur l'accroissement des bénéfices et des parts de marché. En comparaison avec l'image « capitaliste-monopoliste » que d'interminables procédures judiciaires antitrust avaient associée à Microsoft et Bill Gates, la posture de Google avait un fort impact.

Les remarquables performances financières de Google qu'avait révélées le dossier remis à la SEC étonnèrent les analystes, les concurrents et les investisseurs. Ce moteur de

1. Dans la version française de Google, le terme « Sponsored Links » a été traduit par « Liens commerciaux ».

recherche rapide avait un certain penchant pour les bénéfices. Au cours du premier semestre 2004, la société enregistra un chiffre d'affaires de 1,4 milliard de dollars et des bénéfices de 143 millions, que l'on pouvait comparer au CA de 560 millions et aux bénéfices de 58 millions sur la même période en 2003. Cette trajectoire laissait penser que la croissance de la société était en pleine ascension. Si les résultats financiers dévoilés par la compagnie n'avaient pas été aussi étonnants, les paroles de Brin et Page n'auraient pas fait tant de bruit. Mais dans un monde où les gens écoutent plus attentivement les riches et les puissants que les pauvres et les faibles, les résultats financiers justifiaient les arguments employés par les fondateurs de Google. La firme avait décidé de rester privée à la fin des années 1990, alors que tant de compagnies Internet aux performances économiques médiocres avaient choisi d'entrer en Bourse. Google avait attendu le plus tard possible pour se révéler, et avait élaboré entre-temps une machine à faire de l'argent qui collectionnait la une des journaux et faisait saliver les investisseurs.

Brin et Page avaient suffisamment d'argent et d'idéalisme pour laisser de côté les aspects matériels concernant les finances de la société. Dans leur description des objectifs de Google, les entrepreneurs disaient qu'ils espéraient que sa prospérité et son ingéniosité serviraient à résoudre les grands problèmes de ce monde. « *Nous aspirons à faire de Google une institution qui rende le monde meilleur. Nous sommes en train de mettre en place la Fondation Google, et nous avons l'intention de lui attribuer des ressources significatives, notamment des moyens humains et approximativement 1 pour cent des bénéfices de Google. Nous espérons qu'un jour cette institution pourra éclipser Google lui-même en terme de notoriété planétaire.* »

Le document remis par Google à la SEC provoqua cependant des tensions. Dans une série de lettres confidentielles, les fonctionnaires de la SEC bombardèrent la société de questions sur les mécanismes de la vente des actions aux enchères et ils contestèrent la lettre philosophique des fondateurs en critiquant ses relents populistes.

« Veuillez modifier ou supprimer les déclarations suivantes : *"fourniture d'un service formidable pour le monde"*, *"faire des choses qui comptent"*, *"avoir un impact positif sur le monde"*, *"ne faites pas de mal"* et *"contribuer à un monde meilleur"* » écrivit la SEC à Google et à ses avocats. « Modifiez la section intitulée *"Contribuer à un monde meilleur"* pour décrire toutes

© Dunod – La photocopie non autorisée est un délit

les perceptions négatives ayant trait à vos produits, comme les problèmes relatifs à la vie privée du service Gmail. » La SEC avait aussi des dizaines de questions financières et juridiques, dont certaines sur des points qui auraient pu donner aux investisseurs une idée partielle ou inexacte des risques encourus par Google. « Votre déclaration sur l'irrecevabilité du procès intenté par Overture est une conclusion judiciaire que Google n'est pas qualifié à formuler » écrivit la SEC. « Veuillez modifier ou supprimer cette déclaration. »

La commission refusa d'accorder sa bénédiction à moins que des modifications ne soient apportées au document. Même si Google fit quelques concessions, Larry et Sergey n'étaient pas prêts pour autant à abandonner ce qui constituait sa marque de fabrique. Les fonctionnaires de la SEC n'appréciaient pas en particulier la manière familière dont les fondateurs, Schmidt et les autres étaient désignés : « Tout au long du document, vous appelez les dirigeants et les principaux actionnaires par leur prénom. Pour plus de clarté, veuillez modifier ce document en désignant ces personnes par leur nom complet ou leur nom de famille. » Larry et Sergey refusèrent.

Chapitre 17

Les play boys

Les ennuis commencèrent le 4 mai 2004, quelques jours seulement après l'annonce très médiatisée de l'introduction en Bourse. Geico, le géant de l'assurance automobile, intenta un procès au moteur de recherche pour contrefaçon de nom de marque. L'assureur prétendait que le système publicitaire de Google profitait illégalement de marques déposées par Geico. Puisque tous les revenus et la croissance de Google étaient dérivés de la publicité, la nouvelle de ce procès semblait de mauvais augure. « Nous sommes, et nous serons peut-être à l'avenir, poursuivis en justice pour des questions relatives à la propriété intellectuelle ; se défendre coûte de l'argent et nous allons peut-être devoir payer des dommages et intérêts, ce qui pourrait limiter notre capacité à utiliser certaines technologies » admettait Google dans un document public qui soulignait les risques potentiels. À l'étranger, où Google avait des perspectives de croissance prometteuses, des procès semblables virent également le jour. « Un tribunal français nous a déclaré coupable d'avoir permis à des publicitaires de sélectionner certains termes qui étaient des marques déposées comme mots-clés, déclara la compagnie. Nous avons fait appel de cette décision. Nous avons été également poursuivis à deux reprises en Allemagne pour des faits similaires. »

Pire encore, il s'avéra qu'avant l'annonce de son entrée en Bourse, Google avait assoupli sa politique de noms de marque aux États-Unis en permettant à des sociétés de diffuser des publicités contenant des marques dont elles n'étaient pas propriétaires. Il s'agissait là d'un changement significatif dont Google avertit qu'il pouvait augmenter le risque de procès contre la compagnie. Il s'agissait également d'une pratique que Yahoo, son rival dans le domaine des moteurs de recherches,

© Dunod – La photocopie non autorisée est un délit

interdisait. Google prétendit qu'il s'était livré à ces changements de politique afin de mieux servir les utilisateurs, mais certains analystes financiers estimèrent que cette modification semblait avoir été conçue afin de faire gonfler les bénéfices juste avant l'introduction en Bourse.

Et il y avait pire encore : la concurrence de Yahoo et de Microsoft devenait un défi de plus en plus grand pour Google à la suite de la révélation de ses bénéfices colossaux. Dans la mesure où de telles sommes d'argent étaient en jeu, l'intensité de la concurrence n'en serait que renforcée. Une telle concurrence était peut-être bonne pour les internautes qui faisaient des recherches, mais Google déclara qu'elle constituait un risque supplémentaire pour les actionnaires potentiels. « Si Microsoft ou Yahoo réussissent à fournir des résultats de recherche de qualité égale ou supérieure aux nôtres, ou s'ils arrivent à rendre leur plate-forme suffisamment performante pour que leurs services de recherche sur le Web soient plus faciles d'accès que le nôtre, il se pourrait que nous devions faire face à un déclin significatif de notre fréquentation » admettait Google. De plus, la société avertissait le public que le taux de croissance actuel semblait difficile à maintenir en raison de la concurrence et « du déclin inévitable de notre croissance au fur et à mesure que nos revenus augmentent et atteignent un niveau supérieur. »

Il y avait d'autre part le problème que Google dépendait exclusivement des recettes publicitaires, et qui plus est d'un type bien particulier de publicité, pour l'ensemble de ses revenus. Ceci pouvait constituer un réel problème. Si Yahoo ou Microsoft gagnaient du terrain dans le domaine de la recherche, les utilisateurs pourraient très bien se ruer sur leurs sites Web et les annonceurs suivraient. « La réduction des revenus des annonceurs ou leur perte pourraient très gravement porter atteinte à nos affaires » révélait la compagnie dans le document remis à la SEC.

Au début, la compagnie gagnait tout son argent à partir de publicités induites par des recherches faites sur Google.com. Mais désormais, l'essentiel de sa croissance et la moitié de son chiffre d'affaires provenaient avant tout du réseau grandissant de sites Web qui affichaient des publicités fournies par Google. Ce réseau constituait un atout important pour les succès financiers à venir de Google ; fonctionnant à la manière d'une chaîne de télévision qui fournit des publicités et des programmes à des réseaux affiliés, il donnait au moteur de recherche un avantage concurrentiel durable. Mais il y avait là aussi un inconvénient car des revenus substantiels provenaient d'une petite poignée de partenaires de Google, en particulier America Online et le moteur de recherche Ask Jeeves ; si, à un moment donné, ils quittaient Google pour faire affaire avec Microsoft ou Yahoo, la perte de revenus serait immense et difficile à remplacer. « Si l'une ou plusieurs de ces relations commerciales privilégiées venaient à prendre fin et n'étaient pas remplacées par une relation comparable, nos affaires en souffriraient énormément » admettait la compagnie.

Les petites publicités textuelles et discrètes de Google étaient un franc succès. Mais tout comme les principales chaînes de télévision et de câbles pâtissaient des innovations qui permettaient aux téléspectateurs de ne pas visionner les publicités, Google devait faire face au risque que les internautes puissent tout simplement éliminer l'affichage de ces publicités au cas où de nouvelles technologies émergentes le permettraient.

L'introduction en Bourse constituait également un grave risque pour la culture de Google. La vie au Googleplex était peu protocolaire. Larry et Sergey appelaient un grand nombre d'employés par leurs prénoms et continuaient à donner leur accord à un grand nombre de recrutements. Mais avec une croissance rapide et une introduction en Bourse, il faudrait mettre en place des systèmes et une gestion plus traditionnels. Il ne serait plus possible d'utiliser un logiciel de gestion pour PME afin de faire des économies et l'heure était maintenant venue des audits réalisés par de grandes sociétés de comptabilité. Au fur et à mesure qu'augmentaient le personnel et le chiffre d'affaires de Google, la plus grande inquiétude du PDG Eric Schmidt était d'arriver à ce que tout continue de fonctionner sans pour autant détruire la culture de Google.

Google, le nom qui était devenu un verbe, avait construit une franchise et un nom de marque respectés mondialement, uniquement à partir du bouche à oreille. Personne n'avait jamais rien fait de semblable à une si grande échelle. Certes, Internet avait joué un rôle important, mais les bénéfices de Google seraient grignotés si la compagnie était obligée de commencer à dépenser comme les autres de grosses sommes en publicité et en marketing afin de maintenir son image de marque. Le gourou du marketing, Peter Sealey, avouait en privé que les conseils qu'il avait donnés à Google d'étudier la perception par le consommateur de sa marque avaient été

© Dunod – La photocopie non autorisée est un délit

rejetés car la compagnie refusait de dépenser de l'argent pour le marketing.

« Ils sont technologiquement arrogants en ce qui concerne la nécessité de forger la marque et de communiquer avec les consommateurs, avait déclaré Sealey. Ces gars-là ne savent même pas ce que représente leur marque. Ce sont des programmeurs. »

Même si la pornographie sur Internet était une affaire lucrative, Google avait prétendu un temps qu'il ne faisait pas de publicités pour adultes. Avant l'introduction en Bourse, le système automatisé d'annonces publicitaires ne bloquait désormais plus la totalité de ces messages commerciaux, ce qui constituait un risque juridique supplémentaire. La compagnie risquait également d'être tenue pour responsable des publicités qu'elle affichait pour des produits pharmaceutiques, des services financiers, de l'alcool et des armes à feu.

Si l'on pouvait en juger par l'expérience d'autres compagnies récemment introduites en Bourse, il était fort possible qu'une fuite des cerveaux de Google se produise suite à son introduction. La manière généreuse dont Sergey et Larry avaient distribué les stock-options à leurs recrues tant que le moteur de recherche était encore une compagnie privée, ainsi qu'un système de restriction de revente de ces stock-options qui était plus souple que celui adopté habituellement, faisait qu'il était plus facile de toucher son dû et de quitter la compagnie. Dans la Silicon Valley, les nouvelles start up attiraient des gens qui avaient de telles compétences. Mais il se pouvait aussi que des centaines de millionnaires de Google perdent leur motivation et leur dynamisme. Est-ce que la compagnie pourrait créer à nouveau les motivations financières qui sont nécessaires au recrutement de jeunes talents, en l'absence des gigantesques profits qui avaient été récoltés par les premiers employés ? Et finalement que se passerait-il si Sergey et Larry décidaient que Google n'était plus un endroit si amusant et qu'ils partaient à la poursuite d'autres aventures ? « Si nous perdons les services d'Eric, de Larry, de Sergey ou de nos cadres supérieurs, nous ne serons peut-être plus capables de mettre en œuvre notre stratégie commerciale » avertissait la compagnie.

Et le pire dans tout cela, c'était que Google était la cible d'un procès intenté par la filiale de Yahoo, Overture, avec en jeu des milliards de dollars ; Overture accusait l'ensemble du système de publicité de Google de violer ouvertement ses brevets. La résolution de ce conflit s'avérerait au mieux coûteuse et obligerait la compagnie à payer des frais de licence très élevés à Yahoo, soit en une fois, soit de manière continue. Au pire, ce procès pourrait même forcer Google à rechercher une autre forme de publicité.

Entre-temps, la SEC avait entamé une enquête concernant les procédures internes de la compagnie. Google avait émis des quantités énormes d'actions et de stock-options sans les avoir enregistrées ou avoir révélé ses résultats financiers à ses employés actionnaires. Le fait que la SEC enquête pouvait être fatal pour une entreprise normale. Comment le service juridique de Google et ses avocats avaient-ils pu permettre une chose pareille ? D'après les suppositions des analystes, la réponse était que Larry et Sergey ne voulaient pas vraiment que leurs employés sachent combien la compagnie gagnait parce qu'il y aurait eu des fuites et que la concurrence aurait été mise au courant. Malgré les obligations légales, ils avaient donc bien caché leur jeu.

La méthode inhabituelle de vente aux enchères des actions lors de l'introduction en Bourse n'était pas non plus dénuée de risques. « Ce processus de vente aux enchères lors de notre introduction en Bourse pourrait provoquer un phénomène connu sous le nom de "malédiction du gagnant"[1], qui pourrait induire des pertes significatives pour les investisseurs, avait averti la compagnie. Les personnes qui remportent les enchères pourraient bien penser qu'ils ont payé trop cher les actions et chercher à les revendre immédiatement afin de limiter leurs pertes au cas où le prix de nos actions viendrait à décliner. »

Au moment où le marché boursier entrait dans sa période creuse de l'été et où la SEC continuait de faire une enquête sur la vente aux enchères peu orthodoxe de Google, les spéculations allaient bon train : beaucoup pensaient que le géant des moteurs de recherche ferait ce qui paraissait logique, à savoir attendre que le Labor Day[2] soit passé pour entrer en Bourse. Le but étant de lever des milliards de dollars personne ne se serait risqué à tenter ce type de transaction peu conventionnelle en

1. "Winner's curse".
2. La fête du travail qui a lieu le premier lundi de septembre.

© Dunod – La photocopie non autorisée est un délit

août, période pendant laquelle Wall Street était traditionnellement en sommeil. Les banquiers d'investissement partaient pour les plages de Long Island, Martha's Vineyard et d'autres endroits plus exotiques puisque peu de décisions conséquentes se prenaient à ce moment-là. Les principaux clients, y compris les compagnies et les investisseurs, étaient généralement en vacances eux aussi à cette période-là.

Mais Larry et Sergey n'étaient pas comme les autres. Ils trouvaient que tout ce processus d'introduction en Bourse leur faisait perdre leur temps et les détournait du moteur de recherche. Plus vite ils auraient terminé cette transaction et plus vite les choses reviendraient à leur cours normal. Ils insistèrent donc pour presser le pas, au moment même où les problèmes surgissaient les uns après les autres, pendant cet été 2004, faisant à Google une mauvaise publicité qu'il n'avait jamais connue depuis sa création.

Un esprit rationnel aurait pu penser que la conjugaison d'un marché boursier peu performant pour les valeurs technologiques, de la période creuse de l'été et du climat hostile à Google qui donnait l'apparence d'une compagnie mal gérée, imposait de reporter l'introduction en Bourse quelques mois plus tard à l'automne, après que le soufflé soit retombé. Brin et Page, cependant, craignaient que la réputation de Google ne souffre encore davantage au moment où les firmes de Wall Street, ses concurrents et les analystes trouveraient erronées les projections faites par la compagnie ou bien encore sa fourchette de prix trop élevée, entre 110 et 135 dollars par action, soit environ 150 fois le bénéfice par action. Ce projet de fourchette de prix s'attirait également des critiques dans la mesure où il rappelait la bulle technologique du début du siècle à ceux qui avaient vécu l'effondrement des valeurs technologiques quelques années auparavant. Et malgré les efforts consentis par Google pour attirer des particuliers, son système d'enchères était complexe. Il nécessitait que les actionnaires individuels ouvrent des comptes auprès de certains établissements et suivent tout un ensemble bien spécifique de règles difficiles à déchiffrer et qui étaient particulièrement délicates pour les novices. Les fondateurs souhaitaient que l'introduction en Bourse soit terminée le plus tôt possible, et qu'elle mette fin à toute cette mauvaise presse.

Au cours de ces mois de l'été 2004, Google semblait de plus en plus vulnérable. Son arrivée en Bourse était couverte par la presse de manière si étroite qu'il en résultait une exagération de la moindre erreur, ou du moindre risque potentiel. Tout ceci contribuait à affaiblir le message original des fondateurs selon lequel les investisseurs qui voulaient avoir une part dans Google devaient faire confiance à Larry et Sergey, attitude qui semblait de plus en plus risquée. Pour une compagnie qui avait jusqu'à présent réussi à gérer son image à la perfection, la réputation du tandem de Google commençait à se fissurer.

À Wall Street, certaines sociétés décidèrent que cette transaction ne valait pas le coup. Merrill Lynch se retira de l'affaire sans la moindre explication, ce qui rendit les clients institutionnels et les particuliers plus prudents sur l'action. Ce retrait fut l'un des facteurs (mais pas le seul) qui amenèrent finalement certains analystes et conseillers financiers à recommander à leurs clients de rester à l'écart le jour où Google serait effectivement introduit en Bourse, et de décider ensuite une fois que l'échange des actions aurait commencé s'ils souhaitaient ou non investir. Les craintes se répandirent également sur le fait que dans un environnement de mise aux enchères en surchauffe, ceux qui achetaient des actions lors de l'introduction pourraient payer un prix très élevé, ce qui ne laisserait pas d'autre alternative qu'une baisse du cours par la suite.

Mais avant même que ce jour arrive, de nouveaux problèmes surgirent à l'esprit des investisseurs, qui commençaient à douter que Google soit vraiment prêt pour jouer un rôle important en tant que compagnie cotée.

Au moment où les médias faisaient constamment état des enquêtes de la SEC, des problèmes juridiques et du risque que le système de mise aux enchères aboutisse à un prix astronomique lors de l'introduction, certains se demandaient sérieusement si Google parviendrait à mener à bien cette transaction. À ce stade, il importait peu que ce soit la croissance rapide de Google qui pose problème, ou que tous les aspects des lois concernant la vente d'actions n'aient pas été respectés ou bien encore qu'une campagne à Wall Street cherche à jeter le trouble autour de l'arrivée de Google sur le marché. Depuis avril, date à laquelle Google avait rempli les documents pour son introduction en Bourse, l'humeur avait changé. À l'époque, le nom de la marque était au-dessus de tout soupçon. À présent, on émettait des doutes. Il y avait une pléthore de rumeurs laissant croire que les actionnaires, grands ou petits, ne participeraient pas à la vente aux enchères et que la demande pour les actions de Google serait tellement

© Dunod – La photocopie non autorisée est un délit

basse que la compagnie pourrait être obligée d'annuler complètement cette transaction. La confiance accordée à l'équipe de direction de la compagnie plongea au plus bas. Certains analystes accusèrent Morgan Stanley et le Crédit Suisse First Boston d'avoir poussé Google à fixer une fourchette de prix initiale trop élevée. Quelle qu'en fût la cause, Google battait en retraite.

Et au moment même où on se demandait quel autre problème pourrait bien rencontrer cette introduction en Bourse de Google, le magazine *Playboy* publia une grande interview de Larry et Sergey sous le titre « Les gars de chez Google ». Selon les règles du marché boursier, cet entretien pouvait constituer une violation de la période de silence médiatique. Le loupé que constituait cette affaire *Playboy* suscita de nouveaux doutes quant à la compétence et à la maturité des dirigeants de Google. Après tout, *Playboy* ça n'était pas exactement le *Wall Street Journal* ou *Business Week*, qui étaient au cœur du territoire médiatique traditionnel des entreprises américaines à succès. *Playboy*, plus connu pour les playmates qui posaient nues dans ses pages centrales que pour ses articles, avait réalisé cette interview quelques mois auparavant en avril et avait choisi de la publier en plein milieu de la tempête de Google, afin de s'attirer un maximum de publicité.

Si certaines personnes choisirent de s'en amuser, les principaux investisseurs de la compagnie étaient absolument fous furieux. La SEC, qui se livrait déjà à une enquête sur Google concernant le fait qu'il n'avait pas enregistré ses actions, devait désormais décider s'il fallait sanctionner la compagnie en raison d'une violation de la période de silence qui lui était imposée. Pour répondre à cette question, les avocats de la SEC seraient obligés de lire l'interview. Les imitateurs et les principaux dessinateurs humoristiques s'en donnèrent à cœur joie à l'idée de voir des avocats du gouvernement devant compulser des numéros de *Playboy* en faisant semblant de ne pas regarder les photos mais en lisant attentivement l'interview. Est-ce que l'on pouvait faire confiance et confier des milliards de dollars à ces gars de Google qui semblaient tous les jours être embarrassés par de nouvelles révélations ?

David Sheff, le conseiller de rédaction de *Playboy* qui était chargé de l'interview, écrivit que lorsqu'il arriva au Googleplex « Brin était effectivement en train de s'amuser, tout en sueur à la suite d'un match de volley qu'il venait de jouer en extérieur. On venait tout juste d'aller le chercher sur le terrain de volley, il n'avait même pas ses chaussures et il parlait de toutes ces questions avec beaucoup de sérieux tout en picorant de temps en temps une salade. Pendant toute notre conversation, Brin et Page (qui lui avait des chaussures) ne se sont que très rarement assis. Au lieu de cela, ils se levaient, ils se penchaient en arrière dans leur fauteuil, ils montaient sur leur fauteuil et ils déambulaient devant les fenêtres de la salle de conférence. Il est apparemment impossible de rester assis calmement quand on a pour mission de changer le monde. »

PLAYBOY INTERVIEW: **GOOGLE GUYS**

A candid conversation with America's newest billionaires about their oddball company, how they tamed the web and why their motto is "Don't be evil"

Just five years ago a googol was an obscure, unimaginable concept: the number one followed by 100 zeros. Now respelled and capitalized, Google is an essential part of online life. From American cities to remote Chinese villages, more than 65 million people use the Internet search engine each day. It helps them find everything from the arcane to the essential, and Google has become a verb, as in, "I Googled your name on the Internet and, uh, no thanks. I'm not interested in going out Friday night."

In addition to being the gold standard of Internet search engines, Google is setting a new example for business. It's difficult to imagine Enron or WorldCom with a creed similar to Google's: "Don't be evil," a motto the company claims to take seriously.

This maxim was perhaps most apparent in May when the company announced it was going public. Google founders Sergey Brin and Larry Page explained their lofty ambitions. "Searching and organizing all the world's information is an unusually important task that should be carried out by a company that is trustworthy and interested in the public good," they wrote in an unprecedented letter to Wall Street. With the release of the letter, Newsweek reported, "The century's most anticipated IPO was on, and the document, revealing the search giant's financial details, business strategy and risk factors, instantly eclipsed Bob Woodward's Iraq book as the most talked about tome in the nation."

Page, 31, is the son of Carl Page, a pioneer in computer science and artificial intelligence at the University of Michigan. Larry was surrounded by computers when he was growing up and once built a programmable ink-jet printer out of Legos. Reticent but wide-eyed and reflective, he is Google's clean-cut geek in chief, the brilliant engineer and mathematician who oversees the writing of the complex algorithms and computer programs behind the search engine. His partner, Brin, 30, is a native of Moscow, where his father was a math professor. As Jews, the Brins were discriminated against and taunted when they walked down the street. "I was worried that my children would face the same discrimination if we stayed there," his father told Reuters. "Sometimes the love for one's country is not mutual." The family emigrated to the U.S. when Brin was six. A part-time trapeze artist, Brin is the company's earnest and impassioned visionary—a quieter, nerdier Steve Jobs. Early on, when Google CEO Eric Schmidt was asked how the company determines what exactly is and is not evil, he answered, "Evil is whatever Sergey says is evil."

Page and Brin met as graduate students at Stanford University. After years of analyzing the mathematics, the computer science and the psychological intricacies involved in searching for useful information on the ever-growing World Wide Web, they came up with the Google search engine in 1998. It was far superior to existing engines, and many companies, including Yahoo and MSN, licensed it. (Yahoo recently severed its ties with Google, introducing its own search engine. Bill Gates, who once admitted that "Google kicked our butts" on search-engine technology, has announced that Microsoft will launch its own search engine next year.) With its simple design and unobtrusive ads, Google has quickly become one of the most frequented websites on the Internet, and the company is one of the fastest growing in history. The financial press has estimated that after the initial public offering, Google will be valued at $30 billion, and Brin and Page, each of whom owns about 15 percent, will be worth more than $4 billion apiece.

The two are unlikely billionaires. They seem uninterested in the accoutrements of wealth. Both drive Priuses, Toyota's hybrid gas-and-electric car. It is impossible to imagine them in Brioni suits. Brin often wears a T-shirt and shorts. Page usually dresses in nondescript short-sleeve collared shirts. Both rent modest apartments. Their only indulgences so far fall into the realm of technology, such as Brin's Segway Human Transporter, which he occasionally rides around the Googleplex, the company's Silicon Valley headquarters. (Page often scoots around on Rollerblades or rides a bike.) Page bought a digital communicator that employs voice-recognition technology to place phone calls. Both men are notorious workaholics, though The Wall Street Journal, which uncharacteristi-

PHOTOGRAPHY BY ©KIM KULISH

LARRY PAGE: "People were checking out who they were dating by Googling them. I think it's a tremendous responsibility. You have to take that very seriously."

SERGEY BRIN: "Any web mail service will scan your e-mail. It scans it in order to show it to you. We are very up-front about it. That's an important principle of ours."

PAGE: "The amazing thing is that we're part of people's daily lives, just like brushing their teeth. It's just something people do. It's quite remarkable."

BRIN: "The solution isn't to limit the information you receive. Ultimately you want to have the entire world's knowledge connected directly to your mind."

55

Une interview de Larry et Sergey publiée dans Playboy quelques jours avant l'introduction en Bourse suscita une enquête visant à déterminer si Google avait violé les règles du marché boursier.

© Dunod – La photocopie non autorisée est un délit

Globalement, on peut dire que Wall Street se faisait un malin plaisir de déprécier la valeur de la transaction, et il semblait peu probable, étant donné la faiblesse des valeurs technologiques et la demande timide pour les actions de Google, que la compagnie puisse opérer son introduction en Bourse dans cette fourchette élevée de 110 à 135 dollars qui avait été annoncée par les compagnies d'investissement. Il y avait également d'autres questions qui gênaient un peu les investisseurs potentiels. L'obstacle le plus conséquent, c'était ce conflit juridique toujours en cours entre Google et Yahoo concernant les brevets du système publicitaire.

Voulant à tout prix que la transaction se fasse, John Doerr et Michael Moritz, les deux principaux capital-risqueurs de la firme, firent entendre leur voix et demandèrent à ce que Google règle à l'amiable son conflit avec Yahoo. Google proposa à Yahoo 2,7 millions d'actions s'il acceptait d'abandonner les poursuites. Le monde ne saura jamais jusqu'à quel point Google avait été dans l'illégalité en plagiant le système de publicité d'Overture. Ce règlement à l'amiable coûta à Google des centaines de millions de dollars d'actions, mais il permit de mettre fin à l'incertitude qui planait toujours concernant son entrée en Bourse. « On ne peut pas vraiment considérer qu'il s'agit d'un règlement à l'amiable pour régler un problème. Il s'agit plutôt de la part de Google d'une reconnaissance effective de la violation des brevets » déclara David Rammelt, un avocat qui était opposé à Google dans un autre procès concernant des noms de marque. Dans les documents déposés au tribunal, Google prétendit qu'il n'y avait pas eu contrefaçon des brevets.

À la vue de tous ces problèmes, l'équipe envisagea de repousser l'introduction en Bourse à l'automne. « Il y a eu une brève discussion en août concernant les avantages et les inconvénients de repousser, déclara Moritz. La question sur laquelle nous nous penchions sérieusement, c'était de savoir s'il valait mieux attendre jusqu'à octobre 2004. Nous avons finalement décidé d'y aller, pour en terminer et nous concentrer sur les exigences énormes et incessantes de l'activité commerciale quotidienne. Personnellement, je pense que nous avons pris la bonne décision. Sinon, cela aurait été une marche funèbre de trois mois qui nous aurait détournés de nos objectifs. »

Puisque Sergey et Larry ne souhaitaient pas que ce douloureux processus d'introduction en Bourse traîne un jour de plus qu'il était nécessaire, le sort de la compagnie était entre les mains de la SEC à Washington. « La SEC lit beaucoup *Playboy* en ce moment » s'amusa Tom Taulli, auteur d'un livre sur les entrées en Bourse. Est-ce que les avocats de la commission concluraient que l'introduction de Google devait être annulée ou retardée ?

Pendant ce temps-là en Californie, les avocats de Google de chez Wilson Sonsini donnèrent leur accord pour une solution possible : ajouter l'interview de *Playboy* en tant qu'annexe au document officiel de demande d'introduction en Bourse déposée auprès de la SEC et l'inclure dans les documents officiels mis à la disposition des investisseurs. Ce stratagème se conformait au principe de base de la SEC selon lequel le fait de révéler des informations aux investisseurs réglait un grand nombre de problèmes. Et heureusement pour Google, ce stratagème fonctionna. Tout en se réservant le droit de se livrer à d'autres enquêtes concernant l'affaire *Playboy*, les avocats de la SEC décidèrent que le fait de révéler cette histoire dans le cadre des documents déposés par Google et de corriger certaines inexactitudes dans l'article serait suffisant pour qu'on puisse continuer le processus.

Google était donc enfin prêt à accepter les enchères des investisseurs, à fixer un prix unique pour l'action et à démarrer tout le processus. Mais la fourchette de 110 à 135 dollars par action s'avéra un peu trop gourmande. Toutes les révélations dommageables faites à propos de Google, une baisse de 40 % du prix des autres valeurs technologiques et les règles complexes du système de vente aux enchères déprimèrent la demande pour ces actions. La manière dont Google avait été éreinté par la presse et les journalistes spécialisés dans le domaine de la finance avait aussi certainement joué un rôle.

Afin de faire remonter la confiance, Doerr et Moritz prirent deux décisions supplémentaires : ils firent baisser la fourchette de prix de 85 à 95 dollars par action, ce qui était suffisamment bas pour faire remonter la demande et redonner confiance en Google, puisqu'il était probable qu'on assisterait le jour de la mise sur le marché à une montée de l'action, rassurant ainsi les investisseurs. Et de peur que l'on ne considère cette introduction comme un coup d'état désespéré, la firme de Doerr (Kleiner Perkins) et celle de Moritz (Sequoia Capital) changèrent de cap en conservant la totalité des actions de Google qu'elles avaient prévu de vendre ; cela envoyait le signal

© Dunod – La photocopie non autorisée est un délit

que les investisseurs avisés s'attendaient à une montée du cours des actions de Google.

Enfin, après davantage de gros titres qu'aucune autre mise sur le marché n'en avait eus pendant des années, l'entrée en Bourse de Google, dont le symbole de l'action était GOOG, eut lieu à 85 dollars par action sur le NASDAQ le 19 août. Les 19,6 millions d'actions ne purent pas être vendues dès 9h30 du matin à l'ouverture du marché parce que la demande était supérieure à l'offre pour le nombre relativement faible d'actions offertes. Quand la vente commença effectivement à 11h56 du matin, la valeur de l'action bondit de 15,01 dollars à 100,01 dollars. L'introduction en Bourse permit de lever 1,67 milliards de dollars et donna à la compagnie une valeur initiale sur le marché de 23,1 milliards de dollars. Les firmes de Wall Street qui géraient de concert cette transaction, Crédit Suisse First Boston et Morgan Stanley, reçurent moins de la moitié de leurs honoraires habituels.

Le 19 août 2004, jour de l'introduction en Bourse de Google, Larry Page préside la cérémonie d'ouverture du NASDAQ.

Soudain, Google se retrouvait avec une valeur sur le marché boursier supérieure à celle de beaucoup d'entreprises qui étaient bien plus anciennes et établies de longue date. Certains investisseurs qui avaient acheté des actions lors de cette introduction en Bourse, les revendirent rapidement en empochant au passage une coquette somme. Ce processus novateur de vente aux enchères atteint au bout du compte l'un de ses deux buts : la compagnie, et non pas Wall Street, avait gardé le contrôle en allouant des actions de manière équitable en fonction des enchères des investisseurs. Cette approche plus égalitaire évitait les scandales qui avaient secoué Wall Street ces dernières années, où des introductions les plus juteuses avaient été réservées à quelques personnes triées sur le volet. Ce que cette vente aux enchères ne réussit toutefois pas à obtenir, c'était un prix supérieur pour l'action de Google ; en vendant des actions à 85 dollars, la compagnie laissait une grande quantité d'argent sur la table. Si l'introduction avait été plus sereine, si le processus d'enchères avait été plus simple ou si Google n'avait pas tant insisté pour que la transaction ait lieu en août, on aurait réussi à atteindre un prix de départ plus élevé et la compagnie aurait été capable de mettre davantage d'argent sur son compte en banque.

Le jour de l'introduction en Bourse, Sergey Brin arriva au travail au Googleplex, ce qui était un signe que la compagnie continuait à se préoccuper des projets en cours. Son coprésident et cofondateur de 31 ans alla à New York où il rejoignit le PDG Eric Schmidt et le capital-risqueur John Doerr lors de cérémonies marquant l'ouverture de la vente des actions. Page et Schmidt prirent leur petit-déjeuner avec les fonctionnaires du NASDAQ juste avant l'ouverture, au cours de laquelle Page, en dépit du fait qu'il devenait milliardaire sur le papier le matin même, semblait quelque peu distant et en dehors de tout ce qui se déroulait autour de lui. « Ce sera intéressant de voir ce qui se passe » avait-il dit en réponse à des préambules faits par des fonctionnaires officiels. Ayant l'air peu à l'aise en costume et cravate selon le magazine GQ, Page réussit à s'asseoir dans une assiette remplie de crème fraîche, salissant ainsi son pantalon que des employés de Google l'aidèrent à essuyer. « Ce sont des choses qui arrivent, dit Schmidt. Nous en avons vu d'autres. »

Pour Brin et Page, ce long chemin ayant pour but l'introduction en Bourse arrivait enfin à son terme. Ils avaient procédé à leur manière et avaient bel et bien réussi à briser le cartel de Wall Street. Ils pouvaient de nouveau se concentrer sur la gestion de leurs affaires. Toutefois, flanqués d'actionnaires qu'ils n'avaient jamais rencontrés, les fondateurs devaient rendre des comptes au public, situation qu'ils n'avaient jamais connue auparavant.

L'introduction de Google en Bourse constitua un tournant dans les relations entre la Silicon Valley et Wall Street. Larry et Sergey avaient réussi l'une des plus grandes opérations qui

© Dunod – La photocopie non autorisée est un délit

ait jamais été faite, tout en gardant le contrôle de l'ensemble du processus et en gagnant le respect des chefs d'entreprise qui avaient eux-mêmes dû passer sous les fourches caudines de Wall Street. Tout le monde s'interrogeait : était-ce l'aube d'une nouvelle ère pour ce type de transaction concernant les compagnies technologiques, ou bien s'agissait-il tout simplement d'un signe supplémentaire du caractère unique et de la puissance de cette entreprise ? Peu d'autres compagnies auraient réussi leur introduction en Bourse en août en devant faire face à une telle pression. Quant à Larry et Sergey, ils poussèrent un soupir de soulagement. Ils savaient que rien ne serait plus pareil, étant donné les divers problèmes juridiques qui planaient désormais sur une compagnie cotée. Mais au moins, on avait une chance de voir la vie à l'intérieur du Googleplex revenir à la normale et retrouver sa gaîté. Quelques jours plus tard, Larry et Sergey prenaient la direction de Burning Man, ce qui constituait selon leurs amis, un signe qu'en dépit d'être devenus milliardaires, les gars de Google n'avaient apparemment pas changé.

Chapitre 18
Chez Charlie

Le jour de l'introduction en Bourse de Google, Sergey et les autres au Googleplex célébrèrent l'événement en dévorant des kilos de l'excellente glace de chez Ben & Jerry's. Personne ne savait quelle friandise inhabituelle les attendrait au travail pour célebrer l'événement. Traditionnellement, les compagnies servent du champagne, les bouchons sautent à qui mieux mieux et il y a de grands discours plein d'émotion sur les brillantes perspectives de la compagnie. Mais chez Google, on faisait les choses autrement. Sergey était tout aussi surpris que tous les autres d'assister à ce bar qui dura toute la journée et où l'on servait de la glace, puisque cette décision n'émanait pas du tout de lui. En fait, l'appel avait été fait par le ministre officieux des affaires culturelles de Google. Son nom n'apparaît pas dans les documents officiels qui contiennent la liste des cadres les plus importants de la compagnie, mais ses contributions ont joué un rôle très important dans la formation de l'environnement productif, agréable et nourrissant au sens éducatif du terme de la compagnie. « La glace c'était quelque chose de marrant, un truc du genre humoristique, et ce n'était pas du tout ce à quoi les gens s'attendaient » disait à ce propos Charlie Ayers, le chef cuisinier principal de Google.

En 1998, à l'époque où Google avait moins d'un an et ne comptait qu'une dizaine d'employés dans un bureau très exigu au centre ville de Palo Alto, Sergey rencontra Charlie Ayers pour lui proposer de devenir le chef cuisinier de la société. Selon Brin, le fait que l'on serve chez Google des repas gratuits et sains à la fois, c'était pour les employés ce qui allait différencier Google d'autres entreprises. Ayers avait déjà été le cuisinier de Grateful Dead, un groupe qui était célèbre pour avoir des fans qui lui vouent un véritable culte, et le fait qu'il ait travaillé avec des groupes de rock rehausserait le prestige

© Dunod – La photocopie non autorisée est un délit

de Google quand il essaierait de recruter des ingénieurs. Mais lors de l'entretien entre Ayers et Brin, la conversation paraissait un peu loufoque. Il n'y avait pas assez d'employés chez Google pour justifier le fait qu'on l'embauche. L'avenir de la compagnie était incertain. Et cette start up technologique qui était sans le sou n'avait certainement pas d'argent à gaspiller. Leur conversation fut très directe.

« C'était du style, "Sergey, t'as besoin d'un chef ?" » se rappelle Ayers.

« Il va y avoir des dizaines de milliers de gens, déclara Brin. On a besoin d'un chef. »

« T'as même pas de cuisine » rétorqua Ayers.

Et sur ces mots, Ayers dit adieu à Brin et retourna joyeusement à son boulot de chef de cuisine personnel pour une famille aisée qui ne l'appréciait pas à sa juste valeur. Il lui faudrait trouver une autre porte de sortie. Mais huit mois plus tard, Ayers entendit dire que Google était en train de passer des entretiens d'embauche pour des chefs et donnait l'occasion de s'exprimer dans des épreuves sélectives. Pour attirer les candidats, Google avait mis une annonce sur son site web.

CHEF CUISINIER - LES GOOGLERS ONT FAIM !

L'une des compagnies Internet les plus actives, les plus excitantes et à la croissance la plus rapide de la Silicon Valley recherche un chef novateur et expérimenté qui puisse gérer tous les aspects de la cafétéria sur le site de Google. Ce travail implique la responsabilité de la gestion de la cafétéria, de la planification des menus à la présentation finale. Le chef expérimenté qui sera choisi doit être créatif et doit également faire des menus qui soient sains pour les Googlers. Il s'agit là d'un groupe de gens qui sont des fines gueules, ont beaucoup voyagé et recherchent des délices épicuriens.

C'est le seul boulot de cuisinier dans lequel on donne des stock-options !

À ce moment-là, Google avait déjà environ 45 employés et avait déménagé ses bureaux à Mountain View. Avant qu'Ayers aille lui-même jeter un coup d'œil pour s'assurer de ce qui se passait, la compagnie avait déjà essayé 25 chefs et les avait tous refoulés. Ayers, qui se morfondait toujours dans son emploi, avait l'esprit ouvert et était prêt à partir, à changer de direction. Au moins, Sergey et ses employés semblaient des gens sympas et marrants. Et il n'y avait aucun autre endroit où ils pouvaient manger près des bureaux si ce n'était au McDonald et chez Krispy Kreme.

« Je suis entré et j'ai jeté un coup d'œil ; il y avait une petite cuisine équipée à l'électricité vraiment ancienne, se rappelle Ayers. J'ai dit, "Y'a rien à faire, on pourra rien faire tant qu'on n'aura pas une vraie cuisine" Ils ont dit, "Ne t'inquiète pas. Tu auras la meilleure cuisine." Sergey était absolument intraitable en ce qui concernait le service de la nourriture et le fait de pouvoir garder les employés sur le campus, de manière à augmenter la productivité et à les encourager à venir chaque jour sans qu'ils sachent ce qu'ils allaient manger. Je n'affichais le menu que dix minutes avant l'heure du repas de midi ; ils voulaient des hamburgers, des hot-dogs, des burritos. C'étaient des gamins. Je leur ai dit "On m'a embauché pour faire quelque chose d'autre : pour vous donner des nourritures organiques éclectiques et qui sont vraiment saines." Je les ai vraiment convertis à la nourriture bio. La première fois que je les ai rencontrés, Sergey a parlé de sauver le monde et de tout un tas d'idéaux. Je lui ai dit "Ça, ça correspond tout à fait à ce que vous voulez faire." Tout le monde là-bas ne connaissait la nourriture que du point de vue du consommateur. Je savais de quoi je parlais. Moi j'étais prêt à leur faire changer de direction et les défis m'ont toujours plu. »

Embauché le 17 novembre 1999, Charlie Ayers devint l'employé de Google numéro 56. Comme beaucoup de ceux qui ont rejoint la compagnie aux premières heures, il a accepté d'être moins bien payé. À 33 ans, il se comptait parmi les plus âgés de la société. La plupart des autres n'avaient pas encore dépassé la trentaine. Sergey et Larry voulaient que la nourriture soit saine et gratuite pour tout le monde. Il s'agissait là d'un avantage en nature qui avait sa raison d'être : il permettrait aux gens de rester tout près les uns des autres et de leurs bureaux, tout en les empêchant de développer une mauvaise hygiène alimentaire qui diminuait leur productivité ; cela faisait aussi gagner du temps car ils n'avaient pas à sortir pour prendre un repas à l'extérieur et à s'inquiéter de la façon dont ils pouvaient le faire ; enfin, cela créerait un sens de la convivialité. Six mois et des milliers de repas plus tard, Ayers

© Dunod – La photocopie non autorisée est un délit

était épuisé, il nourrissait les Googlers et il débarrassait tout, tout seul. « Je leur ai dit,"Les gars vous êtes en train de me tuer. " Ils m'ont dit, " Tu fais la nourriture uniquement pour 50 personnes par jour. " Et je leur ai dit : "Est-ce que vous, vous avez déjà fait des repas et débarrassé la table pour 50 personnes par jour ?" »

Le très populaire cuisinier Charlie Ayers, dont la cuisine était à la fois délicieuse et diététique et qui symbolisait la culture de l'amusement chez Google.

Cependant, il flottait dans l'air un parfum spécial, et le chef cuisinier Charlie se plaisait dans cette ambiance. La motivation des employés était au plus haut, chacun savait pourquoi il était là et avait un grand sens du travail en équipe. C'était une famille qui travaillait, et c'était lui qui mettait la nourriture sur la table. Ils appréciaient son travail. Autour de la table, il jouait le rôle du vieil oncle avec qui Sergey, Larry et les autres aimaient bien parler. Il les connaissait par leur prénom. Et au fur et à mesure que la société se développait, Sergey tint sa promesse et donna à Charlie la liberté d'embaucher des cuisiniers supplémentaires pour l'aider dans la cuisine. « L'énergie était palpable, se rappelle Ayers. Ils étaient tous concentrés et vraiment dans leur truc ; ils n'avaient qu'un but : assurer le succès de cette société. Leur attitude, c'était "Regardez ce que nous avons fait" et non pas "Regardez-moi. " C'était vraiment un travail d'équipe. Un jour ils ont dit "On va se faire une petite fête avec les câbles ce week-end". Moi je ne savais pas de quoi il s'agissait. Je suis allé au centre de données de San Jose et je me suis retrouvé avec toute l'équipe par terre en train de tirer des câbles. Tout le monde s'y est mis. »

Lorsque Google déménagea dans son siège permanent de Mountain View en janvier 2004, la compagnie était déjà connue pour les repas gratuits et fantastiques qu'elle fournissait à ses employés qui étaient jeunes, pour la plupart célibataires, et qui en appréciaient la moindre bouchée. Le petit-déjeuner c'était le petit-déjeuner, mais quand il s'agissait du repas de midi, Charlie ne dévoilait jamais ses batteries. Autour de la Silicon Valley, on racontait que la nourriture chez Google était meilleure que dans les restaurants de la zone. Et il y en avait pour tous les goûts : végétarien, cuisine asiatique ou orientale ou bien encore cuisine pour ingénieur ayant juste besoin de remplir une fonction vitale consistant à avaler quelque chose afin de retourner le plus vite possible à son bureau pour continuer d'écrire ses programmes. Google avait la meilleure nourriture fraîche qu'on puisse trouver dans les environs et on n'était pas obligé de réfléchir à l'endroit où l'on allait manger, avec qui on allait y aller et si on avait suffisamment d'argent pour pouvoir payer.

Quand les Googlers retournaient au travail le lundi et disaient à Charlie qu'ils avaient dépensé de l'argent en sortant au restaurant le week-end et qu'ils ne trouvaient pas la nourriture aussi bonne que la sienne, il leur expliquait pourquoi : « La différence, leur disait-il, c'est que moi je vous aime. Je cuisine avec amour. Les autres, ils cuisinent parce qu'ils veulent votre pognon. »

Rapidement, *Chez Charlie*, comme on appelait affectueusement la cafétéria, devint une institution. Et l'influence de Charlie sur la réputation de Google allait aussi grandissant, au fur et à mesure que se répandait la nouvelle qu'un ancien cuisinier de Grateful Dead préparait des repas de gourmets pour la compagnie technologique la plus en vogue du moment. En raison de la nourriture, des boissons et des friandises supplémentaires placées stratégiquement tout autour du campus, les gens avaient l'impression qu'on s'occupait bien d'eux. Dans une enquête faite auprès des employés de Google demandant ce qu'ils appréciaient dans leur travail, neuf personnes sur dix citèrent la nourriture.

Après avoir compris à quel point Charlie et sa nourriture étaient importants pour les plus hauts talents de la technologie,

© Dunod – La photocopie non autorisée est un délit

Google plaça un échantillon de menu sur son site web à côté de la liste des postes actuellement vacants.

L'UN DES MENUS DE NOS REPAS DE MIDI

...SANSBLAGUE!

Soupes

- Bisque de Jalapeno avec des patates douces et du maïs
- Choux Fleur à la crème et au parmesan

Salades

- Salade du sud au poulet chaud avec une sauce au babeurre et aux épices et des noix de pécan grillées, du maïs, des oignons verts et des tomates.
- Salade aux tortellinis et au primavera — tortellinis bio mélangés avec des courgettes bios, de la courge jaune, des tomates, des pois de senteur, de la vinaigrette au Pesto.
- Légumes verts bio.

Plats principaux

- Bavette d'aloyau grillée de New York assaisonnée avec des épices créoles, servie avec une sauce à steak Crescent City et des oignons frits craquants bio.
- Ragoût bio au tofu et aux champignons — champignons d'élevage et champignons sauvages, bouillon de légumes, poireaux.

La société avait également sur son site web une liste des dix meilleures raisons de travailler à Google qui se terminait par : « Après tout, les repas gratuits, ça existe [1]! En fait, nous en avons tous les jours, ils sont sains et délicieux et faits avec amour. »

L'influence de Charlie sur Google allait bien au-delà des heures de repas. Les vendredis après-midi au Googleplex, tout le monde se rassemblait pour fêter le week-end. On y consommait de la bière, du soda et des petites friandises. Une fois

1. Référence à un proverbe anglais qui dit « There is no such thing as a free lunch » que l'on peut traduire par « Tout se paye en ce bas monde ».

par mois, ces fêtes du vendredi étaient purement récréatives et Charlie commença à faire venir des attractions diverses. Les autres vendredis, Larry, Sergey ou Eric parlaient généralement de la situation de Google et répondaient à des questions. Ils profitaient également de l'occasion pour présenter les nouveaux employés, qui étaient surnommés « *Nooglers* ». Pour bien accueillir ces Nooglers, Charlie prenait des planches de surf où il faisait imprimer le logo de Google et s'en servait comme plateaux recouverts de sushi, de fondants au chocolat et autres friandises.

« Mon but quotidien, c'était de créer l'illusion que l'on était non pas au travail, mais dans une espèce de croisière ou une station touristique, et j'essayais de le faire grâce à la cuisine, au décor, aux distractions et à toutes les petites choses que nous faisions » disait Charlie.

« Il y avait de la folie dans l'air, tout le monde était en feu. Dès que l'on entrait, on était frappé par la quantité de couleurs qui vous assaillaient. Il y avait des couleurs chatoyantes dans le hall d'entrée, des couleurs primaires, des lampes à lave, des gens qui roulaient en scooter dans les couloirs... des choses qu'on ne voyait nulle part ailleurs. Les gens amenaient leur chien au travail. On entrait et on regardait partout et les gens se demandaient : "Mais qu'est-ce que c'est que cet endroit ? " C'était, d'une certaine manière, comme une annexe de Stanford. La créativité n'était pas étouffée. Nous avons énormément innové en ce qui concerne le service de la nourriture. Nous avons dû ériger une tente pendant deux ans et demi afin que les gens puissent dîner sous un chapiteau. C'était une extension de la cuisine. »

« Aucun d'entre eux, dit Charlie en parlant des jeunes Googlers, n'avait jamais vu une telle qualité de service et de nourriture sur un lieu de travail ou nulle part ailleurs. Je leur disais "On vous paye pour tester de nouvelles nourritures." »

Parfois Google s'amusait à placer sur son site web quelques faits amusants à propos des mets qui avaient été consommés au Googleplex. Étant donné la nature très cosmopolite du personnel de la société, Ayers variait beaucoup le menu, même s'il comportait toujours des nourritures hautement énergétiques mais digestes. Entre autres choses, il disait « On a donné dans le Sud Ouest, l'italien classique, le français, l'africain et ma version de l'asiatique et de l'indien. » Et il utilisait fréquemment le moteur de recherche de Google pour trouver des recettes.

© Dunod – La photocopie non autorisée est un délit

« Je les ai beaucoup aidés à forger la culture dominante du lieu grâce à la nourriture qu'on y mangeait, aux barbecues et aux musiciens qui jouaient en direct. C'est moi qui me chargeais de faire venir les groupes pour eux. » Pour son quatrième anniversaire chez Google, ils offrirent à Charlie, qui à cette époque avait déjà obtenu le titre de cuisinier chef, un T-shirt sur lequel on pouvait lire : « Je sers les Grateful[1] Googlers depuis 1999. »

Le poulet frit de Charlie était le meilleur que les Googlers aient jamais goûté. Son influence extraordinaire sur la culture et l'image de Google devint mythique[2].

Pour fêter le 30e anniversaire de Larry et Sergey, ceux-ci se tournèrent vers Charlie pour la planification des menus et la préparation des repas. Il fut très honoré qu'on le lui ait demandé et il connaissait leur nourriture favorite. Pour la fête d'anniversaire de Larry, qui était un rassemblement colossal, puisque les invitations furent envoyées à chaque employé de Google, il s'en tint à des nourritures ordinaires. Il fabriqua des sandwichs hoagies avec des produits frais et il fit de la pizza, et pour le dessert, un mille-feuilles qui avait été décoré aux couleurs primaires du logo de Google. « Les gens disaient que ça n'avait rien d'extraordinaire, se rappelle Charlie. J'avais simplement préparé les plats qu'il l'aimait. »

Pour le trentième anniversaire de Sergey, il y avait moins de monde et la nourriture reflétait ses goûts éclectiques. Charlie avait préparé du sushi, un assortiment d'amuse-gueule indiens et méditerranéens, et d'autres spécialités d'un petit peu partout dans le monde. Au lieu de faire des repas copieux avec beaucoup de plats différents, Sergey préférait les mises en bouches, les amuse-gueules, en partie parce qu'il était plus facile de faire la conversation pendant qu'on les mangeait. « Une ou deux bouchées — rien qui puisse distraire, disait Charlie. Ils attachent beaucoup d'importance à la conversation et aux liens sociaux. » Étant donné le mélange des nourritures, l'anniversaire de Sergey était un peu plus clinquant et permettait au chef cuisinier de s'amuser un peu plus. Parmi les desserts, on comptait des fraises couvertes de chocolat au Grand Marnier, des truffes, des mini-croustades aux pommes et du

1. Grateful signifie reconnaissant en anglais. C'est une allusion au groupe de rock Grateful Dead pour lequel Charlie a travaillé.

2. La recette de ce fameux poulet frit est sur le site www.dunod.com.

baklava. « Il y avait des numéros vraiment géniaux. Notamment un magicien et un contorsionniste. Sergey s'est bien amusé. »

Larry et Sergey montrèrent leur reconnaissance à Charlie en augmentant son salaire et en lui donnant l'occasion d'acheter des stock-options bon marché avant que la compagnie ne soit cotée en Bourse. En attendant, Charlie commençait à recevoir des offres d'emploi lui proposant d'ouvrir ses propres restaurants. Il y avait des investisseurs qui lui proposaient un soutien financier. Mais il ne voulait pas quitter Google ; son travail n'était pas terminé.

Charlie explique que la rumeur qui disait qu'il avait été chef très longtemps pour le groupe Grateful Dead était une exagération des médias que Google n'avait rien fait pour corriger. Néanmoins, cela avait une signification bien particulière à l'intérieur de la compagnie, qui tissait aussi un lien spécial entre lui et Larry Page. Charlie était en fait un ami de celui qui faisait la cuisine pour Grateful Dead et une nuit il l'avait dépanné. « Il aimait bien ce que je faisais et il a continué à m'appeler. On se faisait pas payer, mais on pouvait rentrer gratuitement dans les coulisses. » Charlie admet qu'il lui est arrivé seulement quelques fois de donner un coup de main quand le groupe faisait des concerts dans la région de la Baie de San Francisco. C'était excitant, et ça lui rappelait son premier boulot dans un restaurant alors qu'il n'était encore qu'en seconde. Il était tombé amoureux de ce métier et il avait conclu que de toute façon il ne serait jamais au chômage, puisque les gens ont tous les jours besoin de manger.

Un soir chez Google, Charlie faisait un dîner pour Larry, son frère Carl Jr et leur oncle lorsqu'il remarqua que son oncle commençait à se dandiner lorsqu'il entendit qu'à la cuisine on passait de la musique des Grateful Dead. Charlie était curieux mais il voulait rester discret. L'oncle sourit à Charlie et lui expliqua les émotions et les souvenirs que la musique évoquait pour lui.

« Je voulais simplement vous dire que quand Larry entend cette musique, ça lui fait penser à son père » a dit l'oncle.

« Pourquoi ? » demanda Charlie.

« Larry vous a jamais dit ? On avait pour habitude de l'emmener voir des concerts des Grateful Dead quand il était petit. »

« Quand il te parle, dit Carl Jr. à Charlie, tu lui rappelles son père. »

© Dunod – La photocopie non autorisée est un délit

Charlie raconte que le fait d'avoir entendu cette confession et d'avoir appris que Larry avait participé avec son frère et sa mère à une marche dans l'Oregon contre la guerre en Irak, avait changé la manière dont il voyait le co-président de Google. « Ça m'a aidé à le comprendre. Après ça, je ne l'ai plus considéré uniquement comme un scientifique. »

Plusieurs mois après l'entrée en Bourse, Charlie Ayers prit une décision difficile, celle de quitter Google pour ouvrir ses propres restaurants dans le nord de la Californie. En même temps que le cours des actions de Google avait grimpé, ses stock-options avaient pris de la valeur et lui avaient fourni les finances nécessaires pour qu'il puisse acheter avec sa femme une maison. D'autres Googlers se servirent des bénéfices faits sur leurs actions pour s'acheter des BMW, des Mercedes, des Porsche, qui avaient fait leur apparition dans le parking de la compagnie. Les choses avaient commencé à changer à Google après l'introduction en Bourse. Par exemple, il y avait de plus en plus d'employés qui n'avaient jamais rencontré Larry et Sergey. Et Ayers avait également remarqué un certain changement de dynamique à l'intérieur de la société.

« Certains chefs de division commençaient à insister de manière plus active pour que les objectifs financiers soient atteints, et ils poussaient pour que les gestionnaires principaux et les directeurs obtiennent certains résultats et gardent le cap, et non pas qu'on continue à s'amuser comme c'était le cas avant l'introduction en Bourse, dit-il. Même si la compagnie fait des bénéfices énormes, il est devenu très important de faire état de chiffres qui dépassent même les prévisions de Wall Street, et de gérer cette affaire comme si chaque centime comptait. »

Dans le domaine de la nourriture, Ayers disait que Google, sous la tutelle de Larry Page, insistait généralement pour que l'on obtienne une ristourne de 35 % avant de passer des accords à long terme avec les fournisseurs. C'était une manière très efficace de limiter les dépenses. Même si certains de ses fournisseurs au départ reculaient, il leur arrivait souvent de changer d'avis ultérieurement dans la mesure où Google était un bon client. C'était une façon fiable pour eux de couvrir leurs frais annexes et de s'assurer qu'ils avaient beaucoup de demandes de façon à continuer à fonctionner, pour ensuite se positionner afin de faire des bénéfices à partir des ventes faites à d'autres compagnies.

Ayers avoue qu'une des raisons qui l'ont poussé à quitter Google, c'était qu'il souhaitait avoir une meilleure maîtrise du cours de sa vie. L'intensité de son travail l'avait épuisé, ses tempes étaient grisonnantes, et il souhaitait pouvoir adopter ardemment le style de vie plus sain qu'il pouvait désormais se permettre. Il n'était pas le seul. « Certains de ceux qui sont partis avaient donné beaucoup de leur temps ou bien avaient des familles. Beaucoup de femmes ingénieurs qui ont aidé à démarrer la compagnie souhaitaient également avoir des enfants. Les gens quittaient Google pour des raisons de santé physique ou mentale. Moi je me suis personnellement mis au régime et je fais de l'exercice depuis que j'ai quitté Google. Je commençais à ressembler aux chefs cuisiniers pour lesquels je cuisinais jadis. Je suis pas si vieux que ça, et je veux être bien conservé. »

En 2005, après avoir passé cinq ans et demi à faire partie intégrante du tissu de Google, Ayers signifia à Larry et Sergey son projet de quitter la compagnie en écrivant une lettre de démission et en la mettant sur l'écran de leur ordinateur. « Ils ont vraiment trouvé ça dur » raconte-t-il. Page considérait qu'Ayers jouait un rôle important dans la société. « Charlie à lui tout seul a complètement transformé la culture de la nourriture dans la Silicon Valley en faisant de son mieux, c'est-à-dire en mettant les gens à l'aise et en les rendant heureux » disait Page.

Ayers se considérait extraordinairement chanceux d'avoir atterri au Googleplex au bon moment pour participer à une aventure importante et pour bénéficier de nombreuses stock-options. « Il est très rare que les gens qui font mon métier aient ce genre d'occasion, disait-il. J'ai eu beaucoup de chance, j'accorde beaucoup de valeur à ce que possède et je vais essayer de le garder. »

Lors des dernières fêtes du vendredi après-midi auxquelles Ayers ait assisté, Larry était en voyage en Afrique, mais Eric Schmidt demanda à Charlie de monter sur scène. Il y avait 5 000 T-shirts qui allaient être distribués aux Googlers et sur lesquels on voyait le visage de Charlie sur le corps d'Elvis Presley. Il passa des heures à signer les T-shirts. « Sergey et Eric m'ont serré dans leurs bras et les gens ont commencé à monter sur scène et à faire de même. Ils m'ont applaudi debout ; les gens pleuraient et prenaient des photos. Il se trouve que Thomas Friedman et Robin Williams étaient là ce jour-là. Moi je suis sorti de scène et eux, ils m'ont demandé mon autographe. Eric a dit à Robin Williams, « C'est Charlie qui a créé notre culture. »

© Dunod – La photocopie non autorisée est un délit

Chapitre 19
La conquête de l'espace

Dans l'avion qui les emmenait en Espagne à l'automne 2004, Sergey Brin et Larry Page reçurent de mauvaises nouvelles. Omid Kordestani, chef des ventes internationales, apprit à ses patrons que Yahoo venait de coiffer Google au poteau en obtenant l'exclusivité du marché publicitaire pour le service européen du fournisseur d'accès à Internet AOL. Brin, qui désirait ardemment s'assurer la clientèle d'AOL en Europe, était bien décidé à tenter de renverser la situation. Un contrat antérieur entre Google et AOL avait fortement augmenté le taux de pénétration du moteur de recherche aux États-Unis et un petit coup de pouce n'était pas superflu en Europe. Pendant plusieurs années, Yahoo avait fourni des publicités aux 6,3 millions d'internautes clients d'AOL en Angleterre, en France, en Allemagne, ainsi qu'à divers sites Web affiliés à AOL. Lors du dernier appel d'offres, Yahoo avait supplanté Google d'une manière très simple : il avait offert de meilleures conditions, notamment financières. Sans se poser trop de questions, Brin passa à l'action en donnant à Kordestani des ordres impérieux : signifier à Philip Rowley, le dirigeant d'AOL Europe, que les fondateurs de Google allaient changer leur plan de vol pour atterrir à Londres. Ils voulaient le rencontrer personnellement et ils souhaitaient le faire le jour même. Il ordonna aussi à Kordestani d'augmenter l'offre de Google pour le marché d'AOL Europe.

Rowley refusa tout net l'offre de Kordestani et de Google, en lui disant qu'AOL avait fait affaire avec Yahoo. « C'est comme ça, dit Rowley. l'affaire est conclue. »

Sergey Brin ne renonça pas pour autant. À 30 000 pieds, il ordonna à Kordestani de garantir à Rowley qu'il tirerait (ainsi qu'AOL) un bénéfice énorme de cette réunion, lui demandant d'attendre avant de signer tout contrat avec Yahoo. Il ajouta qu'il attachait beaucoup d'importance au fait de parler à Rowley en personne. Leur vol se dirigeait à présent vers Londres et il voulait savoir où et quand il pouvait rencontrer Rowley.

Rowley, qui ne savait pas très bien comment réagir devant une telle insistance, contacta le siège d'America Online en Virginie. Là-bas, le PDG, Jon Miller, qui avait terminé la transaction avec Yahoo, apprit de la bouche de Rowley que les présidents de Google étaient en route pour Londres et souhaitaient le rencontrer. Rowley expliqua à Miller que Brin et Page avaient envoyé un message disant qu'ils tenaient à tout prix à remporter le marché d'AOL Europe. Miller, un brillant dirigeant doté de grandes capacités d'analyse, connaissait nos deux amis et avait une profonde admiration pour Google. Mais Rowley et lui étaient dans une situation délicate. Ils avaient déjà signifié à Yahoo qu'il avait remporté le marché d'AOL Europe. Miller décida que si le tandem de Google venait à Londres et se contentait d'améliorer légèrement la dernière offre de Yahoo, AOL ferait affaire avec Yahoo. Si, au contraire, Google faisait une offre vraiment supérieure, alors le plus raisonnable, puisqu'aucun document n'avait été signé, serait de rouvrir les négociations et de porter à la connaissance de Yahoo l'enchère de dernière minute de Google. Rowley décida alors de tenir une réunion secrète avec Brin et Page, en dehors du siège d'AOL et d'en informer Miller.

Cela amusait Brin, toujours combatif et motivé, de modifier le plan de vol du jet privé et de partir à la conquête de ce marché. Il avait le charisme, la force de persuasion et le sens des affaires qui permettent de conclure ce genre de transactions. Et il ne voulait pas rater l'occasion de renforcer la croissance mondiale de Google sans avoir fait le maximum. En tant que présidents de Google et actionnaires majoritaires, Brin et Page avaient le pouvoir de s'engager financièrement à long terme sur des montants colossaux, chose que Kordestani ne pouvait pas se permettre. Et à ce moment-là, rien n'avait plus d'importance pour Brin que de diffuser sa marque auprès du plus grand nombre possible d'Européens. En route vers Londres, Brin et Page étudièrent à nouveau la situation et ils décidèrent d'écouter attentivement Rowley, puis de tenter de lui faire une offre qu'il ne pourrait pas refuser, en espérant qu'ils n'arriveraient pas trop tard pour changer le cours des choses.

Rowley leur fit savoir par Kordestani que la réunion se tiendrait à Londres, à l'hôtel Milestone, près des bureaux d'AOL. Il ne voulait pas éveiller les soupçons en faisant venir Brin et Page dans ses bureaux de Londres. Après l'introduction en

© Dunod – La photocopie non autorisée est un délit

Bourse de Google, qui avait fait beaucoup de bruit, trop de gens auraient pu les reconnaître et poser des questions. Du point de vue de Brin, Rowley leur offrait au moins l'occasion de se faire entendre.

Dans une chambre de l'hôtel, Brin et Page rencontrèrent Rowley et mirent rapidement sur la table une offre irrésistible, lucrative et sans risque. Elle comprenait une garantie financière de dizaines de millions de dollars, bien supérieure aux offres précédentes de Google et Yahoo. Il n'y eut pas besoin de marchander. Rowley convoqua à l'hôtel une petite équipe commerciale d'AOL, et Brin et Page appelèrent leurs propres négociateurs. Pendant que les dirigeants de Google et d'AOL Europe se réunissaient dans une chambre, leurs équipes mettaient au point les détails d'une proposition de contrat pluriannuel dans une autre chambre. Toutes les fois qu'une question ou un problème étaient soulevés, un membre de chaque équipe venait l'exposer et la difficulté était résolue sur le champ. Les choses se déroulaient sans anicroche, et Rowley put constater que Brin et Page s'engageaient personnellement pour remporter le marché d'AOL, si bien qu'il quitta la pièce pour téléphoner à Miller au siège de la compagnie en Virginie.

Miller, qui cherchait depuis longtemps le moyen d'améliorer les perspectives commerciales d'AOL, fut abasourdi de recevoir d'aussi bonnes nouvelles de Londres. Après avoir raccroché avec Rowley, il alla voir son bras droit, John Buckley.

« Il se passe quelque chose d'intéressant en Europe, lui dit-il. Google vient de faire une offre qui est nettement meilleure que celle de Yahoo. Il me semble normal de faire savoir à Yahoo que les négociations sont rouvertes. »

Miller, qui était en pourparlers avec Yahoo concernant d'autres affaires alors que ce dernier croyait qu'il avait remporté le marché d'AOL, voulait qu'AOL informe les dirigeants de Yahoo que la donne avait peut-être changé. Rowley contacta Yahoo immédiatement et leur dit que Google avait augmenté de manière substantielle son offre en la complétant d'une garantie financière, si bien qu'AOL avait rouvert les négociations et était prêt à étudier la proposition révisée de Yahoo. Il y avait une très grosse différence entre les deux offres, dit Rowley à Yahoo. Peu de temps après, les dirigeants de Yahoo, vexés de la manière dont les choses avaient été traitées et fâchés de la tournure des événements, informèrent AOL qu'ils refusaient de s'engager dans un processus de surenchère pour remporter le marché.

Brin et Page étaient sûrs que le prix élevé qu'ils payaient s'avérerait avantageux à long terme dans la mesure où ils allaient s'assurer de la fidélité des utilisateurs d'ordinateurs dans toute l'Europe pendant une période cruciale d'expansion d'Internet. Ils signèrent dans la soirée un accord qui les engageait. Pour l'officialiser, un cadre d'AOL était passé plus tôt à la banque pour retirer 120 livres sterling en liquide. Selon la loi britannique, il fallait qu'une contrepartie ou de l'argent liquide soit échangé pour que l'accord engage les parties, ce qui fut fait.

« Le fait que Brin et Page soient physiquement présents a joué un rôle important, admit Rowley. Il faut qu'on soit capable de faire confiance aux gens avec lesquels on va travailler. La branche européenne d'AOL commençait tout juste à faire connaissance avec Google et le fait qu'ils se déplacent a vraiment été un sacré coup de pouce. Nous ne pouvions pas nous permettre de laisser venir Google sans obtenir un accord contraignant. Les choses devaient se conclure rapidement s'ils étaient sérieux. »

Rowley se rappelle que Brin et Page, qui avaient passé toute la nuit dans l'avion avant de négocier l'accord, étaient complètement crevés. « Pourtant, raconte-t-il, ils étaient plutôt décontractés et cool. Je voulais faire affaire avec ces gars-là et s'ils n'avaient pas été là, cela ne serait pas passé comme ça. »

Miller prétend que « Brin et Page avaient fait la démonstration qu'ils n'étaient pas que des visionnaires des nouvelles technologies, mais qu'ils étaient aussi des hommes d'affaire agressifs et pragmatiques. Il était rare de trouver des ingénieurs qui soient aussi persévérants et qui soient d'aussi habiles négociateurs. C'est ce qui distingue Google d'un grand nombre d'autres compagnies. »

Le 19 octobre, soit deux mois jour pour jour après l'introduction en Bourse, le moteur de recherche et AOL publièrent un communiqué annonçant l'extension de leur partenariat en Europe. La défaite était amère pour Overture, filiale de Yahoo, qui perdait pour la deuxième fois la clientèle d'AOL au profit de Google. « Il s'agit d'un marché concurrentiel. Notre partenariat avec Overture a très bien fonctionné, mais nous avons choisi à présent de nous associer à Google » déclara un porte-parole d'AOL Europe.

© Dunod – La photocopie non autorisée est un délit

Overture dit qu'il avait choisi de se retirer plutôt que de conclure un marché avec AOL Europe qui ne se justifiait pas économiquement. « Overture s'engage dans des partenariats de distribution qui ont un intérêt stratégique et financier pour notre entreprise, dit la compagnie. « Dans le cas d'AOL Europe, ces conditions ne sont pas remplies. »

Dans le communiqué de presse de Google, il n'était nullement fait mention du rôle joué par Brin et Page. Kordestani, le chef des ventes, déclara que cette transaction constituait un tournant pour les deux compagnies. « AOL Europe va bénéficier de cet accroissement de revenus, tandis que les internautes jouiront d'une navigation améliorée grâce à l'ajout d'informations commerciales pertinentes. »

Le rythme soutenu de l'innovation chez Google à la suite de son entrée sur le marché ainsi que sa victoire sur Yahoo en Europe dérouta ses concurrents. Il y avait constamment de nouvelles fonctionnalités et de nouveaux produits qui sortaient du Googleplex pour atteindre des millions d'utilisateurs de par le monde ; c'était comme si Google défiait ses concurrents dans une course à la conquête spatiale pour voir qui pourrait produire le plus d'innovations technologiques qui défraieraient la chronique. Aucune entreprise n'avait la couverture médiatique de Google, si bien que le moindre de ses mouvements était observé par le monde entier. Et comme il s'agissait à présent d'une compagnie cotée, elle attirait encore davantage l'attention de la presse économique qu'à l'époque où la société était privée, dans la mesure où de nombreux analystes financiers ne couvraient que les sociétés cotées.

Les observateurs expérimentés de ce marché faisaient remarquer que l'approche de Google se distinguait sur de nombreux plans. Par exemple, son action n'était pas motivée par un combat contre un concurrent commercial, et il évitait la tentation de se créer un ennemi juré. « Chez Google, on n'est contre personne, disait Jon Miller de chez AOL. La plupart des sociétés ont besoin d'un ennemi en affaires et c'est de cette façon qu'elles se motivent. Brin et Page, quant à eux, sont motivés par leur mission. De toute évidence, ils ont un mode de pensée différent et ils sont motivés par leur vision technologique et leurs objectifs commerciaux. »

Afin de poursuivre l'innovation et d'atteindre leurs objectifs, Larry, Sergey et Eric se divisaient le travail d'une manière qui ne respectait pas le titre de leurs fonctions ni la structure inhabituelle de leur triumvirat. Ils étaient en communication constante les uns avec les autres, mais ils avaient aussi établi des procédures et clairement délimité les responsabilités selon un découpage que chacun respectait. Larry et Sergey avaient tous les deux le titre de coprésident et Eric avait la fonction de PDG, mais en réalité, chacun avait autorité sur plusieurs secteurs différents et partageait la responsabilité avec les autres.

Ce n'était pas tout ce qu'ils partageaient. Larry et Sergey occupaient le même espace de travail dans le coin du nouveau bâtiment 43 sur le campus de Google qui avait été rénové. Ils travaillaient côte à côte, entourés d'une armée d'informaticiens qui partageaient également des bureaux. L'aspect quelconque du Bureau 211 n'attirait pas l'attention sur les fondateurs de la compagnie, et trouver son chemin nécessitait une bonne connaissance des labyrinthes. Eric avait eu un bureau qui jouxtait celui du tandem à son arrivée chez Google, mais ce n'était plus le cas. Quand le duo emménagea dans le nouveau bâtiment, dont Larry avait participé à la conception, le bureau d'Eric fut déménagé dans un autre bâtiment qui était relié au précédent par une passerelle.

À l'origine, quand Larry et Sergey fondèrent la société en 1998, Larry avait le titre de PDG et Sergey était président. Cet arrangement avait été décidé en jouant à pile ou face. À la suite de l'introduction en Bourse, Larry prit le titre de Président Produits et Sergey celui de Président Technologie. Au quotidien, le travail de Larry était plus orienté vers les détails et les choses pratiques, alors que celui de Sergey concernait davantage la culture d'entreprise, la motivation, les négociations commerciales et la surveillance des projets prometteurs à long terme.

En tant que PDG, Eric supervisait les opérations, tâche qui était colossale dans une société dont la croissance était aussi rapide. Il se concentrait sur la mise en place de la comptabilité interne, les finances et les autres systèmes de gestion qui devaient évoluer au rythme de l'expansion de l'entreprise. Il gardait aussi constamment l'œil sur les performances financières de Google. Eric devait s'assurer que les différents calendriers des opérations étaient programmés, que les délais étaient respectés et que les directeurs du conseil d'administration étaient consultés quand cela était nécessaire.

Chaque semaine, les cadres avaient une réunion GPS, sigle de Google Product Strategy (stratégie des produits Google). Au cours de ces sessions, on écoutait les propositions de projets

© Dunod – La photocopie non autorisée est un délit

et les demandes de financement. Très souvent, les décisions étaient prises immédiatement, à condition que deux des trois membres du triumvirat soient d'accord. Larry et Sergey étaient assis l'un à côté de l'autre lors de ces réunions au planning très serré. Après avoir travaillé de nombreuses années ensemble, ils pouvaient communiquer rapidement tous les deux par des gestes ou des mimiques.

Comme l'avait démontré la transaction avec AOL, Sergey était doué pour le relationnel. C'était aussi le gardien de la tradition culturelle de Google : il veillait à ce que la compagnie dispose d'espaces privatifs pour les mères qui désiraient allaiter, qu'elle fasse livrer de la nourriture aux parents qui venaient d'avoir des enfants et offre à ses salariés un environnement de travail sain, confortable et attrayant. Il cherchait constamment des moyens de motiver les employés et de faire en sorte que Google garde son côté campus universitaire et son image d'entreprise idéale où il fait bon travailler. Sergey consacrait aussi beaucoup d'énergie aux problèmes informatiques ; il a été au fil des ans le catalyseur de la recherche fondamentale qui a débouché sur nombre d'innovations scientifiques.

On demanda une fois au PDG Eric Schmidt ce que signifiait la devise de Google (« Ne faites pas de mal ») et sa réponse restée célèbre fut que le mal était tout ce que Sergey qualifiait de tel. Larry, quant à lui, était par nature plutôt attiré par les détails des produits et la technologie des centres de données, y compris les problèmes d'ingénierie liés aux coûts et aux performances. Le tandem avait cependant des intérêts en commun et il n'arrêtait pas de débattre et d'échanger des idées.

Larry s'était principalement intéressé aux internautes qui faisaient des recherches avec Google et aux utilisateurs de ses autres produits. Il travaillait d'ailleurs constamment à élargir la gamme des produits disponibles. Il jouait aussi un rôle énorme dans le recrutement des employés, qu'il s'agisse de cadres talentueux ou bien de génies de la technique. Cela ne signifiait pas qu'il rencontrait la plupart des nouvelles recrues, mais cela voulait dire qu'il examinait les CV et étudiait les sélections faites par d'autres. Tous les mardis matin, Larry validait et parfois remettait en cause les décisions qui avaient été prises la veille au cours de réunions qui duraient plusieurs heures, auxquelles il n'assistait pas. Les dossiers d'embauche étaient extrêmement détaillés. Par exemple, avant que la proposition d'embauche n'arrive dans la boîte aux lettres électronique de Larry, le candidat s'était en général déjà présenté à une dizaine d'entretiens, avait passé des tests visant à mesurer ses compétences techniques, fourni ses scores obtenus à des certifications standard ainsi que ses notes d'examens à l'université, écrit des lignes de code sur commande et subi une évaluation de sa personnalité conduite par les recruteurs de la société.

Larry établissait aussi l'ordre de priorité des recherches à court terme. Utilisant un système connu sous le nom de Top 100, il suivait les 100 projets en cours les plus convaincants qui pouvaient nécessiter l'affectation de personnel et d'autres ressources. Ce processus lui permettait d'identifier les vingt projets les plus prometteurs.

En ce qui concerne l'aménagement intérieur de Google, Larry avait un rôle prédominant dans la compagnie et il se passionnait pour la conception dans ses moindres détails. Quand il visitait les bureaux d'autres sociétés, il lui arrivait de sortir un appareil photo lorsqu'il voyait des aménagements étonnants dont il souhaitait se rappeler ; il procéda de la sorte notamment dans l'immeuble de la BBC, près de Londres. C'est lui qui était partisan des bureaux partagés par plusieurs personnes, qui encouragent l'interaction, plutôt que des bureaux cloisonnés qui isolent les gens ; il attachait aussi beaucoup d'importance aux salles de conférence dédiées ainsi qu'aux autres espaces où les équipes pouvaient se réunir. Il ne voulait que des matériaux écologiques, y compris pour l'éclairage du Googleplex.

Lorsque le bâtiment 43 fut rénové en 2004 afin de faire de la place pour le personnel en pleine expansion de Google, Larry était dans les affres de la conception. Le nouveau bâtiment, qui est situé au cœur du Googleplex, est un terrain de jeu pour les ingénieurs qui ressemble davantage à un plateau de cinéma qu'à un immeuble de bureaux. « Nous voulions être une société d'ingénierie et pas des marchands » disait-il. Lors de la rénovation, Google abattit toutes les cloisons et créa des espaces aérés, semblables à des lofts, avec des mezzanines et des alcôves, laissa la tuyauterie apparente et utilisa toute une gamme de textures et de métaux qui donnaient vraiment l'impression qu'on était dans une usine. Les toilettes sont extravagantes avec une commande numérique contrôlant six niveaux de chaleur différente pour la lunette des WC, avec lavage et séchage automatiques qui dispensent de l'utilisation de papier hygiénique. Les salles de réunion sont décorées avec des couleurs dans les tons du logo de Google et meublées de manière funky si bien qu'elles sont à mi-chemin entre la salle du conseil d'administration et l'aire de jeux d'une crèche. Une salle de conférence qui est perchée tout en haut du grand

© Dunod – La photocopie non autorisée est un délit

escalier central du bâtiment possède un trompe l'œil : il est formé de portes gigantesques qui vont du sol au plafond et qui semblent s'ouvrir à l'air libre (il y a cependant des panneaux vitrés qui empêchent quiconque de tomber à l'extérieur par inadvertance). Les noms des salles ont également un petit côté exotique : au premier étage, par exemple, les salles de réunion portent les noms de villes africaines, comme Rabat, Tombouctou et Mogadiscio.

Larry avait la ferme intention d'éviter de créer une batterie de bureaux cloisonnés dans le bâtiment 43. Même si certaines parties de chaque étage possèdent des box, leur caractéristique la plus remarquable est la présence d'un immense écran plat d'ordinateur ; souvent il y en a même deux, voire trois les uns à côté des autres, ce qui donne l'impression que les occupants du bureau disposent de leur cinéma IMAX personnel. Le bâtiment 43 abrite aussi de nombreux bureaux dont les cloisons sont faites de tentures en plastique de couleur blanche et qui sont climatisés directement par des tuyaux qui descendent du plafond.

Dans la baignoire balnéo de leur bureau de Menlo Park, Sergey et Larry avaient la possibilité de travailler tout en se délassant.

En revanche, le bureau 211 des fondateurs possède de vrais murs et deux portes en verre coulissantes. À l'intérieur, on y trouve des plantes, un purificateur d'air, une profusion d'écrans situés sur deux bureaux, et un canapé. Larry et Sergey travaillent tous les deux sur plusieurs moniteurs qui affichent des informations différentes simultanément. La salle de réunion à l'air libre qui se trouve au-dessus du bureau 211 possède un revêtement de sol en Astroturf, est équipée d'un fauteuil de massage électrique importé du Japon, et son usage est strictement réservé à Larry, Sergey et leurs invités. Un grand hall au pied de l'escalier central du bâtiment est équipé d'un tableau blanc gigantesque qui est couvert d'inscriptions multicolores évoquant les projets et les technologies en cours. Ce tableau porte la mention « Schéma directeur de Google ».

Tandis que Google sortait continuellement de nouveaux produits, Microsoft, qui possédait des dizaines de milliards de dollars sur son compte en banque, ne cessait de régler des conflits antitrust, à coups de millions de dollars, en passant des accords à l'amiable avec des compagnies. Il s'agissait là des retombées du combat du géant informatique contre la division antitrust du ministère de la justice américain, combat qui avait eu lieu quelques années auparavant.

Le président de Microsoft, Bill Gates, évoquait souvent les futures versions de Windows et la manière dont il allait finir par écraser Google comme il l'avait fait pour ses autres concurrents par le passé. Mais le procès antitrust, qui avait débuté en 1998, année de la création de Google, constituait pour Microsoft une épée de Damoclès qui perturbait la gestion de ses affaires au moment même où Google s'emparait du marché Internet. « Ces dernières années, nous avons dépensé beaucoup d'énergie à régler les conflits qui nous opposaient à d'autres sociétés » reconnaissait Brad Smith, avocat de Microsoft. Parmi les règlements à l'amiable de Microsoft, on comptait le paiement de 1,6 milliard de dollars à Sun Microsystems, 775 millions à IBM, 700 millions à Time Warner et 536 millions à Novell. Au fur et à mesure que Google gagnait une stature mondiale, Gates fit une fixation sur la manière dont Microsoft allait pouvoir rattraper et surpasser le moteur de recherche en le faisant paraître dépassé, comme il l'avait fait auparavant pour Netscape. Mais le problème était qu'au fil des jours, Google creusait encore l'écart avec Microsoft dans le domaine de la recherche. Google bénéficiait d'une bonne image de marque, de partenaires commerciaux solides, d'une force de vente internationale et d'autres avantages, comme une infrastructure informatique sans égal, qu'il était impossible de concurrencer du jour au lendemain. Et dans la mesure où Google était gratuit pour les internautes, Microsoft ne pouvait pas se battre sur ce terrain en cassant les prix.

Plus Gates s'exprimait, moins son discours paraissait réaliste. À l'automne 2004, Microsoft avait le projet secret de faire

© Dunod – La photocopie non autorisée est un délit

une annonce importante sur la mise en test de son propre moteur de recherche. La nouvelle fracassante qu'il voulait dévoiler au public était que son moteur de recherche indexait cinq milliards de documents Internet, améliorant ainsi l'index de Google qui ne comprenait que quatre milliards de pages Web. Mais quelques heures avant que Microsoft ne publie son communiqué concernant son prétendu triomphe, Google annonça qu'il avait doublé la taille de son index, qui atteignait désormais huit milliards de pages Web, ce qui englobait pratiquement la totalité du Web et dépassait tout ce qui avait été fait auparavant. Google publia sur sa page d'accueil ce nouveau chiffre, un peu à la manière de McDonald qui affiche des panneaux indiquant le nombre de milliards de clients servis. Microsoft s'était fait prendre de vitesse et était de nouveau à la traîne de Google.

Cependant, le besoin d'innovation de Google demeurait immense. Tout d'abord, il ne possédait pas de public captif, comme ses concurrents. Il ne demandait pas aux utilisateurs de son moteur de recherche de s'inscrire et il n'avait pas non plus des services qui nécessitaient que l'on reste en ligne longtemps sur son site Web. Alors qu'AOL, Yahoo et d'autres grands acteurs du Web se vantaient de la durée croissante de connexion de leurs utilisateurs sur leurs sites Web, Google communiquait sur la rapidité de ses résultats de recherche et la vitesse à laquelle il transportait ses utilisateurs de son site Web vers les sites qu'ils recherchaient. Certains analystes voyaient dans ce phénomène la grande faiblesse de Google. Contrairement à AOL ou Yahoo, qui avaient de nombreuses occasions de faire passer des messages publicitaires à leurs utilisateurs qui passaient du temps à consulter leurs courriels, à faire des jeux ou bien des achats en ligne, les utilisateurs de Google restaient très peu de temps en ligne, ce qui limitait sa capacité à afficher des publicités.

Une salve d'annonces eut lieu en octobre 2004 avec notamment un produit qui se rapprochait du cœur de métier de Google : Google Desktop Search qui effectuait une recherche locale sur l'ordinateur. C'était un moyen facile, rapide et gratuit de retrouver des informations de toutes sortes sur son propre ordinateur, aussi rapidement qu'avec une recherche sur Internet. Microsoft promettait quelque chose de similaire depuis des années, mais n'avait pas encore sorti le produit[1].

1. NdT : depuis la version 2000 de Windows, le service d'indexation qui est intégré au système d'exploitation, permet d'effectuer une recherche instantanée sur la totalité des documents indexés.

L'innovation de Google comblait le vide entre la précision et la rapidité de la recherche Internet et la frustration engendrée par la recherche de documents sauvegardés sur son poste de travail, qu'il s'agisse de textes, de feuilles de calcul ou bien encore de courriels perdus depuis longtemps. Le programme téléchargeable était disponible en anglais, en chinois, en français, ainsi que dans une demi-douzaine d'autres langues.

« Étant donné l'importance des informations stockées sur votre ordinateur, il est un peu étrange de pouvoir trouver un document que vous cherchez plus facilement s'il est caché dans un site Web que s'il se trouve sur votre disque dur qui est posé en face de vous, disait Marissa Mayer, directrice des produits Web grand public. Google Desktop Search est comme une mémoire photographique de votre ordinateur : il cherche et trouve en un instant des fichiers Word, Outlook, PowerPoint, Excel et AOL Instant Messenger.

Le principal inconvénient de Google Desktop Search était que si on l'utilisait au travail, des collègues indiscrets pouvaient rapidement retrouver un document sauvegardé sur un ordinateur qui ne leur appartenait pas. Cela gênait certaines personnes, mais c'était aussi une preuve de l'efficacité du produit. Google répondit à ces inquiétudes en développant des fonctionnalités de sécurité dans le programme, en permettant aux utilisateurs de l'activer ou de le désactiver et en leur donnant la possibilité de n'autoriser la recherche que sur une partie des données stockées sur l'ordinateur.

Google Desktop Search supprimait également la contrainte d'avoir à organiser ses fichiers en dossiers puisque Google les retrouverait quel que soit l'emplacement où ils avaient été stockés. Google continua à marcher sur les plates-bandes de Microsoft en fournissant une solution peu onéreuse pour les entreprises leur permettant d'indexer leur intranet et d'effectuer des recherches dans une base de données de 100 000 documents. Commercialisé dans une jolie boîte bleue sur laquelle on pouvait lire « Google Mini », le programme fut initialement vendu au prix de 2 995 dollars car Google cherchait à pénétrer le marché lucratif des entreprises et des administrations.

Google restait synonyme de recherche alors que Yahoo offrait une palette d'applications plus large aux utilisateurs. Tous deux n'arrêtaient pas de faire des annonces sur leurs innovations et leurs produits, chacun essayant constamment de

© Dunod – La photocopie non autorisée est un délit

damer le pion à l'autre. Après que Yahoo ait prétendu que son moteur de recherche indexait des milliards de pages de plus que celui de Google, ils eurent une querelle publique visant à savoir si les chiffres de Yahoo étaient exagérés. Certaines des nouvelles caractéristiques avaient un intérêt évident, mais d'autres semblaient plus branchées que réellement utiles ; en fait, elles avaient surtout pour but d'attirer l'attention sur les deux sociétés.

Google faisait tout ce qu'il pouvait pour rester au premier plan. Il diffusait des services de navigation et des cartes satellites, développait de nouveaux outils pour sauvegarder et utiliser l'historique des recherches, proposait une recherche vidéo basée sur les sous-titres des programmes de télévision, et offrait une recherche sur les téléphones portables et autres terminaux mobiles, comme le BlackBerry. Google avait aussi publié le Google Labs Aptitude Test (GLAT)[1], une imitation des tests standardisés pour les génies en informatique et autres recrues potentielles de Google ; ce test comportait un mélange de questions complexes et humoristiques, notamment un petit encadré vide qui vous invitait à améliorer cet espace. Google Suggest était une fonctionnalité qui autorisait le moteur de recherche à vous proposer des sujets de recherche au fur et à mesure que vous saisissiez vos requêtes. Enfin, Google Scholar, permettait de faire une recherche parmi des articles de revues scientifiques, des résumés, des rapports techniques et des thèses. La compagnie fidélisait de manière intelligente les utilisateurs de toutes les classes sociales, qu'il s'agisse de simples consommateurs, de chefs d'entreprise ou bien d'universitaires.

Quand Google avait besoin de faire passer un message important à ses millions d'utilisateurs, sa page d'accueil spartiate constituait un panneau d'affichage commode, puisque la moindre particule de texte supplémentaire attirait immédiatement l'attention. Parfois, la compagnie diffusait l'annonce de nouveaux produits pendant un jour ou deux, mais à la fin de l'année 2004, après qu'un tsunami ait dévasté l'Asie du sud-est, elle utilisa cet espace pour relayer les messages d'appel à l'aide internationale.

Toute la publicité autour de Google attirait également les sommités du monde politique. Des anciens présidents Jimmy

1. Une reproduction de ce test figure en annexe de cet ouvrage.

Carter et Bill Clinton jusqu'aux ex-secrétaires d'Etat Madeleine Albright et Colin Powell, Google comptait des utilisateurs enthousiastes et célèbres qui visitaient le Googleplex pour se rendre compte par eux-mêmes de quoi il retournait. L'ancien vice-président Al Gore, qui conseillait la compagnie pour les problèmes internationaux et avait lancé une chaîne de télévision câblée grâce à son aide, faisait apparaître sur son CV qu'il était consultant bénévole de Google.

Face à l'abondance des images et des instants à capturer et face à l'explosion de la photo numérique dans le monde, Google sortit un nouveau système de stockage et de recherche de photos comportant des fonctions sophistiquées de retouche et de description grâce à des légendes. La capacité du service populaire de recherche d'images s'accrut encore pour atteindre 1,2 milliard d'images, ce qui en faisait un outil incomparable. Google sortit aussi de nouvelles applications pour les internautes qui pouvaient ainsi consulter les cours de la Bourse, chercher des taxis et obtenir la météo. Et dans une démonstration éclatante de sa technologie, la compagnie diffusa Google Earth qui permettait à chaque internaute de survoler depuis son fauteuil n'importe quel endroit de la planète, avec parfois des vues en 3D. Même si l'on était blasé à force de voir des effets spéciaux au cinéma et à la télévision, cet outil repoussait les limites de la recherche et transformait chaque internaute en explorateur.

« Il y a des fois où les sceptiques les plus endurcis doivent admettre leur stupéfaction et leur plaisir face aux choses merveilleuses que l'on peut faire de nos jours avec un ordinateur personnel, écrivait Walt Mossberg du *Wall Street Journal*. L'un de ces moments impressionnants se produit la première fois que vous utilisez un programme qui se nomme Google Earth. C'est une démonstration étonnante et un formidable exemple du pouvoir que les ordinateurs et Internet ont mis entre les mains de monsieur-tout-le-monde. Vous n'utiliserez peut-être pas Google Earth tous les jours, mais cela vaut le coup de s'amuser avec ce programme parce qu'il est tout simplement formidable. » Peu après, Google offrit la possibilité d'explorer la surface de la Lune à l'adresse moon.google.com.

Sergey Brin et Larry Page étaient heureux. Les employés de Google et leurs familles également, en particulier quand Brin et Page louèrent pendant 24 heures une salle de cinéma toute proche et leur offrirent à tous des billets pour aller voir le dernier épisode de Star Wars le jour même de sa sortie.

© Dunod – La photocopie non autorisée est un délit

Chapitre 20
Duel juridique

Quatre mois après avoir infligé un affront à Wall Street par son introduction en Bourse peu orthodoxe, Google présenta une nouvelle menace pour l'establishment commercial et juridique de la nation. La scène se passait au tribunal fédéral d'Alexandria, en Virginie, séparé de Washington par le fleuve Potomac. À l'intérieur du bâtiment majestueux connu dans le milieu judiciaire pour ses procédures accélérées et son traitement des dossiers les plus sensibles relatifs à la CIA, Leonie M. Brinkema, juge à la cour fédérale, présidait avec son esprit caustique habituel sa salle d'audience du 4e étage. C'était là qu'elle avait tenu l'audience du célèbre procès pour terrorisme de Zacarias Moussaoui, seul accusé aux États-Unis pour les attaques du 11 septembre. Cette fois-ci, à 10 heures précises, le 13 décembre 2004, l'huissier déclama : « Messieurs, la cour », la juge entra et donna un coup de marteau pour déclarer ouvert le procès *Government Employees Insurance Co.* (Geico) contre *Google SA*.

Ce procès n'avait pas le même retentissement ni le même aspect théâtral que l'affaire Moussaoui, où l'accusé, qui se défendait lui-même, avait croisé le fer avec la juge Brinkema, mettant sa patience à rude épreuve pendant de longues journées. Mais pour la population de la planète Google, avec son économie en expansion, pour les milliers de personnes à travers le monde dont le gagne-pain était inextricablement lié à la poursuite de la croissance de Google, c'était un procès d'une importance capitale.

Geico et Google avaient peu de choses en commun. Avec son siège social situé à la frontière entre Washington DC et Chevy Chase, dans le Maryland, Geico était l'une des compagnies d'assurance automobile les plus riches, les plus conservatrices, et les plus en vue de la nation. Fondée en 1936 par

Leo et Lillian Goodwin, elle avait comme créneau le marketing direct auprès des fonctionnaires, officiers militaires et automobilistes aisés, qui ont tendance à avoir moins d'accidents que l'ensemble de la population, permettant à la firme d'offrir des taux d'assurance automobile inférieurs à ceux de ses concurrents. Ce géant de l'assurance était depuis longtemps l'un des investissements préférés du milliardaire Warren Buffett, et au milieu des années 1990 ce dernier avait acheté l'intégralité de la compagnie. Sans surprise, Geico était représentée ce jour-là par le vénérable cabinet d'avocats Arnold & Porter de Washington.

Google, à l'inverse, était le parvenu, l'entreprise californienne âgée de six ans, plus agressive et créative, et qui prenait des risques que Geico n'aurait jamais envisagé de prendre, ni même d'assurer, d'ailleurs. Loin d'être un cabinet guindé de Washington, l'avocat principal de Google était Michael H. Page (aucun lien de parenté avec Larry), qui venait de San Francisco, où il s'était fait une réputation d'avocat des opprimés, et avait reçu moult félicitations pour avoir plaidé avec succès contre des studios de cinéma et des marques de disques dans des affaires concernant le partage de fichiers P2P.

Geico poursuivait Google en justice sur une question qui reflétait une distinction subtile mais importante entre les pratiques de Google et celles de son principal rival, Yahoo, en matière de publicité. Geico s'opposait au fait que Google tirait des profits de la vente à certains de ses concurrents de liens promotionnels sur des marques déposées que Geico possédait. Par exemple, une autre assurance automobile pouvait faire passer une publicité sur Google en achetant aux enchères le mot « Geico » ou la marque déposée « Geico Direct ».

Du point de vue de Geico, la méthode de Google lui faisait perdre des clients de manière déloyale. Geico alléguait que cette méthode introduisait le trouble dans l'esprit des consommateurs, qui en tapant « Geico » sur le moteur de recherche verraient des publicités pour un ou plusieurs de ses concurrents. Pour Geico, cette pratique était à la fois ouvertement trompeuse et malhonnête, car elle foulait aux pieds le droit légal qu'elle avait de protéger ses noms de marques, qui étaient enregistrés auprès du Bureau américain des brevets et marques déposées. De plus, cela signifiait que d'autres compagnies d'assurance profitaient indûment de l'imposant budget que Geico consacrait à la publicité radio et télé, puisque la compagnie dépensait des millions à promouvoir les noms « Geico » et

© Dunod – La photocopie non autorisée est un délit

« Geico Direct », pour, disait-elle, voir ses concurrents lui voler sa clientèle en tirant avantage de la célébrité de la marque. Yahoo était moins agressif que Google, et Geico avait abandonné ses poursuites préliminaires contre Yahoo après avoir appris que le moteur de recherche refusait d'autoriser des compagnies à faire passer des publicités sur la base de noms de marques d'autres compagnies. Si une publicité de ce type parvenait à s'y glisser malgré tout, Yahoo l'enlevait dès la première plainte.

La politique de Google sur les marques, autrefois relativement stricte, était devenue plus permissive dans les mois précédant son introduction en Bourse. Cela avait donné lieu à des conjectures selon lesquelles la compagnie assouplissait sa politique pour accroître ses revenus et donner de l'élan à son taux de croissance avant son introduction en Bourse afin d'obtenir un prix d'action plus élevé. Auparavant, comme Yahoo, Google empêchait en général les compagnies d'acheter des liens promotionnels sur des noms de marques appartenant à d'autres. Si une publicité passait à travers les mailles du filet et qu'un annonceur se plaignait, Google retirait la publicité en cause. Mais Google avait à présent une approche différente, ainsi qu'une explication : il ne voulait pas intervenir dans le libre échange d'idées potentiellement utiles à ses utilisateurs, qui pouvaient avoir envie de voir un éventail d'informations et de prix concurrentiels. Par exemple, le fait de taper le mot « Geico » dans la barre de requête faisait fréquemment apparaître non seulement des publicités de concurrents, mais aussi des liens vers des sites Web proposant des tableaux comparatifs des tarifs de plusieurs compagnies d'assurance.

Dans sa déclaration publique 2004, Google annonçait simplement avoir changé de politique et de pratiques « afin de fournir à ses utilisateurs des publicités plus utiles », et reconnaissait que ce changement comportait des risques potentiels. « À la suite de ce changement de politique, poursuivait-il, nous serons peut-être la cible de plus de poursuites pour violation de la législation sur les marques. Si ces poursuites se soldaient en notre défaveur, nous pourrions être amenés, ou même contraints, à changer cette pratique, ce qui pourrait avoir comme résultat une perte de revenus pour nous. »

Google était déjà confronté à plusieurs autres défis juridiques sur des questions de marques. La plus célèbre de ces batailles légales en cours l'opposait à une société de décoration d'intérieur du nom d'American Blind and Wallpaper Factory :

cette dernière se disputait avec le moteur de recherche sur des questions de marques déposées qui pouvaient, prétendait-elle, la mettre en faillite. Aucune des poursuites engagées aux États-Unis n'avait encore été jugée, mais Google avait subi des défaites judiciaires en France, où il avait été battu par le fabricant d'objets de luxe Louis Vuitton[1], et ailleurs en Europe, où les lois régissant la publicité comparative étaient plus restrictives qu'aux États-Unis.

Sous certains aspects, la plainte déposée devant la juge Brinkema était aussi vieille que la publicité elle-même. Historiquement, la loi américaine autorisait la publicité comparative et concurrentielle dans le cadre d'une doctrine connue sous le nom d'« usage loyal » (*fair use*). Celle-ci autorisait les annonceurs à comparer avantageusement leurs prix et leurs produits à ceux de concurrents nommément désignés, à condition de ne pas faire d'allégations mensongères. Mais vue sous un autre angle, en profondeur, cette plainte offrait à la juge Brinkema la possibilité d'innover dans le domaine juridique. Du fait qu'Internet était relativement nouveau, comme l'était l'utilisation des moteurs de recherche comme supports publicitaires, il n'existait aucun corpus de législation ou de jurisprudence clairement élaborée sur lequel se rabattre pour rendre un avis. De ce point de vue, l'affaire se situait sur une frontière légale, situation dans laquelle Google se sentait le plus à l'aise, car elle créait de nouveaux terrains de bataille dans les domaines technologique, économique, culturel, financier, et, désormais, juridique.

Pour Geico, il s'agissait simplement d'une bagarre sur un support publicitaire particulier, joute légale que n'importe quelle entreprise ne pouvait se permettre d'entreprendre. Pour Google, c'était une bataille pour protéger sa franchise.

Au début du procès *Geico* contre *Google*, la juge Brinkema précisa qu'elle avait lu tous les dossiers de l'affaire, qu'elle avait pris connaissance des entreprises et des enjeux, et qu'elle

1. Google France a été condamné le 4 février 2005 à verser 200 000 euros de dommages et intérêts à la société Louis Vuitton Malletier, pour « contrefaçon de marque », « concurrence déloyale » et « publicité trompeuse ». Google autorisait en effet l'emploi d'AdWords utilisant comme mots clés les marques « Louis Vuitton », « LVMH », etc., et permettant ainsi la remontée de sites concurrents, et même de contrefacteurs, dans la rubrique « liens commerciaux ».

© Dunod – La photocopie non autorisée est un délit

espérait mener les débats rondement. Google avait essayé d'éviter de se présenter devant le tribunal au stade précédent de la procédure, en déposant une requête pour faire rejeter la plainte, mais après avoir passé en revue les principales questions, Brinkema avait rejeté cette requête, et décrété que le dossier était suffisant pour que le procès suive son cours.

Le premier à plaider fut Charles Ossola, de la firme Arnold & Porter, avocat principal pour la présentation de la plainte de Geico pour violation de marque déposée. Au cours des cinq dernières années, Geico avait dépensé plus d'un milliard de dollars à la promotion de sa marque, et elle se trouvait maintenant forcée soit de mettre une enchère sur un nom qu'elle possédait déjà, soit de courir le risque que les internautes ayant tapé « Geico » aillent acheter leur assurance automobile chez un concurrent dont le nom apparaîtrait dans une publicité. Selon des études menées par Geico, la plupart des gens demandaient une offre tarifaire à une seule compagnie d'assurance, auprès de laquelle ils souscrivaient ensuite leur assurance. Cela signifiait que les concurrents gagnaient des clients aux dépens de Geico.

« Les internautes recherchent Geico et une offre tarifaire, et au lieu de cela ils se retrouvent avec une compagnie qui n'est pas affiliée à Geico, déclara Ossola. Geico veut une décision selon laquelle la vente de sa marque par Google crée une possibilité de trouble dans l'esprit du consommateur. »

Il n'en est rien, contra Michael Page, avocat principal de Google, dans son plaidoyer initial pour la défense. S'adressant directement à la juge Brinkema, Page argua que l'avocat de Geico faisait une distinction artificielle entre Internet et les médias traditionnels.

« Geico veut une décision qui statuerait qu'Internet est différent. Cette vue est basée sur l'hypothèse incorrecte que lorsque les gens tapent 'Geico' sur le moteur de recherche de Google, la seule chose qu'ils veulent est le site Web de Geico. C'est faux. » Page avança ensuite l'argument que le reproche fait à Google de semer le trouble dans l'esprit des consommateurs était injustifié, en faisant remarquer que Google séparait clairement les publicités des résultats de recherche, les plaçant à la droite de la liste des sites Web, de l'autre côté d'une ligne verticale bleue. Il déclara également que Google, tel un magazine ou un journal, n'était pas responsable des publicités concurrentielles.

« Google n'est que l'éditeur. C'est l'annonceur qui écrit le texte. L'argument de Geico serait peut-être valide dans le cas d'une plainte contre un annonceur, mais pas contre Google. »

Comme c'est la coutume dans ce type de procès, les deux parties avaient des experts, des employés des compagnies et d'autres personnes prêtes à témoigner en leur faveur. Les deux adversaires auraient également toute latitude pour procéder à des contre-interrogatoires des divers témoins. Mais le troisième jour, après avoir complètement laminé l'expert principal de Geico, et avoir mis en évidence les faiblesses d'un sondage fait par la compagnie pour appuyer ses arguments, Michael Page se leva et fit une requête pour mettre fin au procès.

« Au début de ce procès, déclara Page, j'ai dit que la Cour pourrait expédier cette affaire avant d'entendre les témoignages sur les dommages. Cela a provoqué quelques rires, mais j'étais très sérieux. Maintenant que la Cour a entendu les arguments du plaignant, nous croyons que vous pouvez rendre un jugement sommaire en faveur de Google. » Cela faisait partie intégrante de la stratégie commerciale de Geico, expliqua-t-il, de vendre des assurances automobiles directement aux clients sans permettre aux autres compagnies de faire des offres tarifaires. « C'est une stratégie parfaitement légitime, et, combinée à une importante campagne de marketing, elle a obtenu un succès remarquable. C'est leur choix, mais Google ne peut pas être rendu responsable d'un trouble qui fait partie de leur stratégie commerciale. Ce que montrent les preuves avancées par Geico, c'est que l'utilisation de noms de marques comme mots-clés ne crée pas de trouble en elle-même. Comme c'est à eux d'apporter la preuve sur ce point, c'est la fin de l'analyse. »

Tout en déclarant que la politique et les systèmes de Google étaient conçus de manière à empêcher les concurrents d'utiliser le nom Geico dans le titre ou le texte de leur publicité, Page reconnut que ce système ne fonctionnait pas toujours et que des publicités abusives s'y glissaient parfois.

« Google applique vigoureusement cette politique. L'impossibilité de parvenir à une application parfaite de cette politique n'entraîne pas de responsabilité pour complicité. » Pour se prévaloir de cet argument, dit-il, Geico devrait établir que Google avait encouragé ou sciemment pris part à une violation de la législation sur les marques. Il n'y avait aucune preuve de cela

© Dunod – La photocopie non autorisée est un délit

devant la Cour, dit-il, parce que Google ne tolérait ni n'encourageait les infractions. « Bien au contraire, ajouta-t-il, nous avons été le premier moteur de recherche à mettre en œuvre une politique d'application de la législation sur les marques, d'une part parce que c'est juste, d'autre part parce que c'est bon pour les affaires. »

Page fit remarquer que Google avait différentes catégories de clients et devait être réceptif à leurs intérêts multiples. « Les propriétaires de marques sont nos clients du côté publicité, tout comme les utilisateurs sont nos clients du côté recherche, dit-il. Nous cherchons donc un équilibre entre ces deux objectifs : d'une part protéger les marques, et d'autre part fournir à nos utilisateurs les informations les plus complètes et les plus pertinentes possibles. Nous croyons que notre politique actuelle concernant les marques préserve un équilibre parfait, qu'elle protège les marques juste ce qu'il faut, ni trop, ni trop peu. En conséquence, nous demandons à la Cour de rendre un jugement sommaire en faveur de Google. »

Après avoir ainsi estomaqué toute la salle d'audience, Page laissa Charles Ossola, avocat principal de Geico, essayer de trouver quelque substance légale qui lui permettrait de réfuter les arguments de son rival du barreau. Page semblait l'incarnation même de Google : plein d'esprit d'entreprise et de fougue, il établissait sa supériorité méthodiquement, coup après coup. Le vieil adage des avocats était toujours d'actualité : si les faits sont pour vous, plaidez les faits, si la loi est pour vous, plaidez la loi. Ossola se leva pour plaider la loi, comme il était bien obligé de le faire, mais il ne fit guère que divaguer, et s'il mit quoi que ce soit en évidence, ce furent les faits, car c'était tout ce qui lui restait de son arsenal.

Se lançant dans une longue et confuse description des méfaits allégués, qui faisait parfois croire que Geico était plus le défendeur de ce procès que Google, Ossola argumenta ainsi : « Nous croyons que les preuves établissent clairement qu'il y a une possibilité de trouble basée sur l'utilisation de 'Geico' dans le texte, et dans ce cas, étant donné que Geico est une marque associée à des offres tarifaires, que ceci est également suffisant pour établir une possibilité de trouble par rapport aux liens commerciaux qui ne contiennent pas "Geico" dans le texte. » Sur quoi il ajouta simplement : « Merci, Votre Honneur » et se rassit.

Abaissant son regard depuis son perchoir, la juge Brinkema ne perdit pas de temps à rendre son jugement : « Geico n'a pas établi que la simple utilisation de sa marque comme requête de recherche ou mot-clé par Google peut entraîner à elle seule le trouble » dit-elle, ajoutant qu'il n'y avait pas assez de preuves dans la plainte de Geico pour la poursuite du procès. « Il y a dans la décision que je viens de rendre des problèmes légaux sérieux, et j'aimerais écrire un avis plus circonstancié sur ces problèmes légaux. Ce que je propose, c'est que nous arrêtions le procès à ce stade. »

C'était fini. Quatre mois après avoir entrepris Wall Street, Google avait gagné une victoire majeure contre l'establishment commercial et juridique de Washington. Comme on pouvait le prévoir, les deux compagnies allaient continuer à se battre en duel par déclarations interposées, Google proclamant sa victoire et avertissant les autres de ne pas le poursuivre pour violation de marques déposées. Pour Geico, c'était la routine. Pour Google, la victoire montrait le bien fondé de sa politique de publicité et lui donnait un élan supplémentaire.

Google avait encore à s'occuper de ses revers juridiques outre-Atlantique, où la compagnie était obligée par la loi à respecter des politiques plus strictes sur les marques dans les publicités. Mais au cours de cette période, il donna l'impression de gagner en force et en confiance, ayant établi un précédent légal dans son marché le plus important, les États-Unis, et montré qu'il pouvait adapter ses pratiques à l'étranger tout en continuant à faire des profits considérables.

Mais quelques heures à peine après le triomphe juridique de Google en Virginie se produisit un événement sans aucun rapport, qui détourna l'attention générale du procès et de son issue : une annonce stupéfiante auprès de laquelle les enjeux juridiques de l'affaire paraissaient bien minces.

Chapitre 21

Une bibliothèque virtuelle

La bibliothèque de l'université du Michigan, qui possède quelque sept millions de volumes dans ses fonds, abrite l'une des collections de livres les plus importantes des États Unis, et constitue depuis plus d'un siècle et demi un centre de recherche scientifique apprécié. Chez Larry Page, qui avait erré parmi ses rayonnages pendant qu'il préparait sa licence, cette bibliothèque éveillait la nostalgie d'une vie étudiante pas si éloignée que cela. Elle était également très présente dans ses projets d'avenir. Il était en quête de montagnes inexploitées de données à numériser pour la recherche en ligne, et la bibliothèque du Michigan était un Everest.

Si le XXIe siècle devait vraiment être un Âge de l'information, Page et Brin savaient qu'Internet devait s'agrandir au-delà de son état actuel. Il y avait du vrai dans la plaisanterie selon laquelle pour le Web, le monde commençait en 1996. Malgré les milliards de documents présents dans la base de données de Google, depuis les encyclopédies en ligne jusqu'aux catalogues des grands magasins en passant par les documents gouvernementaux, tous instantanément accessibles en ligne par un simple clic sur un mot-clé, la recherche sur le Web d'informations sérieuses, vérifiées et faisant autorité pouvait encore se révéler une expérience très frustrante. La qualité et la fiabilité de l'information étaient extrêmement variables. Comme pour la télévision, les internautes devaient se battre avec une profusion de sites dépotoirs alors qu'ils cherchaient du solide. Page et Brin ressentaient eux-mêmes cette frustration, et après en avoir passé en revue les défis intellectuels et techniques, tous deux imaginèrent une solution audacieuse.

Lors d'un dîner de promotion sur le campus de l'université du Michigan à Ann Arbor en 2002, Page fit aux dirigeants de l'université une proposition téméraire : il était prêt à payer l'addition pour la numérisation de tous les livres de la bibliothèque s'il pouvait ajouter ce corpus à l'index de Google. L'idée consistait à mettre des millions de livres, qui constituaient la source d'informations la plus importante et la plus évidente, dans un format qui en permettrait l'accès à un plus grand nombre de personnes. On trouvait sur Internet beaucoup d'informations puisées dans des livres ou concernant des livres, et même le texte intégral de volumes sans copyright, tels que les œuvres de Shakespeare et la Bible. Mais les légions de livres publiés à travers les âges et à l'époque contemporaine étaient mal représentées.

Page et Brin étaient prêts à consacrer beaucoup d'argent et de moyens technologiques à la numérisation des kilomètres de livres qui accumulaient la poussière et se détérioraient lentement sur les étagères rarement visitées des grandes bibliothèques du monde. Il y avait là d'énormes possibilités pour faire progresser la connaissance humaine. Pour la première fois, les chercheurs, ainsi que les gens ordinaires, pourraient avoir accès au texte intégral de livres à partir d'un ordinateur n'importe où dans le monde. Pour les livres encore soumis à droits d'auteur, les utilisateurs ne pourraient en visionner que des fragments de page, mais pourraient faire des recherches sur le texte intégral. Doté de ce trésor exclusif, Google pourrait encore une fois se différencier de ses concurrents, faire venir les internautes vers son site, et profiter des publicités pertinentes qui pourraient être affichées en marge du livre. De plus, si cela marchait, il y aurait plus de chances pour que d'autres bibliothèques s'engagent, alimentant ainsi une base encore plus grande.

Page et Brin étaient confrontés à de sérieux obstacles. Ils auraient besoin de perfectionner une technologie qui leur permettrait une numérisation efficace et correcte, à une échelle d'une ampleur sans précédent. Il leur faudrait aussi trouver des bibliothèques disposées à participer au projet, et il ne serait pas facile pour une très jeune compagnie privée de les convaincre. C'était l'une des raisons pour commencer par l'université du Michigan, l'alma mater de Page. Il en était l'un des anciens étudiants les plus notoires, et s'impliquait encore de près dans la vie de l'établissement ; il aurait donc toutes ses chances pour avoir l'occasion d'y exposer son projet en détail.

Quelques mois après le dîner d'Ann Arbor, Page rencontra deux des conservateurs de la bibliothèque universitaire,

© Dunod – La photocopie non autorisée est un délit

William Gosling et John Wilkin. Dès le départ, ils se montrèrent réceptifs à la proposition de Page, en partie parce que la numérisation des livres était une des choses qu'ils appelaient de leurs vœux et qu'ils n'avaient encore réussi à trouver ni les fonds ni le partenaire idéal pour ce projet. Au cours de discussions antérieures avec IBM et d'autres sociétés sur la numérisation de quelques-unes des collections de l'université du Michigan, comme le rapportait Wilkin, « nous avions des vues diamétralement opposées sur tout : les problèmes de propriété intellectuelle, les objectifs de l'opération, les droits sur les œuvres, les standards, les formats, etc. » Mais avec Page, il y avait eu un bon niveau de confiance dès le départ. « Lorsque nous nous sommes assis à la table des négociations avec Larry, nous sommes sortis avec l'impression de quelque chose de complètement différent. »

À la même période à peu près, Page laissait aussi flotter l'idée du côté de Stanford, l'autre université avec laquelle il gardait des liens étroits. Cette université avait été la source de son idée d'amener des contenus hors ligne sur Internet. Il en avait rêvé en travaillant avec le professeur Terry Winograd au Projet de bibliothèque numérique. Bien que ce projet n'ait pas été spécifiquement consacré à la numérisation de livres, Page s'était alors rendu compte que tout pouvait être enregistré sous forme numérique et affiché en ligne, et il avait commencé à dire : « nous allons tout scanner. »

« Même avant de créer Google, se rappelait-il, nous rêvions de rendre accessible en ligne l'incroyable volume d'informations que les bibliothécaires organisent avec tant d'amour. » Mais, comme c'était le cas pour d'autres innovations de Google, y compris son moteur de recherche original, la principale raison qu'avaient Larry et Sergey pour mener à bien cette numérisation massive de livres, c'était de satisfaire leur propre curiosité.

« Je voulais juste avoir la possibilité de fouiner dans les bibliothèques par moi-même, dit Larry. On commence par s'intéresser à quelque chose, et on veut voir où en est la connaissance humaine sur le sujet. » Il croyait que la numérisation et la mise à disposition de livres en ligne aurait un énorme impact sur les chercheurs en les libérant de l'obligation de se déplacer vers de nombreuses bibliothèques pour faire leur recherche. « Pour l'instant, les chercheurs ont beaucoup de mal à travailler en dehors de leur domaine d'expertise, à cause des limites physiques des bibliothèques. » Cela lui rappelait le sentiment de frustration qu'il ressentait enfant dans son Michigan natal, lorsqu'il n'arrivait pas à mettre la main sur les manuels dont il avait besoin pour remonter les gadgets électroniques qu'il avait démontés. « Il n'y avait qu'une librairie où on pouvait les trouver, une seule. » On ne pouvait accéder à l'information contenue dans ces manuels qu'en se rendant dans ce seul magasin. La situation des livres qui vieillissaient enfouis dans les bibliothèques universitaires était très semblable. Peu importe qu'il y ait un public intéressé par cette information, il n'y avait tout simplement pas de procédure pour la distribuer au grand public.

Page présenta son projet visionnaire lors d'un colloque privé organisé par Paul Allen, co-fondateur de Microsoft et milliardaire philanthrope, dans sa retraite des Iles San Juan dans le détroit de Puget près de Seattle. Allen avait invité un petit groupe de technologues et d'universitaires pour un remue-méninges concernant un de ses projets, du nom de « L'encyclopédie définitive », vaste dessein pour rassembler l'intégralité des connaissances mondiales. Terry Winograd, de Stanford, s'arrangea pour que Page y participe à sa place, et ce dernier profita de l'occasion pour évoquer l'idée d'une numérisation massive avec le directeur de la bibliothèque de Stanford, Michael Keller, mettant l'accent sur l'importance d'ajouter les livres aux possibilités de recherche du Web. Keller en convint, et ce fut le début de discussions sérieuses avec l'université.

« L'idée d'une numérisation à grande échelle intéressait déjà Stanford, déclara Andrew Herkovic, bibliothécaire à Stanford. Google a représenté pour nous une chance de mettre en œuvre un projet pour lequel nous cherchions des solutions depuis longtemps. »

Sidney Verba, conservateur de la Bibliothèque universitaire de Harvard, avait entendu parler de tous les plans élaborés pour numériser les livres, y compris ceux impliquant l'emballage et l'envoi de volumes rares à l'étranger, où le travail nécessitant beaucoup de main d'œuvre pourrait se faire à moindre coût. Cette solution était hors de question pour la vénérable institution que Verba avait la charge de superviser. La bibliothèque de Harvard, fondée en 1638, est la plus grande bibliothèque universitaire au monde. Verba et les autres administrateurs avaient discuté des différentes options pour la numérisation de l'énorme collection de Harvard, quelque 15 millions

© Dunod – La photocopie non autorisée est un délit

de volumes, mais étaient arrivés à la conclusion que les projets qu'ils avaient examinés seraient incroyablement coûteux et endommageraient les livres.

Ce fut donc avec un certain scepticisme que Verba reçut en 2002 un représentant de Google qui venait demander s'il serait intéressé par la numérisation de l'intégralité de la bibliothèque de Harvard. « Je ne sais pas comment dire... J'avais l'impression qu'ils étaient un peu allumés » se rappela Verba, bien que la première conversation, selon lui, ait été cordiale. Ils parlèrent du coût, des perturbations dans la collection, et du danger d'abîmer les livres. « Je pensais que ce serait génial s'ils y arrivaient, dit Vera, mais j'ai exprimé au moins autant de scepticisme que d'optimisme. Je me disais qu'il passerait de l'eau sous les ponts avant que qui que ce soit ne numérise une bibliothèque dans son intégralité. »

Plusieurs mois après cette entrevue, une équipe de spécialistes en développement de Google revint à Harvard. Leur présentation actualisée décrivait « une méthode de scannérisation beaucoup plus efficace et moins nuisible, dit Verba. Je ne pensais pas qu'ils réussiraient la première fois qu'ils m'en ont parlé, mais lorsqu'ils sont revenus, ils avaient énormément travaillé sur le côté technique et fait avancer la réflexion sur les problèmes. Cela avait l'air sérieux. » Lui-même et une équipe de bibliothécaires de Harvard se rendirent donc au Googleplex pour voir de leurs propres yeux les nouveaux outils de numérisation. « Nous avons été très impressionnés, dit Verba. Ce qui était vraiment frappant, c'était qu'ils avaient construit un nouveau mécanisme de scannérisation qui met les livres sous forme numérique. Quelque chose qui était très efficace et qui traitait les livres avec beaucoup plus de ménagements que les autres procédés sur le marché. Je crois que nous avons tous été conquis. »

L'étape suivante consistait à présenter la perspective de ce projet à l'organe de gestion de l'université, la Harvard Corporation. C'est une assemblée dont le maître-mot est la prudence. La Corporation voulait qu'on lui garantisse que l'université n'encourrait pas de poursuite pour violation de la législation sur les droits d'auteur, ni de coûts prohibitifs, même avec l'offre de Google de payer l'addition pour le projet de scannérisation. « Si quelqu'un fait quelque chose pour vous, cela vous coûte en général quelque chose aussi » dit Verba. Et puis, une université vénérable et vénérée pouvait-elle être partenaire d'une compagnie technologique arriviste née dans le sillage de l'effondrement de la bulle Internet ? Google n'avait que six ans d'existence, mais Harvard était là depuis 375 ans.

À la fin des années 1990, la technologie de scannérisation et de numérisation des matériaux imprimés était devenue monnaie courante : beaucoup de bureaux possédaient un scanner à plat d'un type quelconque, pour convertir documents, photos ou autres formes d'art en fichiers informatiques. Mais ce procédé ne pouvait pas s'employer sans modifications à l'échelle des millions de livres qu'espérait scannériser Google. La compagnie avait besoin de développer un procédé de numérisation ultra-rapide et avec un haut degré de précision, si elle voulait que ce projet vaille la peine d'être poursuivi.

Au printemps 2003, des équipes de Google et de l'université du Michigan se retrouvèrent pour passer en revue les méthodes et technologies de scannérisation. Dans le passé, l'université du Michigan n'avait pas eu peur de « dérelier » des livres qu'elle numérisait, enlevant littéralement la reliure pour pouvoir scannériser plus vite et à plat. Cela accélérait la procédure, mais beaucoup de bibliothécaires regardaient cette pratique d'un mauvais œil, car elle endommageait les originaux. Google avait lui aussi expérimenté les méthodes de scannérisation dites « destructives » : pour son service d'achats en ligne Froogle, ainsi que pour un projet intitulé Google Catalogs, qui refaisait surface de temps à autre, il coupait le dos de catalogues de vente et photographiait les pages une à une grâce à un chargeur qui ressemblait à un photocopieur haute performance. Cependant, étant donné l'échelle à laquelle devait se faire la numérisation proposée par Google, les deux parties convinrent que ce procédé était à éliminer : trop de livres seraient concernés. L'équipe de Google entreprit donc de concevoir un système qui irait à la vitesse de la lumière, tout en ayant la main légère. Ils envisagèrent des dispositifs automatisés, qui utilisaient des bras robotisés ou un système de succion pour tourner les pages, éliminant l'intervention humaine dans le traitement des livres, car elle peut causer des dégâts même avec le mouvement le plus innocent. En fin de compte, ils optèrent pour un procédé qui impliquait plus de travail manuel, adaptant les technologies existantes pour satisfaire leurs propres besoins. Ils allaient recruter une petite armée de personnes qui seraient soigneusement formées au maniement des livres et des scanners.

© Dunod – La photocopie non autorisée est un délit

« Ce n'est pas nous qui avons construit les appareils photographiques, ni les scanners, dit Adam Smith, directeur de projet pour la bibliothèque. Cela a été une question de procédure et de système autant que de technologie. »

Wilkin se déclara impressionné par la solution de Google : « Cela leur a pris plus de temps qu'ils ne pensaient, mais ils y sont arrivés. »

En 2002, Reg Carr, l'affable conservateur de la Bodleian, célèbre bibliothèque de l'université d'Oxford, était en train de collecter des fonds pour ses propres projets de numérisation, lorsqu'il engagea une conversation avec Raymond Nasr, directeur de la communication chez Google. Nasr se trouvait à Oxford pour s'adresser à un groupe d'étudiants en commerce, dans le cadre d'un programme « Silicon Valley à Oxford », et Carr saisit cette occasion pour lui faire visiter le célèbre campus gothique, laissant son riche passé historique ensorceler son invité. Carr, qui n'était au courant ni des projets de l'université du Michigan ni des autres, évoqua la possibilité d'une collaboration entre Google et la Bodleian.

« Voilà comment je l'ai baratiné, dit Carr : la Bodleian était première de la classe chez les bibliothèques, Google le premier de la classe dans le domaine de la technologie et de la recherche d'informations ; pourquoi donc ne pas faire quelque chose en partenariat ? » Dans le monde de la collecte de fonds, une activité primordiale consiste à trouver « comment obtenir des ressources pour quelque chose que vous avez déjà envie de faire. » Du fait que la Bodleian est une bibliothèque de dépôt légal, ce qui veut dire qu'elle reçoit un exemplaire de tout livre imprimé au Royaume-Uni, comme c'est le cas de la Bibliothèque du Congrès aux États-Unis, Carr pensait qu'elle présenterait un intérêt tout particulier pour Google. C'était aussi la deuxième bibliothèque de Grande-Bretagne par la taille.

S'il y eut jamais un doute quant à l'intérêt que pouvait porter Google à l'ajout d'Oxford à sa liste de bibliothèques, il se trouva apaisé à l'automne 2003, alors que Carr projetait un dîner de collecte de fonds à San Francisco. Nasr se joignit au comité d'organisation du dîner, et aida à vendre des tables, Google en achetant un certain nombre. Carr se servit de cette occasion pour resserrer leurs relations et se faire un peu mousser. Pour ce dîner d'apparat, il avait loué le Butterfield, élégant restaurant du centre de San Francisco. « Les gens de chez Google étaient venus en force » dit-il. Afin d'ajouter une note d'authenticité, il avait fait décorer la salle de banquet dans le style d'un collège d'Oxford. Des gardes armés surveillaient des livres rares, dont la valeur s'élevait à 50 millions de livres sterling, et qui avaient été transportés en Californie pour l'occasion. À l'intérieur, Larry, Sergey, et d'autres membres de Google bavardaient en buvant un verre autour de vitrines où s'exposaient des trésors, dont une copie de la Magna Carta et un manuscrit original enluminé des *Contes de Canterbury* de Chaucer.

Malgré la présence de Google à ce dîner, tout ce projet de numérisation de bibliothèques était encore tenu sous le boisseau. Google insistait pour qu'on garde un silence absolu sur tous les aspects du projet, ce qui mettait certaines des universités partenaires dans une situation inconfortable. « Les gens semblent avoir une terreur mortelle de cet accord de non-divulgation que Google a imposé » déclara Hercovic, de Stanford. Google avait demandé à toutes les personnes au courant du projet de signer un accord de non-divulgation très strict, pratique courante dans les transactions d'affaires sensibles mais presque inconnue dans la communauté des bibliothécaires.

Paul Le Clerc, directeur de la Bibliothèque publique de New York, qui était également en cours de négociations avec Google pour la numérisation d'une partie de sa vaste collection de recherche, déclara : « Je ne me rappelle pas avoir jamais signé ce type d'accord auparavant. » Verba, de Harvard, comprenait leurs raisons pour garder le silence, mais il n'était pas à son aise. « Google était plutôt réservé sur les contacts qu'ils avaient ; ils préfèrent agir dans la discrétion. Les universités sont des établissements fondamentalement ouverts. C'était donc assez gênant de ne pas pouvoir dire aux enseignants qu'il y avait ce projet dans l'air. » Pour une communauté dont la fonction première était la dissémination libre d'informations, il était étrange, voire paradoxal, de se trouver ainsi liée par serment à garder le secret.

Le 1er février 2004, le secret failli être révélé. Un article du *New York Times* sur les perspectives d'avenir de Google mentionnait en passant un projet de numérisation de livres en collaboration avec Stanford sous le nom de code de « Projet Océan ». Dans le petit monde des bibliothèques, les rumeurs sur ce qui pouvait bien se passer allèrent bon train, mais personne ne réussit à recueillir plus d'informations.

© Dunod – La photocopie non autorisée est un délit

En juillet, alors que Google préparait fébrilement son introduction en Bourse, l'équipe de Google Print apporta les premiers équipements de scannérisation à l'université du Michigan, et commença à former les personnes qui allaient les faire marcher. Il était prévu que le Michigan serait le terrain d'expérimentation des nouveaux systèmes et de la logistique de scannérisation. Lorsque le camion arriva avec le matériel, une personne non impliquée dans le projet commença à poser des questions sur ce qui se passait. Wilkin se rendit compte qu'il leur fallait sans tarder trouver une stratégie sur les moyens de préserver le secret. En fin de compte la solution qu'ils retinrent consistait à le cacher en plein jour. Ils s'installèrent dans une zone de la bibliothèque où se faisait déjà de la scannérisation, et sur la porte de la pièce contenant les équipements spéciaux de Google ils mirent une affiche avec : Projet de numérisation du Michigan.

« Et on n'a plus entendu une seule remarque à ce sujet » dit Wilkin.

L'aspect technique de la scannérisation n'était pas le seul défi que comportait la mise en œuvre du projet. Google s'était activement occupé de la plupart des inquiétudes qu'avait chaque bibliothèque quant au soin apporté à la manipulation physique de ses livres. C'était un point important pour les bibliothécaires et archivistes soucieux de préserver leurs collections pour la postérité. Mais qu'en était-il de la part du livre que l'université ne possédait pas : son droit d'auteur ? C'était l'essentiel de ce qui intéressait Google : les phrases sur la page, les idées et le texte que Google pouvait indexer et fouiller, ce que les avocats appellent « propriété intellectuelle ». Pour la quasi totalité des livres publiés aux États-Unis après 1923, la propriété du droit d'auteur revient à l'éditeur, à l'auteur, ou à une tierce personne.

La législation sur le droit d'auteur aux États-Unis est un terrain épineux, plein de conflits d'intérêts et de malentendus. Google plongea tête la première dans ce buisson de ronces. La protection des droits d'auteur permet aux maisons d'édition et aux auteurs de gagner de l'argent sur leurs créations. Bien que le projet de bibliothèque virtuelle soit à la base destiné à la dissémination libre et gratuite des connaissances, l'enjeu financier était énorme. Et cela signifiait qu'un jour ou l'autre des groupes protesteraient et les assigneraient en justice. « Il serait naïf de supposer que cette activité ne sera pas testée devant la justice, dit Herkovic. Une bonne partie de nos espoirs et de nos ambitions sera déterminée par la manière dont les choses seront clarifiées après quelques procès. Google ne se fait pas d'illusions sur ce sujet. Ils savent qu'ils vont se faire démolir, ou au moins taper dessus. Quant à nous, à Stanford, nous ne pourrons sans doute pas rester simples spectateurs. » Pour prendre ce problème en compte, Google avait accepté de rembourser aux différentes bibliothèques tous les frais de justice qu'elles pourraient encourir à cause de la numérisation de leurs livres.

Mike Keller, le conservateur de Stanford, trouvait la stratégie de Google très maligne : « En rassemblant cinq très grosses bibliothèques, nous avons l'occasion de travailler sur certains des problèmes les plus épineux : les régimes de droits d'auteurs aux États-Unis et dans le Royaume Uni » disait-il.

« Il est important d'avoir le soutien des éditeurs, reconnaissait Page. Pour que le projet marche, il faut que nous nous assurions que les éditeurs y gagnent de l'argent. » Il concédait que les assurances de Google pouvaient paraître de simples paroles. Il serait beaucoup plus efficace de démontrer d'une manière ou d'une autre l'engagement de la compagnie.

Au début d'octobre 2004, Larry et Sergey se rendirent à la Foire du Livre de Francfort, le rassemblement annuel le plus important de l'édition mondiale, afin d'y dévoiler leur dernier outil de recherche, Google Print. Avec l'enthousiasme typique de Google, *pins* clinquants et T-shirts gratuits à la clé, Brin et Page, en costume-cravate, donnèrent une conférence de presse de 40 minutes, au cours de laquelle ils expliquèrent en détail comment ils comptaient rendre les livres sous droits d'auteur accessibles pour la recherche en ligne, sans que les éditeurs ne fassent des histoires ou n'aillent les poursuivre en justice. Leur idée n'était pas entièrement neuve (Amazon.com avait déjà lancé quelque chose de semblable une année plus tôt avec son programme « Recherche au cœur du livre ») mais la date de son lancement avait été soigneusement choisie.

L'industrie de l'édition ne savait pas trop si elle devait aimer ou détester Google. D'un côté, elle partageait son intérêt pour la dissémination de l'information, et pouvait tirer profit de cette visibilité accrue. D'un autre côté, Google cherchait à distribuer des contenus gratuitement et aussi largement que possible, tout en tirant ses ressources de la publicité, alors que

© Dunod – La photocopie non autorisée est un délit

les éditeurs espéraient vendre des livres. Rien qu'aux États-Unis, il se publie plus de 1 000 livres chaque semaine. C'était une quantité prodigieuse de matière et Google, qui en mesurait le potentiel en termes d'information et de profit, offrait une espèce de marché aux éditeurs. En échange de la prise en charge des coûts de scannérisation et d'indexation des livres, il demandait le droit de les afficher comme résultats de recherche. Seules apparaîtraient à l'écran quelques pages sélectionnées ou des fragments de texte en relation avec la requête de l'utilisateur, et ce dans un format qui était censé ne pas pouvoir être copié ou imprimé. Google fournirait les références bibliographiques et des liens directs vers les libraires, et partagerait avec l'éditeur du livre les revenus tirés des publicités affichées.

L'idée de Google était simple : donner au lecteur un avant-goût du livre pour l'inciter à en acheter un exemplaire. Avant la Foire de Francfort, la plupart des grandes maisons d'édition s'étaient déjà engagées à participer à Google Print (l'offre du « libraire » Amazon s'élevait déjà à quelque 120 000 titres et 33 millions de pages de texte disponibles). Et chose peut-être plus importante encore, Google avait acquis le soutien des éditeurs pour afficher des pages de texte sous droit d'auteur avant le dévoilement du projet ultra-secret de bibliothèque virtuelle.

Le 14 décembre 2004, Google révéla enfin son intention de numériser 15 millions de livres provenant de bibliothèques. Le *New York Times*, vieille dame de la presse, en fit sa une et son sujet principal. « C'est un grand bond en avant » dit Michael Keller ; il allait donner à la numérisation à Stanford une échelle « vraiment industrielle. » Certains en comparèrent l'importance à celle de l'invention de l'imprimerie par Gutenberg. « Aujourd'hui, le monde a changé » déclara Wilkin, de l'université du Michigan.

Même au départ, l'ampleur de la tâche avait de quoi faire peur. Les accords signés par Google comportaient la numérisation des sept millions de volumes de l'université du Michigan, du million (au moins) de volumes que contenait la collection XIXe siècle d'Oxford, de 40 000 livres de Harvard, de 12 000 de la Bibliothèque publique de New York, et d'un nombre non spécifié de livres de Stanford. Si les bibliothèques qui ne s'étaient engagées que pour un modeste programme d'essai acceptaient de continuer avec l'intégralité de leur collection,

Google aurait plus de 50 millions de livres entiers dans sa base de données lorsque la scannérisation serait terminée, dans une décennie peut-être. Par comparaison, Page et Brin avaient lancé Google en 1998 avec un index de 25 millions de simples pages Web.

Le projet de numérisation ne faisait cependant pas l'unanimité. Après l'annonce de son lancement, des groupes représentant les éditeurs, les auteurs et les bibliothécaires, qui se sentaient menacés par les plans de Google, tentèrent de tempérer l'exubérance et de faire dérailler le projet. Dans un courrier adressé au *Los Angeles Times*, Michael Gorman, alors président de l'Association américaine des bibliothèques, minimisa l'importance des efforts de ces « bateleurs de Google ». Les énormes bases de données de livres numérisés sont, écrivit-il, « des futilités coûteuses, reposant sur l'idée renversante que, pour la première fois dans l'histoire, une forme de communication (électronique) va supplanter et éliminer toutes les autres formes. Cette dernière version du battage médiatique dont Google est coutumier ira sans doute rejoindre, dans la série des échecs du type « retour vers le futur », l'hélicoptère personnel pour aller au travail et la bibliothèque du Congrès sur micro-film, à porter dans une valise, pour la bonne raison que ce sont des solutions à un faux problème. »

En France, le projet fut considéré comme un nouvel exemple d'impérialisme culturel américain. Jean-Noël Jeanneney, patron de la vénérable Bibliothèque Nationale de France, écrivit dans le journal *Le Monde* que l'entreprise de Google présentait « le risque d'une domination écrasante de l'Amérique dans la définition de l'idée que les prochaines générations se feront du monde. [...] Je ne veux pas que la Révolution française soit uniquement racontée par des ouvrages choisis par les États-Unis[1] » ajouta-t-il.

1. Ndt : Article paru dans l'édition datée du 23 janvier 2005 du *Monde*. La citation exacte est : « Je garde en mémoire l'expérience du Bicentenaire de la Révolution, en 1989, quand j'en dirigeais les manifestations. Il eût été délétère et détestable pour l'équilibre de la nation, pour l'image et la connaissance qu'elle avait d'elle-même, de son passé, des événements, lumineux ou sombres, qu'il nous revenait de commémorer, d'aller chercher dans les seules bases de données anglaises ou américaines un récit et une interprétation qui y étaient biaisés de multiples façons : *Le Mouron rouge* écrasant *Quatre-vingt-treize*, les vaillants aristocrates britanniques triomphant des jacobins sanguinaires, la guillotine occultant les droits de l'homme et les intuitions fulgurantes de la Convention. Cet exemple est instructif, et il nous met en garde. » D'autre part, Jean-Noël Jeanneney a fait paraître sur ce même thème, en avril 2005, aux éditions Mille et une nuits, un essai intitulé *Quand Google défie l'Europe. Plaidoyer pour un sursaut.*

© Dunod – La photocopie non autorisée est un délit

Chapitre 22

Les clics prennent une claque

Samuel Baruki Cohen, le président et fondateur de lendingexpert.com, âgé de 34 ans, avait l'impression que quelque chose ne tournait pas rond chez Google. Ancien cadre chez Merrill Lynch et Bloomberg Financial Markets, il avait fait fortune en tant qu'entrepreneur en appliquant des leçons de commerce qu'il avait apprises du maire de New York, Michael Bloomberg, le fondateur de Bloomberg Financial. Entre autres choses, Cohen avait appris à se mettre en action immédiatement et de manière énergique si quelque chose semblait douteux. Et au début de l'année 2005, c'est exactement ce qu'il fit.

Jusque-là, Cohen avait été satisfait de sa relation avec Google qui lui avait permis de se construire une entreprise en ligne bénéficiaire proposant des prêts immobiliers à des particuliers. À lendingexpert.com, qui était la troisième entreprise qu'il avait créée depuis 1997, il avait une stratégie simple : dépenser beaucoup en marketing pour être sûr que les publicités pour sa compagnie se trouvent en bonne position à côté des résultats de recherche de Google. Cette approche du marketing, ciblée exclusivement sur Internet, permettait de réduire les coûts et associait dans le même temps sa compagnie au nom de Google ; cela constituait pour lendingexpert.com, le gage de crédibilité immédiate dont il avait besoin pour attirer chaque jour des milliers de clients et concurrencer de manière efficace son rival mieux établi, lendingtree.com. Le modèle économique était simple également : quand les internautes cliquaient sur lendingexpert.com, on les invitait à remplir une demande de prêt préliminaire.

La compagnie faisait ensuite des bénéfices en vendant ces clients potentiels à des entreprises de prêt immobilier qui lui payaient de généreux honoraires pour entrer ainsi en contact avec des personnes qui souhaitaient contracter des prêts.

Les ennuis commencèrent quand Cohen remarqua qu'il y avait de plus en plus de clics sur ses publicités, clics qui lui paraissaient étranges. Pour commencer, beaucoup de ces clics provenaient de la même adresse Internet et aucun n'aboutissait à une transaction ; en d'autres termes, une personne, une entreprise, ou bien encore un logiciel automatisé quelconque n'arrêtait pas de cliquer sur les publicités de lendingexpert, ce qui faisait augmenter ses frais de publicité sans que les demandes de prêts immobiliers ne soient jamais remplies. Cohen connaissait en gros la proportion des utilisateurs cliquant en temps normal sur les publicités de Google qui remplissaient les demandes de prêts, ce qui rendait ces séries de clics douteux particulièrement faciles à détecter. Les questions qui restaient sans réponse étaient les suivantes : combien cela coûtait-il à Cohen en frais de publicité supplémentaires payés à Google ? Comment est-ce qu'on pouvait arrêter cela ? Qui se cachait derrière ces clics artificiels ? Quelle était la motivation de ces gens ? Qu'est-ce qui les poussait à tenter de nuire à ses affaires de cette manière-là ? Bien qu'il n'ait pas les moyens de le prouver, Cohen avait l'impression que c'était un concurrent qui cliquait sur ces publicités et qui essayait de nuire à sa compagnie en augmentant ses frais.

« La totalité de notre activité consiste à amener des gens vers notre site Web pour qu'ils remplissent des demandes de prêt immobilier et ensuite vendre cette clientèle à des entreprises de prêts immobiliers, explique Cohen. La façon la plus commode de faire cela, c'est par Google et d'autres moteurs de recherche. Nous faisons beaucoup de publicité sur Google, qui nous amène la plus grosse partie de nos clics. Mais dans un secteur compétitif comme celui des prêts immobiliers ou des assurances, vos concurrents savent que vous payez Google au clic. S'il y a quelqu'un qui quelque part embauche quelqu'un d'autre pour cliquer 1 000 fois par jour sur la publicité que vous payez 5 dollars ou 10 dollars par clic, ça fait beaucoup d'argent à la fin de la journée. »

Il était difficile pour Cohen, étant donné son modèle économique, de diminuer sa publicité ou de se convertir à des publicités de type plus traditionnel. « Nous sommes très vulnérables, disait-il. Il faut que nous soyons sur Internet à vendre aux compagnies de prêt immobilier, et eux ont besoin de savoir que nous y sommes présents de manière massive. Si on va sur Google et que l'on saisit « prêts commerciaux » ou « prêts à la construction », il faut que nous apparaissions. Nous avons

© Dunod – La photocopie non autorisée est un délit

besoin d'être référencés par les moteurs de recherche pour rester dans les affaires, être concurrentiels et avoir du succès. Les gens qui utilisent un moteur de recherche ont plus de chance de remplir une demande de prêt immobilier que quelqu'un qui lit un journal ou bien un magazine en ligne. »

« Nous avons commencé à suspecter une fraude sur les clics, expliqua Cohen. Nous avons en moyenne un taux de conversion de 5 %, c'est-à-dire que sur 100 personnes qui cliquent sur nos publicités, nous nous attendons à ce que 5 d'entre elles remplissent des demandes de prêts. »

Pour s'occuper de cette affaire, Cohen se tourna vers Nicole Berg qui est responsable du programme de marketing du moteur de recherche pour sa compagnie et qui surveille de très près ses performances, matin, midi et soir. Après avoir compilé les données de base, Berg qui se connecte tous les jours de nombreuses fois, à la fois du travail et de chez elle pour surveiller l'activité, tomba d'accord avec lui sur le fait qu'il y avait un problème. Elle envoya un courriel à Google à ce propos le 6 janvier 2005.

> Nous sommes victimes d'une fraude sur les clics. L'administrateur système a été capable de retrouver l'adresse IP de quelqu'un qui a cliqué 20 fois en une seule journée, ce qui nous a coûté 200 dollars. Nous voudrions obtenir un remboursement.
>
> De quelles informations avez-vous besoin pour effectuer ce remboursement ?
>
> Merci.

« Nous ne nous attendions pas à ce qu'ils répondent, essentiellement parce que nous supposions que c'était quelque chose de très courant et difficile à repérer et à arrêter, expliqua Cohen. Je ne m'attendais pas à grand-chose. Par jour, on avait peut-être 2 000 clics sur Google... Qui est-ce qui va s'amuser à regarder tous ces clics et à essayer de trouver d'où ils viennent ? Comment est-ce qu'on peut opérer ce genre de détection à si grande échelle, ça je n'en sais rien. »

Cinq jours plus tard, Berg reçut une réponse automatique de Google.

> Bonjour Nicole, merci de nous avoir fait un rapport sur ces activités louches concernant votre compte AdWords. Si vous étiez capable de nous fournir l'une

des informations concernant ces activités louches, cela pourrait nous aider grandement à mener notre enquête de manière plus rapide. Pourriez-vous nous fournir :

- la ou les campagnes, les groupes publicitaires ou le groupe publicitaire et/ou les mots clés associés aux clics suspects

- la date et l'heure des clics suspects

- un paragraphe décrivant les phénomènes récurrents qui vous ont amenée à soupçonner ce genre d'activité.

- Si vous avez accès aux journaux système ou aux rapports, toute donnée indiquant des adresses IP suspectes ou des requêtes suspectes.

Dès que nous aurons reçu ces informations, nous travaillerons sur cette affaire afin d'enquêter sur votre problème. N'hésitez pas à répondre à ce courriel si vous avez d'autres questions ou d'autres soucis.

Bien cordialement,

L'équipe de contrôle qualité des clics de Google.

Clic, clic, clic. Pour Google et ses fondateurs Sergey Brin et Larry Page, c'était le doux bruit de l'argent, l'équivalent d'une cyber-caisse enregistreuse qui comptabilisait les ventes alors que des millions d'internautes à travers le monde cliquaient sur les petites publicités textuelles qui apparaissaient au-dessus et à droite des résultats de recherche gratuits de Google. Chaque clic de souris rapportait à Google une somme qui variait de 5 cents à plus de 50 dollars, que payaient des annonceurs pour avoir l'occasion de faire la promotion de leurs produits ou de leurs services. Comme les internautes cliquaient sur ces publicités à toute heure du jour et de la nuit et dans tous les coins du monde, du travail, de chez eux, ou depuis un cybercafé, l'argent se déversait sur les comptes de Google dans des dizaines de monnaies différentes.

Google engrangeait plus d'un milliard de dollars par an grâce à ses publicités fondées sur le système des clics, ce qui représentait une moyenne de plus de 100 millions de dollars par mois ou plus de 3 millions de dollars par jour, et cela que ses employés soient éveillés, endormis, en train de jouer au volley-ball ou de faire une excursion de ski aux frais de la compagnie. Dans la mesure où ces fonds arrivaient par Internet, Brin et Page savaient qu'un jour ou l'autre certaines

© Dunod – La photocopie non autorisée est un délit

personnes emploieraient des manières frauduleuses pour troubler ce commerce ou s'emparer d'une partie de ce butin.

Le principal responsable financier de Google, George Reyes, a décrit cette fraude au clic comme la menace la plus significative à laquelle le modèle économique de Google ait eu à faire face. La fraude sur les clics se manifestait souvent de deux manières distinctes : certaines entreprises cliquaient continuellement sur les publicités de leurs concurrents de manière à faire grimper leurs coûts de marketing, ou bien les personnes qui publiaient des sites Web faisant partie des réseaux affiliés de Google cliquaient de manière répétée sur des publicités menant vers leurs sites afin d'empocher davantage de revenus. Quelle que soit la forme qu'elle prenait, la fraude sur les clics impliquait des clics manuels ou automatisés qui n'avaient aucune chance de voir une transaction se matérialiser, ce qui coûtait de l'argent aux annonceurs et mettait le doigt sur une vulnérabilité du modèle de publicité de Google fondé sur un coût par clic.

Il y avait plusieurs manières de supprimer cette fraude sur les clics, mais la quasi-totalité d'entre elles diminuerait les bénéfices de Google. L'entreprise pouvait employer un très grand nombre de gens pour travailler sur le problème (elle avait d'ailleurs mis du monde sur ce chantier, mais pas autant qu'elle n'en avait employés sur de nouveaux produits). Elle avait mis des filtres sur son système de publicité afin d'empêcher quelques formes très évidentes de fraude sur les clics, en évitant cependant de mettre trop de filtres qui empêcheraient des clics potentiellement profitables. Un exemple de remède que Google n'avait pas encore essayé est celui de Snap.com, un moteur de recherche qui utilisait une méthode de facturation basée sur le coût par transaction ; dans ce système, les annonceurs étaient facturés quand les internautes avaient cliqué non seulement sur les publicités mais terminaient également une transaction spécifique, qu'il s'agisse de faire un achat ou de remplir une demande quelconque. Google, lui, facturait les annonceurs pour tous les clics, qu'ils conduisent ou non à des achats. Snap.com était sorti du même incubateur de la Côte Ouest, Idealab, qui avait donné quelques années plus tôt naissance à la publicité payante au clic, et sa nouvelle approche (quoique moins profitable) pourrait bien être celle qui sera adoptée dans l'avenir si la concurrence devenait encore plus difficile dans le monde des moteurs de recherche ou si la fraude au clic devenait un problème tellement envahissant que

Google et Yahoo soient obligés par les annonceurs de faire des concessions.

Tom McGovern, le PDG de Snap, pense que la méthode adoptée par sa compagnie offre aux annonceurs une meilleure protection contre cette fraude au clic, notamment ceux qui ne surveillent pas de près le rendement de ces publicités. « Les annonceurs en ligne, on leur clique dessus à mort dans ce modèle de coût associé au clic, explique McGovern. Snap est le premier moteur de recherche payé où les intérêts du moteur de recherche vont de pair avec celui des annonceurs. Puisque les annonceurs ne payaient que lorsqu'une transaction avait lieu, cela augmentait le retour financier sur chaque dollar dépensé en marketing. » Au lieu de payer au clic, à la façon de Google et de Yahoo, les annonceurs sur Snap pouvaient choisir de payer en fonction de divers types de résultats commerciaux : les ventes, les téléchargements, les prospects, les abonnements ou toute autre action qui était importante pour l'entreprise faisant du marketing. Ce système de moteur de recherche de troisième génération, selon Snap, garantissait que chaque dollar dépensé en marketing, donnerait un client à la compagnie.

N'ayant pas de cyberpolice qui lui permette de traquer ceux qui s'adonnent à cette fraude au clic, l'économie Google a réagi principalement avec des solutions inspirées du libre échange : Google et Yahoo surveillent leurs réseaux et un nouveau secteur s'est créé qui emploie des centaines de gens qui se spécialisent dans le combat contre ce type de fraude. Mais il s'agit là d'un problème industriel auquel on s'attaque d'une façon très parcellaire. Aucun moteur de recherche, que ce soit Google ou Yahoo, n'a un intérêt financier à consacrer des ressources suffisantes au combat contre la fraude au clic dans la mesure où les moteurs de recherche tirent des bénéfices de cette fraude qui, dans la plupart des cas, n'est pas repérée ni dénoncée par les annonceurs. Même si les annonceurs peuvent individuellement amasser de grandes quantités d'informations pour prouver qu'ils semblent être victimes des clics, tant qu'ils agissent seuls, ils n'auront pas les moyens d'y mettre fin.

Les entreprises privées qui combattent cette fraude au clic pour leurs annonceurs tentent de persuader Google et d'autres moteurs de recherche qu'ils se sont livrés à une analyse des données qui prouve qu'elle a effectivement eu lieu et ils exigent des remboursements. Ce sont les annonceurs sur Google qui ont le plus souffert de ce problème, en grande partie parce que Google est le plus grand acteur de ce créneau

© Dunod – La photocopie non autorisée est un délit

de marketing en pleine expansion. Si elle n'est pas combattue, la fraude au clic pourrait saper la confiance à un tel point qu'un mécanisme d'auto-correction pourrait s'installer. Les annonceurs pourraient très bien réduire les sommes qu'ils acceptent de dépenser ou exiger un système totalement nouveau. Une autre possibilité est que les principaux moteurs de recherche s'associent afin de combattre ce problème, comme les principaux fournisseurs d'accès à Internet l'ont fait pour combattre le spam.

« Il va y avoir bien sûr ce phénomène de fraude au clic, déclare Andy Beal, analyste de l'industrie de la recherche. Mais la recherche payée est un système qui fonctionne bien. Et c'est une méthode extrêmement efficace pour attirer des clients vers un site Web. Sur une période de temps donnée, on peut très bien voir des annonceurs dont le taux de conversion n'est que de 4,5 % au lieu de 5 %. Au lieu d'accepter de dépenser 2 dollars par clic, ils vont peut-être proposer 1,90 dollar par clic. Les gens partiront du principe qu'il y a certains clics qui sont de nature suspecte, mais le modèle sera suffisamment robuste pour résister à ce phénomène. Je ne pense pas qu'il va y avoir une épidémie. Les gens prendront ce phénomène en compte et l'incluront dans le calcul de leur paiement. »

Robert Deignan, vice-président de l'entreprise de sécurité sur Internet, STOPzilla, considère cette fraude au clic comme un grave problème auquel il faut s'attaquer. « C'est quand même effrayant de se rendre compte que tous ces clics ne correspondent pas à une vraie fréquentation, dit-il. Quand on y réfléchit bien, c'est de la fraude et c'est très difficile à combattre. C'est triste, les groupes dépensent des fortunes pour ce qu'ils considèrent comme une fréquentation légitime et il se trouve que ça n'en est pas. Dans 99 % des cas, nous n'avons pas de problème pour obtenir un remboursement de Google ou de Yahoo. S'il y a un problème, très souvent, ils s'en aperçoivent avant nous et nous signalent qu'ils ont tout simplement crédité notre compte. S'il y a un problème dont nous nous apercevons les premiers, le remboursement a généralement lieu en un jour ou deux. Ils sont solides, mais beaucoup de publicitaires ne disposent pas des outils leur permettant de comprendre ce qui se passe. »

Jessie Stricchiola en est venue par hasard à travailler dans le secteur du combat de la fraude au clic, il y a quelques années, quand elle s'occupait du marketing en ligne pour le cabinet d'avocats Chase. Depuis cette époque, elle a transformé cette mission ponctuelle en une passion et une spécialité. En tant que fondatrice et présidente d'Alchemist Media Inc, elle passe son temps en batailles légales avec Google et Yahoo pour le compte des annonceurs qui cherchent à se faire rembourser. Son travail consiste aussi à donner à ces annonceurs les informations dont ils ont besoin pour pouvoir entrer en litige avec les principaux moteurs de recherche. Au cours de son travail, Jessie Stricchiola a rencontré une grande variété de genres de fraude au clic.

Elle a un souvenir très précis de l'histoire d'une compagnie de marchandises électroniques qui faisait de la publicité sur Google et Yahoo et qui, d'un seul coup, a vu augmenter très fortement le nombre de clics sur ses publicités, clics qui ne se traduisaient pas par une augmentation de sa clientèle. La firme a réussi à identifier la source de ces clics automatisés, une adresse Internet affiliée avec l'un de ses principaux concurrents.

Les problèmes, qui avaient commencé en 2003, continuèrent en dépit de démarches qui durèrent plus de 6 mois et au cours desquelles cette compagnie d'électronique tenta de persuader Google et Yahoo qu'il s'agissait bien d'une fraude au clic. N'ayant pas obtenu de remboursements, cette compagnie engagea Alchemist Media afin qu'elle les aide. L'histoire prit ensuite un tour étrange : la firme reçut un jour un courriel anonyme qui disait « Je veux simplement vous signaler qu'un de vos concurrents fait exprès de cliquer sur vos publicités et cela vous coûte ainsi beaucoup d'argent. Je le sais parce que je travaillais pour eux avant, et c'est moi qui ai mis au point le logiciel qui le fait. » Et en pièce jointe à l'e-mail, il y avait une vidéo qui décrivait la manière dont fonctionnait cette fraude au clic sans aucune intervention humaine. Le logiciel était suffisamment sophistiqué pour éviter de répéter toujours le même type de comportement, et chaque clic coûtait à l'annonceur entre 6 et 15 dollars.

Après l'intervention de Stricchiola, Yahoo remboursa son client, mais Google refusa de le faire. À cause de l'attitude de Google, cet annonceur (qui est maintenant engagé dans un procès contre son concurrent) se retrouva avec des centaines de milliers de dollars de pertes en raison de ses frais de publicité. Jessie Stricchiola était convaincue qu'il s'agissait d'un genre de fraude au clic extrêmement commun. Elle ajouta que de très nombreux autres cas de fraude au clic dans lesquels

© Dunod – La photocopie non autorisée est un délit

les annonceurs supposaient qu'il y avait eu des activités répréhensibles sur Google ou Yahoo avaient été réglés à l'amiable, en dehors des tribunaux et que toutes ces transactions demeuraient secrètes. « J'en connais un certain nombre » dit-elle. En général, elle considère que Yahoo prête une oreille plus attentive que Google aux plaintes des annonceurs concernant ces fraudes au clic.

Selon elle, « Google est bien connu pour totalement ignorer les annonceurs. Google dit : *Merci de votre message. Nous, nous ne voyons aucun problème.* Parfois Google n'examine même pas les données et ils fournissent les explications les plus ridicules. Yahoo se montre généralement plus actif. C'est parce qu'il dispose de beaucoup plus de personnel que Google pour vraiment examiner ce genre de problème. C'est pour cela que certains annonceurs s'arrachent les cheveux et qu'on m'emploie pour aider des gens et créer effectivement un dossier qui soit crédible auprès de Google. » Elle ajouta que Yahoo partage ses données concernant la fraude au clic avec les annonceurs tandis que Google (qui parfois envoie à des annonceurs des remboursements sans donner d'explications détaillées) ne le fait pas, arguant du fait qu'il ne veut pas donner des informations sur des méthodes de détection qui pourraient tomber dans de mauvaises mains et ainsi conduire à des actions illégales.

La direction de Google n'est pas d'accord avec la manière dont Jessie Stricchiola dépeint les méthodes qu'elle utilise afin de contrecarrer la fraude au clic. « Nous traitons ce spam du clic de manière très efficace » affirme Salar Kamangar, chef de la gestion des produits chez Google, qui utilise le terme de spam plutôt que fraude pour tenter de prouver que tous ces clics douteux ne sont pas forcément faits avec l'intention de nuire.

« Personnellement, je pense que les pertes qui sont dues à ce type de fraude au clic sont faibles, affirme-t-il. Nous avons un logiciel qui filtre les clics frauduleux avant même que les annonceurs ne soient facturés. Nous sommes prudents dans nos comptes et nous rejetons le moindre clic qui nous paraît suspect. Nous avons une équipe d'ingénieurs et nous recherchons constamment des manières d'améliorer le logiciel. Nous avons également une équipe de spécialistes qui se penchent sur les problèmes signalés par les clients qui nous contactent et qui nous font savoir qu'il y a un problème. Nous avons même intenté une action en justice, mais cela devient plus délicat à faire à l'étranger. Notre souci principal, à l'heure actuelle, c'est donc d'essayer de détecter ces fraudes, dès le départ et de donner aux annonceurs les outils dont ils ont besoin pour contrôler l'efficacité de leurs dépenses et vérifier la possibilité d'une fraude au clic. »

Dans le cas de lendingexpert.com, la réponse rapide de Google ainsi que son remboursement ultérieur ont révélé plusieurs faits graves concernant les publicités basées sur le clic ainsi que leurs risques. D'abord, à la différence de nombreux moteurs de recherche de moindre importance, Google répond à un grand nombre d'annonceurs qui prétendent qu'on leur doit des remboursements à cause de fraudes au clic et a tout un département qui traite ce problème général ainsi que les cas particuliers. Deuxièmement, la charge de la preuve de la fraude au clic supposée incombe à l'annonceur et non pas au moteur de recherche. Troisièmement, contrairement aux compagnies de cartes de crédit qui ne facturent par leurs clients pour des dépenses qui sont considérées comme frauduleuses pendant qu'une enquête est en cours, Google est dans une position beaucoup plus forte qui lui permet d'abord d'obtenir des revenus et de décider ensuite de proposer des remboursements à un annonceur qui fait une réclamation.

Autrement dit, Google dispose des données, mais pas de la motivation suffisante pour consacrer des ressources importantes au combat contre cette fraude au clic, qui constitue un problème croissant. Inversement, de nombreux annonceurs ont une motivation financière, voulant récupérer l'argent indûment perçu, mais il leur manque l'information exhaustive dont ils ont besoin pour justifier leur réclamation. Une étude récente estimait que jusqu'à 30 % des clics pourraient être de nature frauduleuse. Selon cette étude, si Google est tout à fait compétent pour combattre cette fraude au clic lorsqu'elle émane d'une entreprise ou d'une personne qui clique de manière répétée sur une publicité depuis une adresse Internet unique, il est beaucoup moins efficace lorsqu'il s'agit de détecter une fraude au clic qui emploie un logiciel sophistiqué afin de masquer son identité.

Certains sites qui s'inscrivent pour faire partie du programme de sites affiliés de Google s'avèrent n'être rien d'autre que des écrans de fumée ou des sites bidon qui sont uniquement créés pour générer des revenus publicitaires. Afin de décourager une telle conduite et de souligner sa vigilance dans sa lutte contre les fraudes au clic, Google a

© Dunod – La photocopie non autorisée est un délit

intenté un procès en 2004 et réclamé 50 000 dollars à un site Web frauduleux appelé AuctionsExpert.com. Pour certains observateurs, ce procès avait des allures de vitrine médiatique. Il s'agissait plutôt d'une tactique qui était censée envoyer un signal en faisant d'un site Web particulier un exemple plutôt que d'un réel effort consenti par Google pour consacrer des ressources substantielles à la lutte contre ce problème.

Yahoo, pour sa part, met en place certains contrôles qui lui permettent de faire baisser le niveau de cette fraude au clic dont Google ne dispose pas. Par exemple, certains sites Web qui veulent faire apparaître des publicités provenant de Google, peuvent s'inscrire en ligne en quelques minutes ; chez Yahoo, on se livre à un examen manuel de chaque nouveau cas et ce sont de vraies personnes qui examinent le dossier. Google ne dispose apparemment pas des contrôles suffisants pour empêcher des sites douteux de s'inscrire uniquement dans le but de générer des revenus publicitaires en cliquant eux-mêmes sur ces liens. Google semble davantage intéressé par le recrutement de nouveaux sites partenaires à travers le monde pour des questions d'image de marque, disent les analystes. « La fraude au clic est un problème que nous prenons très au sérieux, dit le responsable des services financiers, George Reyes. Certes nous ne pouvons promettre que nous serons capables d'empêcher tous les cas de fraude au clic, mais nous sommes satisfaits des résultats que nous avons obtenus à ce jour. »

Chapitre 23

À l'attaque de Microsoft

La salle était comble et des centaines d'étudiants en informatique ainsi que leurs professeurs attendaient avec impatience l'arrivée d'Eric Schmidt à l'université de Washington, par un bel après-midi de printemps de mai 2005. Le PDG de l'entreprise technologique la plus dynamique au monde descendit d'un pas alerte les escaliers menant à l'entrée de la salle de conférence, la veste sur l'épaule, la cravate desserrée et son BlackBerry à la ceinture. Il était déterminé à rabaisser Microsoft sur son propre territoire[1] et à vanter les mérites de Google. Alors que de nombreux experts de l'industrie comparaient les deux sociétés sous l'angle unique de leurs stratégies en matière de logiciels et de produits, ils avaient tendance à négliger les véritables enjeux. Le problème était pourtant bien là. Compte tenu de leur force relative dans des technologies et des marchés distincts, le combat entre Google et Microsoft ne se mesurait pas essentiellement en termes de parts de marché, de navigateurs Internet, de systèmes d'exploitation ou de savoir si seule l'une des deux sociétés subsisterait à long terme. La vraie bataille se jouait au niveau du recrutement des plus brillants techniciens au monde et de la capacité à les garder. C'était le facteur clé qui déterminerait laquelle des deux sociétés était la mieux à même d'identifier et de résoudre les nouveaux problèmes les plus cruciaux et captivants de l'ère Internet.

Quelques mois auparavant, Google s'était payé le culot d'ouvrir un bureau à Kirkland, dans l'état du Washington, pas très loin du siège de Microsoft, et était parvenu à attirer toute une série d'ingénieurs doués qui voulaient travailler pour Google

1. L'Université de Washington se trouve à Seattle, qui est situé à une vingtaine de kilomètres du siège de Microsoft, à Redmond.

© Dunod – La photocopie non autorisée est un délit

tout en continuant à vivre à Seattle. Schmidt se trouvait maintenant derrière les lignes ennemies, dans l'enceinte du Centre d'informatique et d'ingénierie Paul G. Allen, nom du cofondateur de Microsoft qui avait financé le bâtiment. Schmidt avait une mission : il était déterminé à persuader les enseignants et les étudiants de cette faculté réputée qu'il était plus excitant de travailler chez Google que chez Microsoft.

Avant qu'il n'entre en scène, Schmidt fut chaleureusement présenté par le Professeur Ed Lazowska, qui occupait la chaire Bill & Melinda Gates en informatique & ingénierie à l'université. Débordant de confiance, Schmidt était sur un petit nuage et Google avait le vent en poupe : la cotation de son action était supérieure à 250 dollars et sa capitalisation boursière dépassait 70 milliards. De son point de vue, la question principale était de savoir lesquels des étudiants présents viendraient rejoindre les rangs de Google et participer à cette aventure historique.

Pendant des mois, lorsqu'on demandait à Schmidt s'il y avait une rivalité avec Microsoft, il répondait avec déférence, mais de manière évasive, expliquant que Microsoft était une entreprise bien plus importante disposant de fonds et de ressources bien supérieurs, si bien que toute comparaison avec Google était absurde. Dans ces lieux, son message était toutefois différent : Google était le meilleur endroit où l'on puisse travailler sur Terre alors que Microsoft était un géant qui se faisait vieux et dont les beaux jours étaient derrière lui. D'après la conception du monde de Schmidt, la société dirigée par Gates s'était sclérosée dans une période technologique révolue qui avait été dépassée par la puissance de la révolution Internet. Selon lui, l'importance de Microsoft déclinait alors que celle de Google augmentait. « Vous êtes maintenant dans la cour des grands et les enjeux sont bien supérieurs » disait-il.

Schmidt commença alors à planter des banderilles.

« Nous sommes en concurrence avec Yahoo quotidiennement, dit-il. Microsoft a annoncé son entrée sur le marché. Bien qu'il ne soit pas encore un concurrent sérieux, je suis persuadé qu'il fera tout pour le devenir. » Enfonçant le clou, Schmidt ajouta : « Microsoft a publiquement annoncé que la recherche d'information allait être incorporée au sein de chaque PC. Ce sera son entrée en matière, mais avant cela, des mois ou des années pourraient s'écouler, selon le planning envisagé. » Il devenait maintenant tout à fait évident aux yeux de Schmidt que Gates avait du mal à se remettre de la pression suscitée par le succès, le dynamisme de Google ainsi que la hausse de son action. Cette conviction s'était imposée à lui lors de leur rencontre un peu plus tôt dans la semaine dans le cadre d'une conférence sur la technologie. Il y a seulement quelques mois, les gens se demandaient si Google allait devenir le prochain Netscape, société qui avait symbolisé le boom d'Internet à la fin des années 1990, avant de se faire écraser par Microsoft. Aujourd'hui, on se demandait plutôt si Google n'était pas en train de devancer Microsoft et de devenir le chef de file des logiciels, de la technologie et de l'innovation. Gates, l'homme le plus riche des États-Unis, se trouvait constamment sur la défensive lorsqu'il avait à se prononcer sur des questions épineuses concernant la menace que représentait sur le plan concurrentiel la société du moteur de recherche de la Silicon Valley.

« Chez Google, tout va pour le moment à merveille, avait-il répondu ironiquement aux journalistes et aux experts en technologie qui assistaient à la conférence. Pourtant, Gates et les experts en technologie et en investissement savaient pertinemment que de 1998 à 2005, le cours de l'action de Microsoft avait stagné alors que dans le même temps Google était passé du statut de start up à celui de poids-lourd. Cela chagrinait Gates que Microsoft ait fait tant de battage pendant plusieurs années à propos de la recherche sur Internet et que son offre en la matière qui datait de quelques mois, « MSN Search », ait été accueillie aussi fraîchement par le public. Pourtant, comme il y avait un système d'exploitation Microsoft à l'intérieur de chaque PC, Gates était déterminé à récupérer des millions d'utilisateurs en intégrant un moteur de recherche dans Vista, la prochaine version de Windows. Il allait développer un moteur de recherche convivial qui serait disponible pour les utilisateurs à chaque démarrage de leur ordinateur. C'était son projet.

« Nous allons nous consacrer à tout ce qui touche à la recherche d'information » avait promis Gates.

Même si Microsoft était un géant sur le plan de la taille et des finances, il avait pris du retard dans le domaine de la recherche, en partie parce que ses nombreux ingénieurs logiciels manquaient d'expertise dans ce secteur spécialisé. Schmidt savait que les ingénieurs débutants appréciaient l'idée de travailler chez Google, où ils participeraient au sein de petites équipes à des projets à forte notoriété et d'envergure

© Dunod – La photocopie non autorisée est un délit

mondiale. Pour un spécialiste de l'informatique, il n'y avait pas de motivation plus forte.

L'attitude agressive de Schmidt envers Microsoft ce jour-là constituait le signe le plus clair du degré d'ambition et de confiance atteint par Google : Microsoft ne pourrait rien faire pour le détourner de son objectif et interrompre sa croissance. « Nos utilisateurs, disait Schmidt, sont partout. » Sur l'écran au-dessus de lui, il projeta une diapositive représentant une parodie d'une couverture de *Newsweek* qui montrait ce qui aurait pu se passer si le tandem de Google était parti travailler chez Gates : une photo de Brin et Page sur un gros titre géant qui disait « La nouvelle époque de Microsoft : deux nouvelles recrues chez MSN font de Redmond le roi de la recherche. »

L'offensive de Schmidt sur Seattle en ce joli mois de mai avait lieu dans un contexte particulier : un peu plus tôt, était paru dans le magazine *Fortune* (qui est avec le *Wall Street Journal* l'un des journaux de référence des milieux d'affaires américains) un article accablant sur Microsoft qui avait fait beaucoup de bruit. Écrit par le journaliste de *Fortune*, Fred Vogelstein, cet article avait pour titre : *Pourquoi Bill Gates a peur de Google.* Le papier s'ouvrait sur l'évocation d'une scène qui avait eu lieu à la fin de l'année 2003 quand Gates s'était rendu compte de la vulnérabilité de Microsoft. L'article décrivait un scénario de concurrence rude et de règlements de compte personnels qui était résumé par la formule choc : « Gates contre Google. »

Contrairement aux autres concurrents de Microsoft qui s'étaient présentés jusque-là, Google, avec son architecture à base d'Internet et sa tendance à développer des logiciels gratuits qui n'engendraient pas de coûts de distribution ni de marketing, avait attiré des millions d'internautes à travers le monde. Microsoft avait écarté d'autres concurrents avec sa suite bureautique Office plus facilement qu'il n'en serait capable avec Google, qui était en train de construire un ensemble similaire d'outils complémentaires grâce à son expertise logicielle maison. Déjà, Google avait mis Microsoft dans l'embarras en dominant le marché des outils de recherche locale qui permettent aux utilisateurs d'ordinateurs de retrouver les informations stockées sur leur PC sous Windows. Pire encore, le navigateur de Microsoft, Internet Explorer, était le point de départ depuis des années de la recherche sur le Web ; à présent, des millions de personnes se tournaient vers un nouveau venu appelé Firefox, qui bénéficiait du financement de Google et qui intégrait la fonction de recherche de Google. La suprématie de Microsoft sur le poste de travail serait clairement remise en cause si son navigateur Internet Explorer était menacé, car ses produits dominants, du traitement de texte Word au tableur Excel, étaient tous programmés pour fonctionner de concert avec le navigateur.

« Microsoft était déjà engagé depuis plusieurs mois dans un projet gigantesque visant à supplanter Google quand Bill Gates commença à percevoir la réalité, relatait l'article de *Fortune*. On était en décembre 2003. Il était en train de se balader sur le site Web de Google et il tomba sur une page décrivant les offres d'emploi chez Google. Il se demanda alors pourquoi les qualifications pour les profils demandés ressemblaient tant à celles exigées pour les postes chez Microsoft ? La compagnie de recherche publiait des offres d'emploi pour des ingénieurs compétents dans la conception des systèmes d'exploitation, l'architecture des systèmes distribués et d'autres domaines qui semblaient plus être du ressort de Microsoft que de celui de Google. « Gates se demanda si Microsoft n'aurait pas à faire face à une guerre qui dépasserait largement le cadre de la recherche, disait l'article. Ce jour-là, il envoya un courriel à quelques cadres : "Il faut que l'on surveille ces gars. J'ai l'impression qu'ils sont en train de bâtir quelque chose pour rentrer en concurrence avec nous." »

Ce « quelque chose » n'était pas parfaitement clair puisque la longue liste des produits que Google avait dévoilés (logiciel de classement de photos, messagerie Webmail, recherche sur le téléphone mobile, etc.) ne constituait pas un ensemble unifié susceptible de faire trembler Microsoft. Mais il faut reconnaître que les utilisateurs qui adoptaient ces services devenaient moins dépendants des logiciels de Gates car ils pouvaient écrire, envoyer des messages, partager et imprimer des documents sans utiliser Windows ni Word, qui constituaient les fondations de l'empire de Microsoft.

« Google est intéressant non seulement à cause de la recherche Web, mais parce qu'ils vont essayer de s'en servir pour pénétrer les autres secteurs du logiciel, avait confié Gates à *Fortune*. Si tout cela ne concernait que la recherche, il n'y aurait pas de quoi s'inquiéter. C'est parce qu'il s'agit d'une société qui crée des logiciels. De ce point de vue, ils nous ressemblent plus que n'importe lequel de nos concurrents. » Cet article déterminant et d'autres commentaires de l'époque

© Dunod – La photocopie non autorisée est un délit

affirmaient que le fait que Google se passe de Windows et marginalise les autres logiciels Microsoft n'était pas une prévision futuriste, mais avait déjà commencé à se réaliser.

Le dernier paragraphe de ce long article fondé sur un reportage très complet contenait un commentaire provenant de l'un des analystes les plus respectés de l'industrie, Safa Rashtchy de la société de placement Piper Jaffray. « Google est une marque énorme. De mon point de vue, ce sont eux qui dominent la partie. » Un autre article du magazine, intitulé « La vie dans le monde de Google » résumait les sentiments des experts de l'industrie de la technologie qui analysaient les deux compagnies et leurs trajectoires respectives de cette manière : « Bienvenue au cauchemar de Microsoft. »

Cet après-midi à Seattle, Eric Schmidt termina sa présentation agressive par une série de questions-réponses. Il ne savait pas trop à quoi s'attendre, étant donné la proximité géographique de l'université avec Microsoft et la forte probabilité que certains des informaticiens présents dans la salle aient travaillé ou fait des stages chez Microsoft, ou bien encore que leurs frais d'inscription aient été payés grâce à des bourses accordées par l'entreprise. Bien sûr, Google avait lui-même embauché plus d'une quarantaine d'étudiants de cette université et au moins une quinzaine de thésards, ce qui ne constituait qu'une infime fraction du personnel de Microsoft, mais un nombre significatif sur une courte période de temps. Schmidt balaya la salle du regard, certain que Microsoft avait au moins un espion dans la place pour rapporter chacun de ses mots et décrire les réactions du public à son discours.

La première question, qui portait sur la taille des équipes projet, était facile. Google gérait de nombreux projets avec des équipes allant de trois à cinq personnes, dont le chef était surnommé UTL (*Uber Team Leader*). « Nous essayons de travailler en petits groupes. On n'arrive pas à être productif quand on a des équipes trop importantes » disait Schmidt. Les étudiants lui posaient des questions qui n'étaient guère embarrassantes ; la question suivante porta sur le rythme d'introduction des nouveaux produits. « Notre rythme d'innovation est bien plus rapide que celui de nos concurrents » dit-il sans ambages. Sachant à quel point les informaticiens aiment leur indépendance, Schmidt entendit avec plaisir la question suivante qui portait sur la gestion des ressources humaines. « Le secret ne réside pas dans la manière dont nous gérons le personnel, mais dans la façon dont nous le sélectionnons. Ce modèle fonctionne lorsqu'on recrute les personnes adaptées. Ce serait un échec complet dans une entreprise où les gens réalisent un grand projet et veulent des directives de travail. Nous essayons de diminuer au maximum les niveaux hiérarchiques intermédiaires, car ils font diminuer la productivité. »

Étant donné le niveau intellectuel de l'assistance, Schmidt savait qu'il devrait forcément éluder certaines questions, comme par exemple celle qui suivit. Lorsqu'on lui demanda pourquoi Google ne fournissait pas plus de détails sur la manière dont il faisait réellement des bénéfices, afin que les analystes puissent élaborer des modèles, faire des projections sur les bénéfices futurs et déterminer si l'action était correctement appréciée, il rechigna à en dire plus. « Nous avons décidé de ne pas révéler ce genre d'informations, dit-il. Nous ne voulons pas que nos concurrents soient au courant. Nous avons inventé des modèles dont ils ne disposent pas, ce qui est une des raisons pour lesquelles nos bénéfices évoluent si rapidement. » Puis il y eut de nouveau une question facile. Un étudiant demanda pourquoi Google ne cherchait pas à faire de l'argent avec le très populaire Google News. Était-ce parce qu'il utilisait des contenus gratuits provenant d'autres entreprises de presse ? Pour quelle raison n'y avait-il pas de publicité ? Schmidt répondit : « Google News est un produit qui marche très bien selon nous. Tous les mois, ce type de conversation revient sur le tapis. Google News pourrait très facilement rapporter beaucoup d'argent. L'équipe qui gère le produit vient nous voir et demande "Est-ce que vous voulez plus de bénéfices ou bien des actualités en arabe ?" Pour moi, la réponse est évidente : nous voulons des actualités en arabe. Il n'existe pas plus de 300 pays. Nous allons bien finir par arriver au bout et ensuite, nous nous occuperons de faire des bénéfices. »

Puis, comme il fallait s'y attendre, vinrent quelques questions plus délicates. Quand on lui demanda quel serait l'impact social de la collecte et de la diffusion des informations mondiales par Google, Schmidt marqua une pause. « Nous ne le savons pas, dit-il. Je crois personnellement que le bon modèle est de concevoir le stockage de la totalité des informations mondiales dans l'équivalent d'un iPod. Que se passe-t-il quand vous transportez avec vous toutes ces informations et qu'il y a une mise à jour en temps réel ? Quelle est la conséquence sur l'enseignement quand chaque étudiant peut trouver la

© Dunod – La photocopie non autorisée est un délit

réponse plus rapidement que le professeur mettra de temps à la poser ? » Puis vint une question encore plus difficile. Google, dit un étudiant, ne vend pas de produits et a très peu d'utilisateurs enregistrés ; si un concurrent possède une meilleure technologie de recherche, il pourrait perdre son public. N'était-ce pas une manière risquée de faire fonctionner son entreprise ? « Dans notre secteur d'activité, il est relativement difficile de fidéliser la clientèle, concéda Schmidt. Cela signifie que notre compétitivité s'évalue au cas par cas. Nous sommes conscients de ce phénomène et nous en discutons fréquemment. Il faut que nous soyons les meilleurs pour chaque recherche, dans chaque langue et partout dans le monde. »

Ensuite, quelqu'un évoqua indirectement le cas de Microsoft en demandant s'il existait un risque de subir les foudres des organismes gouvernementaux de régulation au fur et à mesure que la puissance de Google augmentait et que ses concurrents souhaitaient inciter les fonctionnaires américains à prendre des mesures pour freiner sa croissance exponentielle. C'était déjà arrivé à Gates. Est-ce que cela ne pouvait pas aussi arriver à Google ? « C'est un problème qui nous préoccupe, avoua Schmidt. Nous sommes devenus un acteur suffisamment puissant pour que les gens nous accordent de l'attention. Nous créons des ondes négatives pour certaines personnes qui se sentent lésées, qui sont mécontentes ou qui ne veulent pas de nous pour toute autre raison. Je pense que cet état de choses va empirer au fur et à mesure que notre place augmentera dans l'univers des internautes. »

Schmidt ne voulait pas terminer la conférence sur une note aussi funeste ; les étudiants auraient alors pu quitter la salle avec le sentiment que Google allait devenir la prochaine cible de la division antitrust du ministère de la Justice. Sa devise même, « Ne faites pas de mal », était une manière à peine voilée de faire savoir aux informaticiens que Larry et Sergey n'étaient pas seulement le tandem de chez Google, mais qu'ils étaient avant tout les gentils qui faisaient ce qui était juste pour les internautes et leurs employés, tout en s'amusant. Schmidt voulait dire que leur but n'était pas de détruire leurs concurrents tels les prédateurs qui étaient décrits dans la ribambelle de procès qui étaient intentés à Gates et Microsoft. Il aimait bien dire que Google n'avait pas de vrais ennemis.

Heureusement, on interrogea Schmidt sur le rôle de la compagnie comme gardien de l'information en ligne par rapport aux sites Web qui souhaitaient faire payer leurs contenus. Bien qu'il ait eu pour règle générale de ne pas parler des produits qui étaient en cours de développement, Schmidt considéra cette question comme une occasion de mettre les étudiants dans la confidence et de leur faire ressentir Google de l'intérieur. Il s'agissait là d'une vieille technique de recrutement qu'il avait déjà utilisée avec succès. « Nous sommes en train de concevoir ce que nous appelons la distribution de contenus propriétaires, dit Schmidt. Une immense majorité de l'argent va aux fournisseurs de contenus. Nous prenons une commission pour avoir mis en relation le client et le fournisseur de contenus. » Puis il développa le rôle que joue la firme comme passerelle vers Internet. « Google est probablement le plus grand point d'entrée du Web, du point de vue des fournisseurs de contenus. Il va donc bien falloir qu'ils travaillent avec nous. Nous souhaitons être le plus grand générateur de trafic Internet vers les éditeurs de contenus. Nous pensons que c'est une très bonne chose. »

Chapitre 24
Pompe à dollars

Au fur et à mesure que le cours de l'action Google montait, une question de toute première importance tenaillait les investisseurs. Cette action était-elle une excellente affaire ou était-elle aussi risquée qu'un exercice de haute voltige ? Les commentateurs et les experts de Wall Street recommandèrent aux investisseurs de garder leurs distances. Le moteur de recherche Google était omniprésent, mais l'action Google était plus difficile à cerner ; c'était une sorte d'énigme. Cependant, à l'écart de la horde des investisseurs de Wall Street, un gourou de l'investissement, un esprit indépendant, pensait différemment. Bill Miller, de Baltimore dirigeait le très réputé Legg Mason Value Trust, une société de fonds communs de placement dont les performances étaient depuis treize ans supérieures à celles du marché boursier, ce qui le mettait dans une catégorie à part. Miller, personnage corpulent qui était presque deux fois plus âgé que les fondateurs de Google, avait dans sa jeunesse étudié la philosophie. Il recherchait de jeunes entreprises possédant un avantage compétitif durable afin de générer à long terme une croissance et des bénéfices très importants. Lorsqu'il en trouvait, il pariait gros sur elles.

Quand Miller se pencha sur les comptes de Google lors de la phase préparatoire à son entrée en Bourse, il vit un moteur de recherche alimentant une pompe à dollars d'une puissance colossale. Google était une jeune entreprise particulièrement lucrative. Elle avait des avantages compétitifs et un énorme potentiel de développement à long terme. Elle n'était qu'au début de son histoire, gagnait déjà des centaines de millions de dollars par an, et ses ventes crevaient le plafond. La croissance de la société était exponentielle. Google avait engrangé les bénéfices à un tel rythme que la société n'avait aucune dette. Mieux encore, ses profits étaient liés à la publicité sur Internet, un marché en expansion. Les gens passant de plus en plus de temps en ligne, les entreprises cherchaient à les toucher directement sur Internet.

Miller raconte ainsi l'introduction en Bourse de Google :

« Nous avons été enchantés que le facteur FUD (sigle signifiant la peur (*Fear*), l'incertitude (*Uncertainty*), et le doute (*Doubt*)) soit un facteur dominant dans cette affaire, si bien que les actions ont été mises sur le marché au prix cassé de 85 dollars, valorisant la société à environ 23 milliards. Le flot d'informations concernant cette introduction mettait en avant l'arrogance et l'inexpérience des fondateurs, la séparation des actions en deux catégories aux droits de vote différents, signe d'une mauvaise gestion, l'insuffisance de la communication sur l'activité de l'entreprise et son refus de donner des indications sur ses perspectives futures. » Toutes ces rumeurs tiraient le prix d'introduction vers le bas, mais elles étaient sans conséquence sur la croissance et les perspectives de bénéfices à long terme de la société. En fait, selon les mots de Miller : « Nous pensons que cela a créé une opportunité. »

Sous sa direction, Legg Mason avait acheté plus de quatre millions d'actions de Google au moment de sa mise sur le marché, un investissement de centaines de millions de dollars qui lui assurait une grosse participation. Le célèbre fonds géré par Miller n'était pas un nouveau-venu sur le marché Internet. Il avait déjà investi lourdement dans Amazon et eBay, deux sociétés particulièrement florissantes qui allaient bientôt fêter leurs dix ans au palmarès des meilleures dot-com. Pour un investisseur moyen qui ne sait pas lire un bilan, l'une des façons les plus simples de gagner de l'argent en Bourse est d'imiter les décisions des génies de l'investissement. Pour toute personne désireuse de savoir s'il fallait, ou non, quelque temps après son introduction, acheter le titre Google, l'acquisition massive de Miller, rendue publique à l'automne 2004, lançait un signal retentissant : « Achetez ! »

Alors que d'autres se posaient des questions, Bill Miller faisait confiance au modèle d'annonces publicitaires de Google. L'environnement de la publicité connaissait des changements profonds. Les médias qui étaient des supports traditionnels furent délaissés au profit d'Internet, et ce mouvement s'accompagnait du transfert de milliards de dollars. Or, Google, plus que toute autre société avait compris comment tirer le meilleur profit de cette nouvelle donne, devenant ainsi une

© Dunod – La photocopie non autorisée est un délit

société technologique alimentée par une activité solide. La télévision, les magazines et les journaux avaient, durant des décennies, rapporté beaucoup d'argent, grâce à la publicité. Miller pensait qu'il en irait de même pour Google, même si le support cette fois était Internet.

Nombreux furent ceux qui associèrent, à tort, le titre Google avec l'éclatement de la bulle autour des sociétés vedettes de la Silicon Valley quelques années auparavant. À cette époque, quelques entreprises Internet avaient aussi fait état d'importants revenus liés à la publicité, mais il s'agissait principalement d'espaces achetés par d'autres sociétés Internet. En comparaison, les revenus de Google provenaient essentiellement de milliers de petites et moyennes entreprises qui, pour un grand nombre, n'avaient jamais fait de publicité sur Internet. C'était un mélange de sociétés virtuelles et d'entreprises traditionnelles ayant pignon sur rue. Amazon et eBay étaient tous les deux de gros annonceurs sur Google, ils achetaient des annonces ciblées qui envoyaient des milliers d'internautes sur leur propre site déjà bien établi. Google veillait également à éviter le type d'annonces que les internautes détestent, tirant plutôt ses bénéfices des publicités textuelles déclenchées par les recherches. Dans un sens, le modèle dont la société était devenue le maître était le contraire de celui de la publicité de masse. Faire des recherches ou surfer sur Internet avec les publicités affichées par Google était désormais une expérience semblable à un trajet sur une autoroute où l'on ne verrait que des annonces lumineuses qui aient un lien avec ce dont on parle ou ce à quoi l'on pense à un moment donné.

Miller appréciait aussi un autre avantage compétitif de Google : le niveau de reconnaissance de la marque. Aucune autre entreprise n'avait pu atteindre ce niveau de reconnaissance mondial sans de lourdes dépenses en publicité et en marketing. De plus, le réseau de sites partenaires de Google lui donnait un avantage qu'il serait difficile de dupliquer. Des milliers de sites Internet, y compris AOL, le *New York Times* et Univision, s'étaient engagés à proposer la fonctionnalité de recherche Google. Son nom et son logo figuraient donc dans des emplacements hautement stratégiques. La marque continuerait à grandir en même temps que le réseau s'étendrait.

Des milliers de sites Web plus ou moins importants proposaient maintenant des annonces que Google leur servait sur un plateau. Le moteur de recherche était donc devenu une agence de publicité en ligne. Sur les sites partenaires, ces espaces étaient souvent, mais pas systématiquement, libellés « Publicités de Goooooogle ». Google partageait une part généreuse des revenus produits par ces publicités avec ses partenaires. Comme ils en bénéficiaient, ces derniers avaient donc tout intérêt à ce que le succès financier de l'entreprise se poursuive. Cependant, si Google envoyait tous les mois des chèques aux éditeurs, la société refusait de divulguer son mode de calcul. Pour se protéger de la concurrence, elle refusait également de fournir des chiffres précis sur la performance exacte de chaque annonce, ne laissant pas d'autre choix aux éditeurs que de faire confiance à Google ou de quitter ce réseau lucratif.

Malgré tout, les millions d'utilisateurs fanatiques de Google continuaient à avoir du mal à comprendre comment l'entreprise gagnait de l'argent, puisqu'ils pouvaient l'utiliser gratuitement. Nombre d'entre eux n'arrivaient pas à saisir la différence entre les recherches gratuites et les annonces qui apparaissaient sur la même page. Même pour les utilisateurs qui comprenaient cette différence, la capacité de Google à générer des milliards de dollars de revenus restait un mystère. En effet, beaucoup ne cliquaient que très rarement sur les liens, et de plus la valeur de chaque clic se mesurait le plus souvent en cents, pas en dollars.

Comme beaucoup de choses concernant Google, la réponse à ces questions était purement mathématique. Google répondait à des centaines de millions de recherches chaque jour. À cette échelle, il suffisait qu'un utilisateur sur dix ou quinze clique sur une annonce, et au prix moyen de 50 cents pour un clic, la société pouvait atteindre des résultats trimestriels comme ceux de 2004.

Si les utilisateurs moyens avaient du mal à comprendre comment Google gagnait ses millions, les analystes de Wall Street, quant à eux, restaient très perplexes face aux méthodes peu orthodoxes de la société. Cette entreprise, qui fournissait à des millions d'internautes à travers le monde des réponses à toutes leurs questions, s'enveloppait néanmoins d'un voile de mystère.

Google avait délibérément choisi de ne pas donner aux analystes d'indications sur ses futurs produits et sur ses profits trimestriels. Sergey et Larry avaient peut-être été obligés de mettre la société sur le marché, mais cela ne signifiait pas pour

© Dunod – La photocopie non autorisée est un délit

autant que Google allait divulguer des informations qui pourraient donner à ses concurrents une idée de ses futurs projets. Au lieu de cela, le trio à la tête de l'entreprise se contentait de répéter que, dans le cadre de son développement, Google saurait saisir les opportunités tout en restant fidèle à sa mission.

Les analystes devraient donc se débrouiller seuls pour obtenir les réponses aux questions qu'ils se posaient : quel allait être le niveau de résultat trimestriel annoncé par Google, sachant que l'entreprise avait dit que sa politique consistait exclusivement en une gestion à long terme ? Comment le marché allait-il absorber le volume d'actions supplémentaires introduit durant les six premiers mois d'échange ? Et que penser du danger que constituait Microsoft ? De plus, l'action Google n'était pas immunisée contre l'effet de ce que l'on pourrait appeler « la loi des grands nombres. » L'entreprise grandissait, et même si elle demeurait extrêmement profitable, il arriverait un moment où sa croissance se ralentirait. Mais, comme ses fondateurs, Google était encore jeune et affamée, exactement le type d'action que Bill Miller aimait.

Dans les six mois qui suivirent l'introduction en Bourse, on s'attendait à ce que les propriétaires de stock-options vendent des millions de leurs actions sur le marché. Cette arrivée massive aurait pour effet de mettre une pression à la baisse sur l'action. À Wall Street, ce phénomène d'offre excédentaire laissait prévoir un marché agité et des mouvements extrêmes sur le prix de l'action. Malgré cela, le titre Google s'avéra résistant et monta régulièrement, atteignant 135 dollars en octobre, deux mois seulement après son introduction à 85 dollars. De nombreux analystes de Wall Street poussèrent néanmoins les investisseurs à vendre, considérant que cette hausse brutale du cours n'était que de la spéculation forcenée.

Selon Mark Mahaney, un analyste chez *American Technology Research* : « En cas de correction, il n'y aura peut-être pas de support moyen terme. » Il prévoyait que, confrontée à des attentes beaucoup trop fortes sur ses profits trimestriels, la bulle Google exploserait. Mais le 22 octobre, Google annonçait des ventes et des bénéfices sains, et l'action se remettait à monter.

Défiant la loi de l'offre et de la demande, l'augmentation du cours continuait. Le 3 janvier 2005, pour bien commencer l'année, le titre Google clôturait, pour la première fois, au-dessus de 200 dollars, franchissant ainsi un nouveau cap. Le

1er février, alors que la veille, la société avait annoncé des ventes trimestrielles extraordinairement élevées, plus d'un milliard de dollars, et un profit de plus de 200 millions de dollars, l'action atteignait les 216 dollars.

La valeur en Bourse de Google dépassait maintenant les 50 milliards de dollars, plaçant la valeur de la société au-dessus de bon nombre des plus grandes et des plus prestigieuses entreprises américaines. Ses ventes et ses profits crevaient le plafond, et la perspective de la poursuite de ces fortes performances propulsait l'action vers de nouveaux sommets. À court terme, cependant, un obstacle majeur se présentait : le 14 février, jour de la Saint Valentin, les employés et les initiés de droit étaient susceptibles de mettre sur le marché 177 millions de nouveaux titres, provoquant un important effet de dilution. Même pour Google, cela faisait beaucoup, dans la mesure où cela représentait plus d'actions que ce qui avait déjà été émis, le flottant s'approcherait alors des 300 millions d'actions. Le marché anticipa le phénomène et le cours de Google se mit à baisser dans les semaines qui précédèrent le 14 février, se repliant sous les 200 dollars. De nombreux actionnaires se demandèrent alors si le vent n'était pas en train de tourner et s'ils ne feraient pas mieux de vendre, ou si le repli n'était que temporaire.

La pression ne venait pas uniquement de ce côté-là. Les dirigeants de Google avaient fait connaître leur volonté de vendre des millions d'actions en leur possession. Cette annonce publique fut le sujet de débats et de discussions sans fin dans la presse financière. La vente rendait les investisseurs nerveux : ils ne voulaient pas acheter si Larry et Sergey vendaient. Peu importait que les fondateurs possèdent encore la plupart de leurs actions originelles et ne vendent que pour diversifier leur portefeuille. À ce niveau de prix astronomique, certains sceptiques de Wall Street collèrent une étiquette négative sur Google. Selon eux, la société n'avait qu'une seule et unique source de revenu : la publicité en ligne liée aux recherches. Mais, au fur et à mesure que l'action montait, ces analystes devaient constamment revoir à la hausse leur objectif de cours, tout en se plaignant que tant que la société refuserait fermement de leur donner des tendances, il leur serait impossible d'avoir une idée claire de la réelle valeur du titre.

© Dunod – La photocopie non autorisée est un délit

Le 9 février 2005, Google ouvrit pour la première fois ses portes aux analystes financiers de Wall Street qui avaient fait le voyage jusqu'à la Silicon Valley pour avoir l'occasion de rencontrer Larry, Sergey et l'équipe dirigeante. Cette réunion se tenait quelques jours seulement avant l'introduction des 177 millions de nouveaux titres et son objectif était de fournir plus d'informations en cette période qu'Eric Schmidt, PDG de Google, reconnaissait comme critique. Il comprenait qu'il était important que Google fasse un effort de communication et que ce jour de la Saint Valentin puisse s'achever sans qu'un mouvement du marché ne vienne ébranler la confiance que les investisseurs avaient placée dans l'entreprise.

Schmidt entama la journée par des mots rassurants. « Le réseau publicitaire est une chose merveilleuse. Nous avons un éventail d'annonceurs extraordinairement large et nous ne dépendons d'aucune catégorie en particulier dans des proportions importantes. » Il enchaîna :

« Cela est dû en partie au concept de *long tail*[1] » À l'ère d'Internet, la disponibilité géographique a moins d'importance, les faibles coûts de distribution permettant l'exploitation de créneaux qui répondent à des besoins très spécifiques et attirent un large public. On a pu constater que les livres, les disques, les films les plus populaires ne représentent qu'une partie étonnamment faible des ventes d'Amazon, Netflix et autres distributeurs. Le gros de l'activité vient d'une *long tail* de produits rares et recherchés qu'Internet rend faciles à trouver. Dans le cas de Google, le concept s'appliquait à l'impressionnante multitude d'entreprises qui achetaient des espaces sur le moteur de recherche.

« Le plus étonnant concernant le concept de *long tail*, c'est la dimension de la partie allongée de la queue, c'est-à-dire le nombre de petites entreprises qui n'ont pas accès au marché de masse » ajouta-t-il. « Nous nous en sortons bien dans la partie médiane de la queue. Nous n'avons pas encore tous les produits et les services qui, selon nous, sont nécessaires pour satisfaire les annonceurs à chaque extrémité. Nous voulons être

1. Long tail (littéralement longue queue) est un concept qui a été développé par Chris Anderson dans un article publié dans le magazine en ligne Wired (l'article est disponible à http://www.wired.com/wired/archive/12.10/tail.html). En proposant des catalogues électroniques immenses, les marchands en ligne peuvent agréger de nombreux marchés de niche plutôt que de se concentrer sur les ventes en masse des articles les mieux vendus.

sûrs de répondre parfaitement à tous les besoins tout au long de la chaîne, et c'est ce à quoi nous travaillons. »

Les paroles de Schmidt démontraient que le modèle économique et publicitaire de Google avait une forte marge de croissance. Elles indiquaient aussi qu'en 2005 la société allait partir à la chasse des riches annonceurs du Fortune 500. « Nous ne sommes pas aussi excentriques que nous voulons le laisser croire. Notre mode de fonctionnement est unique quant à la façon dont les produits sont créés, mais pour la majorité du reste de notre activité, notre gestion respecte les normes habituelles : elle est tout à fait à la pointe du progrès, mais reste fondamentalement traditionnelle. Nous sommes bel et bien attentifs aux objectifs. Chaque trimestre, nous nous demandons : les résultats sont-ils bons ? »

Donc, en définitive, Google accordait bien de l'importance à ses résultats financiers. Simplement, avec autant de brillants ingénieurs et mathématiciens, la société gérait son processus d'innovation plus à la façon d'une université que d'une entreprise. Quant à l'allocation des ressources financières et managériales, Schmidt expliqua qu'elle se faisait suivant un schéma 70/20/10. Cela voulait dire que 70 % des ressources étaient consacrées à des projets liés directement au moteur de recherche et à la publicité, 20 % à des produits connexes et 10 % à des idées totalement nouvelles, à la découverte des produits du futur. « Il faut travailler sur son cœur de métier, c'est ce qui attire les consommateurs, génère de l'activité et produit le cash flow » dit-il. À propos des 10 % il ajouta : « Nous avons un groupe très sophistiqué de chefs de produits et de leaders dans le domaine de la technologie qui savent transformer certaines de ces idées brillantes en activités viables. »

Schmidt venait de dire aux analystes exactement ce qu'ils voulaient entendre ; ils attendaient désormais le point de vue des fondateurs. Malgré les paroles rassurantes de Schmidt, Page et Brin contrôlaient toujours la société. Plus que toute autre personne, ils pouvaient influencer les orientations et la gestion futures de Google.

Brin indiqua que son objectif était de motiver et de retenir les meilleurs éléments, les esprits les plus brillants provenant du monde entier. Maintenant que Google était en Bourse, il fallait de nouvelles stimulations financières. Pour encourager l'innovation, dit-il, Google avait créé « le Prix des fondateurs »,

© Dunod – La photocopie non autorisée est un délit

une attribution d'actions pour plusieurs millions de dollars destinée à des petits groupes de personnes qui avaient développé les idées novatrices les plus intéressantes. De telles primes étaient inédites dans la plupart des entreprises, et le but était de retenir les innovateurs brillants, qui sans ce système auraient pu quitter la société en emportant leurs inventions.

Page, de son côté, consacrait son temps à l'innovation et à l'amélioration des produits existants. Google consacrait une impressionnante capacité de calcul à fournir à des centaines de millions d'internautes des résultats de recherche pertinents et des annonces ciblées, tout cela à un moindre coût. « Nous essayons d'être impitoyablement efficaces dans la gestion de notre activité, et notre objectif est de faire de gros bénéfices » dit-il, « mais tous nos secteurs d'activité ne seront pas forcément rentables. »

Les analystes s'en allèrent satisfaits. Schmidt était un pro, Brin et Page des adultes, et l'action Google allait continuer à monter. Ils ne semblaient pas être gênés par le fait que Brin, Page et Schmidt avaient retiré une partie de leurs billes en vendant pour des centaines de millions de dollars de titres. Les fondateurs avaient le droit de diversifier leurs investissements, et de toute façon, ils possédaient encore des milliards de dollars d'actions Google.

Le 12 mai, alors que la société tenait sa première assemblée d'actionnaires au Googleplex, l'action avait dépassé les 225 dollars. Quelques semaines auparavant, Google avait annoncé des résultats fantastiques pour les trois premiers mois de 2005. Les profits avaient explosé, plus 600 % à 369,2 millions de dollars et les ventes avaient atteint 1,3 milliard de dollars. Au mois de juin, tout le monde parlait du titre Google. Il flirtait avec les 300 dollars, valorisant la société à 80 milliards de dollars et éclipsant les honneurs reçus par Larry et Sergey qui venaient d'être admis à la prestigieuse Académie américaine des arts et des sciences. Sur la chaîne câblée CNBC, qui suit la Bourse tous les jours, le cours de l'action Google était affiché bien en évidence à côté de l'indice Dow Jones. Le monde attendait le moment où Google, qui avait été introduit à 85 dollars moins d'un an auparavant, atteindrait les 300 dollars. Dans un éditorial du *Financial Times* on pouvait lire : « Aucune entreprise n'est aussi populaire que Google. Il suffirait d'un petit incident, d'un tassement de la croissance de la publicité pour que l'action s'effondre. Cela a-t-il de l'importance ? Sans doute pas, tant que Google reste ce qu'elle est aujourd'hui, une société fièrement indépendante. Mais toute personne qui prendrait sa valorisation extrême trop au sérieux risquerait de commettre une grave erreur. »

Dans la semaine qui précéda la fête nationale du 4 juillet, Google déclencha ses propres feux d'artifice en franchissant le seuil des 300 dollars. Mark Mahaney, l'analyste de Wall Street qui avait recommandé aux investisseurs de vendre à 135 en octobre 2004, et qui avait changé d'employeur, recommandait à présent chaudement l'achat de l'action Google. Depuis son bureau de Citigroup Smith Barney, Mahaney avait fixé un nouvel objectif de 360 dollars pour l'action. D'autres analystes voyaient aussi le titre bien au-dessus des 300 dollars. Comme le moteur de recherche qui lui donnait sa puissance, l'action Google était maintenant animée d'une vie propre.

Chapitre 25

Le syndrome chinois

Dans le courant de l'année 2005, Bill Gates et Microsoft se préparaient à lancer une nouvelle offensive d'importance visant à enrayer le succès et la croissance débridée de Google. Les cadres de la compagnie avaient choisi leur cible avec la plus grande attention, conscients des nombreux secteurs à envisager. Par exemple, il y avait l'implication de Google dans le financement du développement d'un navigateur plus rapide et plus sûr nommé Firefox. Ce concurrent direct d'Internet Explorer de Microsoft s'avérait tellement populaire que des dizaines de millions d'internautes l'avaient téléchargé sur leur ordinateur et avaient commencé à s'en servir pour surfer sur le Web. Outre Firefox, il y avait le problème du recrutement. Google débauchait régulièrement des informaticiens talentueux de chez Microsoft, un peu comme si Gates était à la tête d'une agence de recrutement au service de Larry et Sergey. Il fallait mettre fin à ces agissements une bonne fois pour toutes et d'une manière qui capte l'attention du monde entier.

Le champ de bataille le plus important concernant ce recrutement était peut-être la Chine, qui avait l'économie dont la croissance était la plus rapide au monde avec plus de 100 millions d'internautes. La Chine offrait de grandes perspectives d'avenir dans le domaine de la technologie et Microsoft y était déjà bien implanté avec près d'un millier d'employés. À présent, Google voulait établir son propre centre de recherche et de développement en Chine. Pour Google, la Chine était d'une importance capitale. Ce pays deviendrait avec le temps, le plus gros marché d'Internet au monde, et il était déjà le deuxième après les États-Unis en termes d'utilisateurs. Si Microsoft posait de graves problèmes à Google au sujet de la Chine et du recrutement en jouant les trouble-fête, les effets secondaires seraient immenses.

Pour réussir, Microsoft devrait changer les conditions de son engagement. Toutes les fois que le géant du logiciel avait essayé de s'opposer à la croissance planétaire de Google lors de ces dernières années en sortant de nouveaux produits, il s'était cassé la figure. La réputation de Google semblait se confirmer, et Microsoft prenait plusieurs longueurs de retard dans la bataille pour la place qu'occupent les marques dans l'esprit du consommateur. Microsoft n'allait pas mieux à Wall Street, où il n'arrivait pas à faire augmenter le prix de son action ou à susciter le même émoi que celui qui accompagnait la moindre décision de Google. On aurait dit que Microsoft était sur un tapis roulant qu'on utilise dans les salles de gym : il courrait mais faisait du sur-place. Certes, la compagnie continuait à profiter d'énormes avantages en termes de taille dans la mesure où sa capitalisation boursière atteignait 275 milliards de dollars, ce qui représentait plus du triple de celle de Google. Elle jouissait également d'une grande influence et de revenus réguliers provenant de la vente de millions d'ordinateurs personnels qui fonctionnaient avec son système d'exploitation Windows et sa suite de logiciels Office (avec notamment Word). La compagnie avait également des milliards de dollars en caisse et une gamme de produits diversifiés (dont certains nouveaux jeux électroniques à la mode) qui jouissaient d'un certain succès.

Mais dans un monde où la perception était importante, Microsoft était considéré par beaucoup de spécialistes de la technologie comme l'Union soviétique du logiciel, un géant manquant de mobilité et incapable de s'adapter à un millénaire du numérique au rythme rapide. En tant que société arrivée à maturité, s'étant construite autour de l'ordinateur personnel, il manquait à Microsoft le *sex-appeal* qui faisait de Google le chouchou des internautes. Gates souhaitait désespérément que Microsoft soit un peu plus qu'une pompe à dollars. Il voulait reprendre la main, même si cela signifiait dans un premier temps que la force primait sur l'innovation. Une attaque fortement médiatisée portée contre Google au sujet du recrutement avait toutes les chances d'attirer l'attention et d'avoir un impact maximal. Et si la Chine était également impliquée dans l'affaire, alors tous les ingrédients seraient réunis pour en faire une histoire à succès.

© Dunod – La photocopie non autorisée est un délit

L'objectif principal de Microsoft était d'arrêter l'hémorragie des cerveaux en direction de Google, et ce faisant, d'éliminer les perturbations engendrées par Google. Gates forma et rassembla un comité à l'intérieur de Microsoft chargé de se concentrer exclusivement sur l'élaboration de méthodes visant à concurrencer Google. Ce groupe diffusa aux cadres supérieurs un mémo confidentiel intitulé « le défi Google ». Récemment, le transfert des ingénieurs entre Microsoft et Google s'était fait à sens unique. Au moment où des milliers de CV arrivaient chaque jour dans la compagnie du moteur de recherche, Microsoft avait du mal à garder ses éléments les plus brillants même après leur avoir offert des augmentations et des avantages en nature. La fuite des cerveaux chez les grands noms du logiciel était sans précédent. Pire encore, Google embauchait des docteurs formés dans les universités les plus huppées du pays et il allait même jusqu'à voler des recrues à Microsoft sur son propre territoire, à l'université de Washington. En attaquant durement Google à propos de ses pratiques de recrutement et en améliorant sa propre politique d'embauche, notamment sur les campus, Gates et Ballmer espéraient que Larry et Sergey regretteraient d'avoir ainsi empiété sur leur territoire de manière aussi agressive.

Il n'y avait pas de doute, il fallait faire quelque chose. Au cours du printemps et de l'été 2005, Google avait accéléré le rythme de ses recrutements en embauchant plus de 700 employés en seulement trois mois. Avec Larry à la tête de cette campagne de recrutement, les effectifs globaux de Google s'envolèrent pour compter 4 183 employés, ce qui était presque le double du chiffre atteint une année plus tôt. La compagnie avait également ouvert de nouvelles succursales à travers le monde, notamment en Suède, au Mexique et au Brésil, et elle avait des employés dans une bonne vingtaine de pays qui étaient à la tête de ces campagnes de recrutements. De l'Europe à l'Amérique du Sud en passant par l'Asie, Google était en pleine évolution.

Et puis il y avait la Chine. « La Chine, de toute évidence, constitue un marché très porteur en général et pour Google en particulier, disait Page. Nous avons en fait une part de marché significative en Chine. Il y a là-bas des opportunités formidables pour nous, étant donné notre part de marché existante, pour que nous fassions des bénéfices grâce à la publicité. Nous en sommes au stade où nous essayons de faire atteindre la masse critique à nos opérations commerciales. » Alors que Google avait posé sa candidature officielle pour avoir des bureaux en Chine et que le PDG Eric Schmidt venait de s'y rendre pour superviser les opérations, Microsoft se préparait à porter un coup fatal à son ennemi juré.

Le docteur Kai-Fu Lee avait commencé à travailler pour Microsoft en Chine en 1998, l'année même de la création de Google. Ce docteur très estimé de l'université Carnegie-Mellon, qui continuait d'avoir des liens très forts avec les communautés technologiques en Chine et aux États-Unis, avait fondé Microsoft Research Asia, un laboratoire de Pékin qui, rapidement, s'était fait une solide réputation. En 2000, Lee fut muté au siège de la compagnie aux États-Unis, où ses attributions allaient de la supervision de la stratégie de la compagnie dans la recherche jusqu'aux études sur l'ergonomie des produits Microsoft. Il participait à des réunions du comité consultatif sur la Chine, qui se concentrait sur le statut des stratégies et des opérations de Microsoft en Chine et aidait à la recherche de vendeurs en Chine lorsque c'était nécessaire. Il rencontrait également Bill Gates pour parler des problèmes posés par Google. Microsoft rétribuait le docteur Lee généreusement pour son travail, et lui avait notamment versé plus d'un million de dollars au titre de l'année 2004.

Puis au printemps 2005, Lee entendit dire que Google voulait ouvrir un grand centre de recherche en Chine, et il entra en contact avec les dirigeants de Google afin de leur proposer d'en prendre la direction. Cela constituait une occasion de construire quelque chose de A à Z, et ce genre de défi l'attirait. L'idée de se joindre à l'équipe de Google lui plaisait également. Les négociations se poursuivirent et Lee, qui était toujours employé par Microsoft et avait signé un accord comprenant une clause de non concurrence d'un an, annonça à ses supérieurs qu'il désirait démissionner. Google, expliquait-il, proposait de le mettre à la tête de sa nouvelle filiale chinoise.

Si Lee partait, cela ferait de lui l'employé de plus haut rang volé à Microsoft par Google, et il constituerait une cible privilégiée pour une bataille juridique acharnée. Lors d'une déclaration faite sous serment, au cours des procédures qui suivirent, Lee affirma que le vice-président directeur de Microsoft, Rick Rashid l'avait prévenu : « Tu ne devrais pas y aller. Les choses seront très désagréables pour toi si tu y vas. »

« Si tu pars, il faudra que nous prenions des mesures et, s'il te plaît, ne le prends pas personnellement le jour où nous

© Dunod – La photocopie non autorisée est un délit

serons effectivement amenés à le faire... » lui avait dit le PDG de Microsoft, Steve Ballmer, selon la déposition de Lee. « Nous t'aimons bien. Ce que tu as apporté à Microsoft est colossal. Ce n'est pas après toi que nous en avons, c'est après Google. »

Finalement, Bill Gates rencontra Lee, essaya de le persuader de rester et fut totalement franc quant à la tournure que prendraient les choses s'il passait à l'ennemi. « Kai-Fu, lui dit Gates, il ne fait aucun doute que Steve va te poursuivre en justice si tu fais ça, et il va poursuivre Google aussi. Cela fait un moment qu'il cherche une occasion de ce genre... Nous avons besoin de faire cela pour arrêter Google. »

En dépit de ces avertissements, en juillet 2005, Lee se joignit à la cohorte de tous ceux qui avaient quitté Microsoft pour Google. Le géant du moteur de recherche salua ce recrutement comme un coup qui permettrait à la compagnie de se propulser sur le marché chinois. Lee lui-même déclara que les plans d'expansion de Google pourraient amener à de nouvelles avancées technologiques qui alimenteraient la croissance continuelle des économies chinoises et américaines. Son titre de président de Google en Chine reflétait le prestige qu'il apportait à ce poste.

Toute déclaration de guerre est suivie d'une première salve ou de quelque chose qui s'en rapproche. Cette guerre-ci suivrait la même règle. C'était au tour de Microsoft d'assombrir une annonce faite par Google en tirant un coup de canon qui serait entendu par l'ensemble du monde de la technologie. Lors d'un procès très médiatisé intenté contre Google et le docteur Lee, Microsoft affirma que Google avait tenté de manière illégale et en toute connaissance de cause de le pousser à violer les termes de son contrat chez Microsoft. Le contrat contenait des clauses de non concurrence et de confidentialité qui restreignaient les activités du docteur Lee et l'empêchaient d'utiliser toute information obtenue chez Microsoft qui pourrait bénéficier à l'incursion de Google sur le marché chinois ou à la mise au point de technologies de recherche.

« Kai-Fu Lee, avec la bénédiction de Google, viole ouvertement ses promesses de non concurrence faites à Microsoft. Il le fait en quittant Microsoft pour Google, un concurrent direct sur des marchés à propos desquels Lee détient des informations stratégiques et techniques des plus sensibles provenant de Microsoft » disait la compagnie dans les documents remis au tribunal. « Microsoft est engagé dans une concurrence intense avec Google. En vertu de son statut de dirigeant dans la compagnie, Lee a eu connaissance des secrets commerciaux, stratégiques et techniques les plus sensibles de Microsoft concernant la technologie de la recherche. Il était également profondément impliqué dans les efforts consentis par Microsoft pour étendre sa clientèle, ses opérations en Chine et les plans stratégiques confidentiels de la compagnie concernant ce nouveau marché d'une importance cruciale. » Alors que Microsoft tentait d'obtenir une injonction qui l'empêcherait d'accepter son nouvel emploi, Lee partit immédiatement en Chine sans attendre la décision d'un juge américain. Une fois sur place, il convoqua les médias chinois pendant que Google répliquait aux États-Unis.

« Avec une prétention choquante, Microsoft s'est rué vers les tribunaux, prétendant que le champ entier de la recherche lui appartenait, prétendait Google dans les documents du procès. Il cherche à contester la bonne réputation de Monsieur Lee sans aucune preuve. Ce procès est une mascarade. En effet, les cadres de Microsoft ont avoué à Monsieur Lee que leur intention réelle était de faire peur à d'autres employés pour les contraindre à rester dans la société. La domination du marché par Microsoft élimine l'intérêt légitime qu'il y aurait à se protéger soi-même de la concurrence par le cas de ce seul employé. »

Le procès intenté par Microsoft dépeignait Google comme un flibustier des entreprises n'ayant aucun respect pour la loi, y compris les contrats d'embauche standard. « Google sait très bien les promesses qui ont été faites par Lee à Microsoft, mais a choisi de les ignorer et a encouragé Lee à ne pas les respecter, déclarait la compagnie. S'il devait accepter l'emploi que lui propose Google, il aiderait forcément la société à faire concurrence aux stratégies commerciales de Microsoft en Chine, stratégies qu'il a aidé à mettre au point lorsqu'il travaillait pour Microsoft. »En dépit de l'assertion de Google selon laquelle Lee n'était pas un expert des moteurs de recherche, un juge de l'état de Washington émit un jugement préliminaire qui allait en faveur de Microsoft, empêchant Lee de s'engager dans tout travail qui impliquait la recherche ou la stratégie chinoise de Google. Le juge permit par la suite à Lee de commencer des opérations de recrutement en Chine, mais fixa certaines limites à ses autres attributions. Google déclara qu'il respecterait cette décision en attendant le procès.

Le triomphe provisoire de Microsoft sur Google envoya un message aux spécialistes de technologie à travers le monde.

© Dunod – La photocopie non autorisée est un délit

Il faisait peser la menace d'une action en justice au-dessus de tout employé de Microsoft qui partirait chez Google. Une couverture médiatique abondante aux États-Unis, en Chine et en Europe présentait ce combat comme une illustration de l'importance de la menace que constituait son rival pour le géant de l'informatique. « Il est clair que les motifs de Microsoft vont bien au-delà du cas de Lee. En poursuivant Google et Lee, la compagnie peut décourager d'autres techniciens de talent qui auraient envie de faire leurs valises » disait un article de *Business Week*. En Chine, le *Quotidien du peuple* offrait une autre perspective : « Lee déclara que sa décision était conforme à la loi et à la morale. Bien sûr, on ne devrait pas violer la loi. Lee prétend que son approche respecte de tels principes. »

Lee lui-même expliqua les raisons pour lesquelles il souhaitait travailler pour Google sur un site Web chinois lu par des milliers d'étudiants en école d'ingénieur. Donnant à sa déclaration la forme d'une équation mathématique, il écrivit : « jeunesse + liberté + transparence + nouveau modèle + bien public + croyance en la confiance = Miracle de Google. »[1]

En août 2005, au milieu de la bataille juridique avec Microsoft concernant la Chine, Google célébra son premier anniversaire de compagnie cotée en Bourse en surprenant de nouveau Wall Street : il annonça le projet d'une mise sur le marché gigantesque de 4 milliards de dollars en action. Les milliards d'argent frais lui permettraient de financer son effort de guerre de manière plus substantielle afin de combattre la concurrence grandissante de Microsoft et de Yahoo aux États-Unis et à l'étranger. De manière un peu fantasque, la compagnie déclara vouloir vendre 14 159 265 actions supplémentaires pour lever ses fonds, ce nombre représentant les huit premiers chiffres après la virgule de pi. Lors de son introduction en Bourse, une année auparavant, Google avait déterminé la somme totale d'argent à lever, 2 718 261 828,00 dollars, à partir d'un autre nombre mathématique connu sous le nom de « e ». Pour les observateurs de Google, cela constituait un signe que la compagnie, en dépit de ses toutes nouvelles richesses, avait conservé sa culture d'entreprise excentrique. La compagnie avait également annoncé qu'il y aurait une grande fête

1. A la fin du mois de décembre 2005 Microsoft et Google mirent fin à la bataille judiciaire qui les opposait sur ce que le premier qualifiait de « vol de cerveaux » et qui n'était pour le second qu'un simple recrutement. Les termes de l'accord ont été maintenus confidentiels.

avec barbecue au Googleplex à l'issue de laquelle deux nouveaux chefs cuisiniers seraient choisis pour remplacer Charlie Ayers. « Tous les ingénieurs ayant des compétences en cuisine peuvent passer les tests d'embauche » déclara Brin.

Larry et Sergey, des mathématiciens devenus magnats des affaires, continuaient de transformer l'ordinaire en quelque chose d'extraordinaire. Dans les mois qui avaient suivi l'introduction en Bourse de Google, ses fondateurs de 31 ans étaient devenus les plus riches et les plus jeunes milliardaires des États-Unis, et des centaines d'autres Googlers étaient devenus millionnaires. Nos amis firent leur entrée sur la liste établie par Forbes des 400 plus grandes fortunes d'Amérique au rang de 43e, avec une valeur nette de 4 milliards de dollars chacun. Cela se fondait sur le cours de l'action de Google à environ 110 dollars. Quand le cours de l'action monta à plus de 300 dollars pendant l'été 2005, chacun des deux fondateurs avait une valeur nette qui dépassait les 10 milliards de dollars. Cependant, tout cela ne suffisait pas à la mère de Sergey, Eugenia Brin, qui voulait que son fils retourne à Stanford, écrive sa thèse et termine son doctorat.

Les ventes d'actions de Google par ses cadres supérieurs, ses directeurs, ses investisseurs principaux et ses employés approchèrent les 3 milliards de dollars au cours de l'année. Mais la vente de ces actions par Larry, Sergey et d'autres ne fit pas grand-chose pour émousser l'enthousiasme des investisseurs pour la compagnie. Souvent le fait que des hauts responsables d'une entreprise vendent des actions est perçu de manière négative à Wall Street, mais Google fit également mentir cette tendance. Outre les actions qu'ils avaient vendues lors de l'introduction en Bourse, Larry et Sergey se débarrassèrent d'environ 400 000 actions par mois, ce qui leur donnait à chacun environ 750 millions de dollars en liquide ; le PDG, Eric Schmidt, vendit environ 113 000 actions par mois, qui lui rapportèrent au total plus de 225 millions de dollars[1]. Les investisseurs de la première heure, John Doerr et Ram Shriram,

1. Quand les détails concernant les avoirs financiers de Schmidt apparurent dans la publication en ligne CNET, Google qui veille à protéger la vie privée et la sécurité de ses dirigeants, déclara qu'il boycotterait les reporters de CNET pendant une année. De nombreux commentateurs accusèrent Google d'hypocrisie étant donné que la compagnie mettait constamment l'accent sur la disponibilité d'une information abondante sur les personnes, les lieux et les biens, et également parce que CNET avait utilisé le moteur de recherche de Google pour découvrir cette information.

© Dunod – La photocopie non autorisée est un délit

passèrent également à la caisse, vendant 45 millions et 313 millions d'actions de Google respectivement. Et le Président de Stanford, John Hennessey, se débarrassa également d'actions qu'il avait reçues en qualité de membre du conseil d'administration, ce qui lui permit d'empocher 2,5 millions de dollars. Étant donné la valeur importante acquise par les actions de Google, ils savaient tous qu'un certain nombre de choses pouvaient mal tourner et faire plonger le prix de l'action Google.

Pour toutes les décisions concernant la vente de leurs actions, Larry et Sergey choisirent sagement d'écouter les conseils de financiers et d'avocats qui pendant des années avaient assisté à des booms du marché boursier ainsi qu'à des baisses brutales de ses valeurs. Les fondateurs de Google avaient l'intention de garder la plupart de leurs actions, mais ils voulaient éviter de terminer comme ces entrepreneurs de la Silicon Valley qui tombaient amoureux des actions de leur compagnie, n'en vendaient jamais et, au bout du compte, n'avaient plus rien lorsque l'affaire coulait. Par conséquent, que le cours de l'action Google monte ou baisse, il était logique que chacun d'entre eux vende le même nombre d'actions, chaque mois, en suivant un calendrier régulier. Ceci évitait deux problèmes. Tout d'abord, puisque ces transactions de vente étaient en pilote automatique, personne ne se poserait jamais la question de savoir si l'achat ou la vente de leurs actions étaient motivés par des informations confidentielles dont seuls jouissaient les initiés. Deuxièmement, ce mode d'opération signifiait qu'une partie de leurs actions serait convertie en argent liquide, ce qui garantissait que quoi qu'il arrive, eux-mêmes et leur famille seraient définitivement à l'abri du besoin et qu'ils pourraient se livrer à une diversification de leurs investissements. Et en raison de l'existence des deux classes d'actionnaires aux droits de vote inégaux, ils pouvaient en toute sécurité vendre une partie de leurs actions sans renoncer à contrôler le destin de Google.

Disposant de liquidités tout à fait confortables grâce aux 625 millions de dollars générés lors du deuxième trimestre de 2005, Google se mit également en quête d'acquisitions. La compagnie investit plusieurs millions de dollars en achetant Current Communications, une compagnie privée basée à l'extérieur de Washington DC et pionnière de l'accès Internet haut débit par courant porteur en ligne (CPL). La plupart des accès haut débit accessibles aux particuliers passaient par la télévision par câble ou bien les lignes téléphoniques. L'investissement reflétait l'intérêt prononcé de Google pour la maîtrise des coûts et les sources d'énergie, une variable qui s'est avérée décisive dans le choix de l'emplacement des centres de données dans lesquels la compagnie loge ses centaines de milliers d'ordinateurs. L'investissement entrait aussi dans le cadre d'une stratégie visant à fournir Internet et Google à un public élargi à travers le monde.

Pendant que le feuilleton dramatique concernant Lee continuait de se dérouler à la fin de l'été 2005, le marché Internet en Chine entra en surchauffe, ce qui ne fit qu'augmenter les enjeux. Yahoo annonça un investissement d'un milliard de dollars dans une des principales firmes Internet en Chine, Alibaba, au moment même où la stratégie de Microsoft dans l'affaire Kai-Fu Lee mettait des bâtons dans les roues de Google et contrariait temporairement son expansion dans ce pays. Mais Google finissait toujours par retomber sur ses pieds, et la compagnie avait de multiples points d'accès au marché Internet chinois.

L'un de ces points d'accès était Baidu.com. En 2004, Google avait acheté une part de 2,6 % dans cette entreprise chinoise, leader sur le marché des moteurs de recherche, dont le logo fait de couleurs primaires sur un fond d'un blanc pur imitait celui de Google. Le mot baidu signifie « 100 fois » et il fait référence à un ancien poème relatant l'histoire d'un homme qui recherche son amoureuse. Donnant une nouvelle preuve de l'étendue étonnante de l'économie Google, Baidu.com fut introduit en Bourse en août 2005, en se donnant le surnom de « Google chinois ». Même si la firme n'eut lors du premier trimestre qu'un chiffre d'affaires de 8,4 millions de dollars et des bénéfices de 1,5 million, l'aura de Google et les perspectives de la croissance rapide du marché de la recherche Internet en Chine suffisaient à son bonheur. Lors du premier jour de son émission, l'action Baidu s'envola, partant de 27 dollars pour atteindre 122 dollars. Il s'agissait de la plus forte progression lors d'une introduction en Bourse depuis l'éclatement de la bulle technologique, cinq ans auparavant.

« Il s'agit d'une mentalité d'investisseur née du succès de Google, déclara David Menlow, le président *d'IPO Financial Network*. Tout le monde se rappelle avoir eu la possibilité d'acheter des actions de Google à 85 dollars et personne ne veut de nouveau laisser passer une pareille occasion. »

La surchauffe générée par l'introduction en Bourse de Baidu ajouta des milliards de dollars de valeurs marchandes

© Dunod – La photocopie non autorisée est un délit

à l'économie Google mondiale qui croissait aussi en d'autres endroits du globe. Cette même semaine, une compagnie britannique paya 43 millions de dollars en liquide pour acheter Search Engine Watch, l'entreprise managée par l'ancien journaliste Danny Sullivan, qui continuait à suivre avec attention la moindre décision de Google pour ses lecteurs du monde entier.

En pleine expansion de l'économie Google, Danny Sullivan, l'impresario de la recherche sur Internet, en pleine conversation « au coin du feu » avec Sergey dans une salle bondée lors d'une conférence réunissant les spécialistes du domaine.

Quant à Google, sa capitalisation boursière était désormais de 80 milliards de dollars, ce qui en faisait une compagnie qui valait plus qu'Amazon et eBay réunis. Même si Google se considérait comme une compagnie mue par la technologie et l'ingénierie, elle faisait des bénéfices de la même manière qu'en font la plupart des entreprises des médias, c'est-à-dire essentiellement grâce à la publicité. Ce qu'il y avait de paradoxal dans cette situation, c'était qu'une compagnie dont la puissance financière était bâtie sur la publicité n'en faisait pratiquement pas elle-même. Elle n'en avait pas besoin. Au cours de la première année qui suivit son introduction en Bourse, Google valait un petit peu plus que la plus grande entreprise mondiale de médias, la vénérable Time Warner, en dépit du fait que cette entreprise avait des avoirs partout dans le monde, des studios de Hollywood aux chaînes câblées en passant par des magazines et America Online. Google valait également plus que Disney, Ford, et General Motors, des compagnies américaines bien connues qui jouissaient d'une réputation et d'une influence au niveau planétaire.

Pour gagner encore plus d'argent, Google travaillait à de nouvelles méthodes de paiement visant à rendre les achats en ligne plus faciles pour les internautes et s'essayait à l'achat et à la revente de publicités imprimées dans les magazines. Google améliora également la manière dont les annonceurs peuvent retrouver la trace des ventes générées à partir de leurs dépenses publicitaires sur son site, ce qui permettait de mieux quantifier les résultats de ce type de publicités. Il fournissait de nouveaux moyens pour les principaux annonceurs des grandes sociétés (y compris celles de ventes au détail comme Wal-Mart et Costco) d'avoir un meilleur contrôle sur l'emplacement de leur publicité en ligne et le moment où elle apparaîtrait. Google réorganisa aussi son personnel commercial afin de mieux servir les plus grandes sociétés américaines. Explorant de nouveaux secteurs pouvant apporter de gros bénéfices, les informaticiens de Google travaillaient en étroite collaboration avec les studios d'Hollywood afin de mettre au point des méthodes visant à protéger les droits des vidéos au format numérique afin que l'on puisse facilement les télécharger et les payer en ligne, plaçant ainsi la compagnie en concurrence directe avec Microsoft qui essayait de faire la même chose. Cependant, ce qui comptait le plus pour Larry et Sergey, c'était de maintenir la longueur d'avance de Google comme moteur de recherche. Les chiffres prouvaient d'ailleurs cette suprématie puisque selon des données tirées d'enquêtes, presque 60 % des recherches sur Internet aux États-Unis se faisaient à travers Google.

« Nous restons concentrés sur l'utilisateur final et l'innovation, déclara Eric Schmidt. Nous restons attachés à cet objectif dont nous parlions dans la lettre originale des fondateurs : mettre toute l'information du monde en ligne. Et nous avons été capables, malgré notre croissance et tout le reste, d'attirer les personnes les plus brillantes au monde. Nous sommes très enthousiastes en raison de toutes ces compétences que nous avons pu rassembler et de la puissance informatique que nous avons construite. Le chemin le plus direct pour avoir accès à l'information mondiale passera par Google. »

© Dunod – La photocopie non autorisée est un délit

Chapitre 26
« Googlez » vos gènes

Sergey Brin et Larry Page ont des projets à long terme ambitieux concernant l'expansion de Google dans le domaine de la biologie et de la génétique grâce à l'union de la science, de la médecine et de la technologie. Leur but, à travers Google, sa fondation et une entité en cours d'évolution, Google.org, est de permettre à des millions d'individus et de scientifiques d'avoir accès à une information qui leur permettra de vivre de manière plus saine et plus intelligente grâce à la prévention et à la guérison de toute une série de maladies. Une partie de ce travail réalisé en partenariat est déjà engagée et s'appuie sur de petites équipes très pointues de Google et sur ses immenses ressources informatiques.

« Trop peu d'informaticiens sont conscients des problèmes que pose la biologie en matière d'informations et de leurs répercussions sur le monde, déclare Brin. Nous pouvons stocker des quantités incroyables de données à un coût très bas. »

Larry et lui souhaitent faciliter la tâche des utilisateurs qui veulent trouver des informations pertinentes rapidement, et la compagnie consacre l'essentiel de ses ressources à l'amélioration de la qualité de la recherche. Cela implique des méthodes de recherche totalement différentes qui pourraient faire un jour paraître les méthodes actuelles de Google comme primitives. Au fur et à mesure de leur évolution, les mécanismes de recherche du futur produiront de meilleures réponses aux questions, tout comme Google est supérieur aux premiers moteurs de recherche qui l'ont précédé.

« L'aboutissement total du moteur de recherche, dit Page, serait un moteur qui comprendrait exactement ce que vous voulez dire et qui fournirait exactement ce que vous recherchez. »

Cette orientation d'une importante cruciale est étudiée au Googleplex ; elle comprend une expérimentation avec les techniques d'intelligence artificielle et les nouvelles méthodes de traduction linguistique. Brin et Page espèrent que ces efforts permettront au bout du compte aux internautes d'avoir accès à une meilleure information en se jouant des barrières qu'imposent les différences de langues, de lieu et d'accès à Internet.

Pour les aider dans cette entreprise, Larry et Sergey ont recruté une équipe aux origines très diverses qui regroupe un ensemble d'anciens PDG, des centaines de titulaires d'un doctorat, des champions en résolution de problèmes de toutes nationalités, d'anciens médaillés olympiques, un cinéaste indépendant ayant gagné des prix et un bon nombre de professeurs d'université.

Brin et Page envisagent un avenir où les utilisateurs de Google auront un accès universel à d'immenses bases de données contenant des informations récentes qui ne sont pas actuellement disponibles sur Internet ; certaines de ces bases seront publiques et d'autres privées et contiendront notamment des films, des programmes de télévision et de radio, des images et du texte, des ressources pédagogiques et des données provenant de l'espace. Notre tandem s'implique également dans la recherche de sources d'énergies renouvelables et propres pour alimenter Google et doper la croissance économique. « Ces gars-là ont vraiment une vision très précise de ce que la compagnie doit faire, confie le président de Stanford, John Hennessy. Ils réfléchissent constamment à leurs objectifs à long terme. »

L'un des projets de Google les plus enthousiasmants concerne une recherche génétique et biologique qui pourrait donner lieu à d'importantes avancées dans le domaine médical et scientifique. Google pourrait ainsi participer à l'avènement d'une ère de la médecine personnalisée dans laquelle la compréhension du code génétique précis d'un individu contribuerait à personnaliser le traitement médical, au lieu d'établir des traitements en fonction de statistiques ou de moyennes observées. Parmi les retombées possibles figurent une nouvelle compréhension de certaines maladies et la recommandation ou l'interdiction de certains types de nourritures et de médicaments pour les personnes ayant des caractéristiques génétiques particulières.

© Dunod – La photocopie non autorisée est un délit

« Imaginez seulement l'application de Google à la cartographie du génome, dit Hennessy. Il y a de très grandes bases de données, énormément d'informations et un besoin de recherche. » Grâce à l'ajout de données spécialisées, l'index de Google pourrait participer à de nouvelles découvertes en génétique. « Il faut être capable d'utiliser un système de recherche qui est dépendant du contenu et où la structure de l'ADN et du génome est déjà intégrée. Il s'agit là d'un de ces nombreux domaines potentiels où l'on peut déjà remarquer que la recherche intelligente, comme on l'appelle parfois, a provoqué des changements. Nous allons assister à une accélération de ce phénomène. »

Le docteur Alan E. Guttmacher, vice-directeur de l'Institut national de la recherche sur le génome humain, a déclaré que l'implication de Google dans le domaine de la génétique a une signification particulière en raison de sa capacité à rechercher et à trouver des gènes spécifiques et des anomalies génétiques qui provoquent des maladies. Il a également déclaré que son énorme puissance informatique peut être utilisée pour analyser de grandes quantités de données qui se subdivisent en milliards de composantes, quantités que les scientifiques ne peuvent pas traiter dans leur laboratoire. L'ancien modèle du scientifique travaillant dans un laboratoire, dit-il, est progressivement remplacé par le nouveau paradigme du chercheur qui travaille à son ordinateur connecté à des bases de données par Internet et qui se livre à des simulations dans le cyberespace. « Jusqu'à une époque récente, le défi consistait à rassembler des données, dit Guttmacher. Maintenant, il y a un défi encore plus grand qui est celui de leur organisation et de leur évaluation. Les approches du genre de celle de Google sont la solution à ce problème. Ce type d'approche accélère et change radicalement la manière dont on effectue la recherche scientifique. Nous commençons à avoir aujourd'hui à notre disposition des instruments incroyables nous permettant de comprendre le processus d'évolution des maladies humaines, et nous trouvons de nouvelles façons d'effectuer leur prévention et leur traitement. »

Lors d'un dîner bien arrosé en février 2005, Sergey Brin discutait des perspectives concernant la génétique avec un biologiste, le docteur Craig Venter. Personnage non conventionnel, Venter, qui a décodé le génome humain, était en train de rassembler des échantillons provenant de tous les océans du globe pour les envoyer aux États-Unis afin d'analyser leur ADN. Malgré les millions de dollars dépensés et les milliers d'heures passées à effectuer des calculs sur les ordinateurs du département fédéral de l'énergie, Venter avait besoin d'une aide supplémentaire pour percer les mystères de la vie moléculaire. Et il lui semblait que les mathématiciens, les scientifiques et les spécialistes de technologie de chez Google ainsi que sa puissance informatique pouvaient permettre à sa recherche de faire un bond en avant.

Google a pour projet de se lancer dans un projet impliquant la génétique, avec l'aide du scientifique Craig Venter, un anti-conformiste dont les efforts ont contribué à la cartographie du génome.

Il insista donc beaucoup auprès de Brin pour que Google s'implique dans cette affaire. Assis à la même table se trouvait Ryan Phelan, le principal responsable de DNA Direct, l'une des compagnies Internet les plus importantes qui fournissent aux particuliers un conseil génétique et des tests génétiques. DNA Direct recrute presque la quasi-totalité de ses patients à partir de publicités qu'il achète sur Google. Les publicités apparaissent à droite des résultats de recherche gratuits lorsque les utilisateurs tapent des mots comme « coagulation du sang », « cancer du sein », « mucoviscidose », ou certaines autres maladies. Brin, Venter et Phelan faisaient partie de ceux qui avaient été invités à un dîner de notables à Cibo, un bistrot italien à la mode de Monterey, en Californie. Brin avait amené son amie Anne Wojcicki, une investisseuse dans le domaine des soins médicaux dont la sœur est une cadre supérieure chez Google. Assis près de lui se trouvait l'un des premiers investisseurs de Google, Jeff Bezos, le PDG d'Amazon.

© Dunod – La photocopie non autorisée est un délit

Phelan se rappelle : « Venter et Sergey parlaient de la manière dont on peut utiliser Google pour vraiment aider les gens à avoir accès à des informations sur la génétique. Craig recherchait la science à l'état pur, et il se demandait si Google pouvait stocker et communiquer ces informations. Sergey, qui est très brillant intellectuellement, essayait de faire parler Craig pour savoir la manière dont on pourrait utiliser Google pour mener à bien ce projet. »

Google n'est pas opposé à l'idée d'aider les efforts de la communauté scientifique. Il a fait équipe avec Stanford il y a plusieurs années afin de fournir de la puissance de calcul pour un projet scientifique sur le dépliement des protéines. Le processus de repliement des protéines est l'un des concepts centraux de la compréhension de la biologie, bien que l'on en sache très peu sur la manière dont il fonctionne. Certaines personnes croient que le repliement incorrect des protéines peut engendrer de graves maladies qui vont de la maladie d'Alzheimer à celle de Parkinson en passant par divers types de cancers. Le projet de Stanford se servait de la puissance de calcul inutilisée d'ordinateurs d'individus volontaires ou d'organisations comme Google qui acceptaient d'appliquer cette puissance informatique excédentaire à cette tâche colossale, consistant à simuler le processus de repliement des protéines en trois dimensions. Les personnes qui téléchargeaient la barre d'outils de recherche de Google pouvaient facilement s'inscrire au programme de Stanford, de telle sorte que lorsqu'ils étaient absents de chez eux ou qu'ils dormaient, leur ordinateur pouvait œuvrer pour la science. La puissance informatique supplémentaire a permis d'accélérer la simulation et l'analyse du repliement des protéines. « Établir un modèle, même pour la plus simple des protéines, peut s'avérer extrêmement complexe du point de vue informatique » disait Brin.

Peu après ce dîner en Californie, Brin et Page ont fait équipe avec Venter. Le biologiste a ainsi pu avoir accès au personnel et à la puissance informatique de Google. Selon lui, cette alliance allait accélérer l'analyse des données moléculaires et augmenter la probabilité de retombées dans le domaine des soins et de la recherche fondamentale.

« Nous avons besoin d'utiliser les plus gros ordinateurs au monde, avait dit Venter. Larry et Sergey sont emballés par nos recherches et ils vont nous donner accès à leurs programmeurs et à leurs ordinateurs afin d'améliorer le processus d'analyse des données. Cela montre à quel point ils ont l'esprit large.

L'information génétique va devenir le secteur de pointe de l'information qui va changer le monde. En travaillant avec Google, nous essayons de construire un catalogue des gènes afin de classifier tous les gènes de la planète et de comprendre ainsi le développement de leur évolution. Les généticiens attendent cela depuis des générations. »

Selon Venter, Google va construire au fil du temps une base de données génétique, l'analyser et trouver des corrélations significatives au niveau des individus et des populations. Il utilise les 30 000 gènes découverts par Venter et les scientifiques des *National Institutes of Health* (NIH, Instituts nationaux de la santé) au moment où ils faisaient la course pour savoir qui découvrirait le premier la cartographie du génome humain. Le 26 juillet 2000, les chercheurs publics et privés s'étaient rendus à la Maison Blanche pour annoncer que leur course venait de se terminer par un match nul.

Les techniques de fouille de données de Google semblent bien convenir aux problèmes colossaux posés par l'analyse des séquences génétiques. Google a commencé à travailler sur ce projet, mais n'est pas tenu de publier des informations sur le sujet, car il n'a pas d'impact sur son bénéfice actuel.

Brin, qui se passionne depuis longtemps pour la biologie moléculaire, est profondément engagé dans ce projet. Pour lui, « Google va faciliter le travail des biologistes cellulaires et des autres types de chercheurs en leur donnant accès à ses clusters de données et à ceux que nous aurons dans dix ou vingt ans ; cela permettra de réaliser des choses totalement nouvelles que nous ne pouvions imaginer auparavant. » Les retombées pourront être importantes sur le plan individuel. Même si la génétique ne fournit pas nécessairement des réponses tranchées à des questions médicales, elle fournit cependant des probabilités et des statistiques qui peuvent guider la prise de décision.

« Les gens pourront se connecter à un site Google en utilisant ses capacités de recherche et auront la possibilité de s'analyser en temps réel, dit Venter. Qu'est-ce que signifie cette variation des gènes ? Voilà le genre de questions que les gens se posent, et au lieu d'avoir seulement une élite scientifique qui dicte sa vision des choses au reste du monde, Google va permettre à des millions de personnes de jouer le rôle du généticien. »

© Dunod – La photocopie non autorisée est un délit

« Google a donné le pouvoir aux individus de faire des recherches et d'obtenir des informations en une fraction de seconde, poursuit-il. Où cette information est-elle plus importante que dans la compréhension de nos propres processus biologiques et de leurs liens avec nos pathologies et notre comportement ? Avec Google, vous allez pouvoir comprendre votre code génétique. Google a la capacité de le faire et c'est un sujet dont je discute avec Larry et Sergey. Ce sont les personnes dont nous avons besoin pour cette mission. » Stewart Brand, spécialiste du futur et de la technologie, et qui était également présent au dîner où Brin et Venter ont évoqué les relations entre Google et la génétique, décrit l'alliance de ces non-conformistes comme une « union contractée au paradis ».

Venter avait commencé à discuter d'abord avec Brin, mais il sympathisa aussi avec Larry Page par la suite. En avril 2005, Page invita Venter à le rejoindre au conseil d'administration d'une fondation qui encourage la conquête spatiale privée. La Fondation du prix X est conçue sur le modèle du Prix Orteig, qu'avait remporté Charles Lindbergh en 1927 pour son vol entre New York et Paris. Le but officiel de sa mission est de promouvoir la concurrence pour encourager les voyages dans l'espace et les technologies connexes. Cette fondation a quelque chose en commun avec Google : de petits groupes de chercheurs très motivés à qui l'on donne accès à d'immenses ressources et qui sont au service de l'innovation.

Quelques semaines après l'introduction en Bourse de Google au cours de l'été 2004, Mojave Aerospace Ventures Team, dirigé par Burt Rutan et financé par le cofondateur de Microsoft, Paul Allen, organisa le premier vol spatial privé et gagna le prix X Ansari doté de 10 millions de dollars, renforçant l'image de cette fondation pour l'innovation dans la compétition. Lorsqu'il rejoignit le conseil d'administration de la fondation en janvier 2005, Page déclara qu'il était enthousiaste à l'idée de travailler avec la fondation pour faire avancer les choses. Venter avoua qu'il était honoré et enchanté de se joindre, à la demande de Page, à ce groupe éminent.

« Ils essayent d'encourager la compétition afin que les gens aillent dans l'espace » expliquait Page. « J'ai un très bon ami qui souhaiterait vraiment aller sur Mars et il a donc décidé qu'il devait créer une société qui fabrique des fusées. Il a plutôt bien réussi jusqu'à présent. Je viens de lui envoyer un courriel et je lui ai demandé des statistiques. "Alors, quel est le coût de transport d'un kilo de marchandise dans l'espace ?" En gros, il s'agit du coût du carburant qui met la fusée en orbite. Le prix de revient du kilo transporté par la navette spatiale oscille entre 10 000 et 20 000 dollars. À votre avis, quelle est la limite inférieure théorique ? En fait, elle se situe dans une fourchette de 10 à 20 dollars. Si l'on considère le poids de votre corps, cela représente le coût d'un billet d'avion en première classe, n'est-ce pas ? Est-ce que vous pensez qu'un jour on pourra se rapprocher de cette limite inférieure ? Moi, je pense que oui. Cela changerait beaucoup de choses et ça nous permettrait d'aller jusque sur Mars. »

De retour à des considérations plus terrestres, Page prévoit également de continuer de s'engager avec Google dans des causes qui visent à atténuer la faim et la pauvreté grâce à l'entrepreneuriat, l'autarcie et la philanthropie. Il s'intéresse particulièrement aux banques qui fournissent des micro-crédits aux citoyens des pays en voie de développement. « Mohammed Yunus au Bangladesh a prêté à ce jour plus de 2 milliards de dollars à des gens pauvres en leur attribuant à chaque fois une somme de 160 dollars, et le système a très bien marché, dit-il. L'argent est remboursé et c'est une affaire qui roule. Je crois que l'élimination de la pauvreté est un but que nous pouvons atteindre. Bono est en fait plus éloquent que moi sur ce sujet et je me contenterai de citer son propos : "L'Afrique n'est pas une cause humanitaire, c'est une urgence." »

Parmi les autres innovations que Sergey Brin et Larry Page voudraient voir à l'avenir concrétisées à l'aide de Google et d'autres entreprises, on compte la production d'un carburant bon marché qui ne nuirait pas à l'environnement. La source de cette énergie est probablement le Soleil. Ce domaine de recherche est important pour Page qui pendant des années a planché sur les énormes quantités d'énergie nécessaires à l'alimentation du réseau de Google, composé de centaines de milliers d'ordinateurs.

Même s'il est possible que les recherches biologiques de Venter débouchent sur la découverte de carburants alternatifs, Brin, Larry Page et son frère, Carl Page Jr., ont investi dans Nanosolar, Inc., une compagnie privée située en Californie qui fabrique des panneaux solaires pour une utilisation commerciale et résidentielle. Nanosolar s'est spécialisé dans les photopiles en couche mince qui ont l'avantage de pouvoir être

© Dunod – La photocopie non autorisée est un délit

imprimées sur des feuilles de plastique ou bien encore intégrées à des murs, des toits et d'autres surfaces transparentes, ce qui élimine l'aspect disgracieux des panneaux solaires habituels. La société a obtenu une subvention de 10,5 millions de dollars de la part de la DARPA (*Defense Advanced Research Projects Agency*), l'agence qui a financé la création d'Internet.

Larry et Sergey, déjà milliardaires à l'âge de 31 ans, continuent d'appliquer une politique de recrutement et d'innovation dynamique, pendant que le PDG Eric Schmidt (au milieu de la photo) gère Google au quotidien.

Étant donné qu'une des limites potentielles de la croissance de Google est la présence de l'électricité et son coût, l'implication de Brin et Page dans Nanosolar et leurs investissements dans d'autres expériences liées à l'énergie sont la suite logique de leurs projets d'avenir pour Google et Google.org. Notre tandem a aussi pour projet de financer l'accès sans fil à Internet dans diverses régions du monde. Le PDG Eric Schmidt envisage à terme que sa compagnie sera accessible sur toute la surface du globe. « Quand on regarde l'Amazonie, on voit qu'il n'y a pas d'internautes parce qu'il n'y a pas de courant électrique, explique-t-il. Des gens travaillent à régler ce problème et nous pourrons bientôt rendre accessible Google à toutes les personnes qui vivent en Amazonie, même celles qui vivent dans les arbres. C'est juste une question de fourniture de matériel et d'électricité. »

Pendant que Brin, Page et Google cherchent de nouvelles sources d'énergie, le Département américain de l'énergie investit massivement dans la génétique et la biotechnologie. Ce ministère apporte son soutien à Craig Venter ainsi qu'à d'autres chercheurs, à hauteur de 80 millions de dollars par an pour ses investigations sur le génome. Les fonctionnaires de ce ministère sont bien conscients du rôle que Google pourrait jouer en contribuant à apporter des solutions à certains des plus grands problèmes de la planète.

Ari Patrinos, qui est le fer de lance de ce projet du Département de l'énergie, est un grand fan et un grand utilisateur de Google. Il effectue entre 50 et 100 recherches par jour et apprécie le partenariat de Google. Le Département de l'énergie et Google financent chacun à leur manière la recherche en biologie de Venter.

« Google se lance dans le secteur de la biologie exactement comme il l'a fait dans d'autres domaines. Je ne crois pas que le gouvernement ait essayé de faire quelque chose de comparable à ce que fait Google, dit Patrinos. Nous soulignons constamment l'importance de la recherche informatique scientifique et de la recherche informationnelle avancée que Google permet d'entreprendre. Il s'agissait d'un concept complètement étranger pour la plupart des biologistes jusqu'à une époque récente. La révolution du génome a produit d'énormes quantités de données qu'il nous faut analyser, traiter et utiliser. Les moteurs de recherche sont d'une importance vitale pour les données biologiques que nous avons rassemblées. C'est la seule manière dont nous allons pouvoir exploiter ce formidable butin. Les moteurs de recherche sont devenus suffisamment sophistiqués pour identifier les éléments fonctionnels des gènes et des protéines au niveau individuel. Il ne s'agit pas de recherches à l'aveuglette. Il y a certains aspects de ces logiciels qui sont quasiment de l'intelligence artificielle. »

Il se trouve que Patrinos habite à Rockville dans le Maryland, juste à côté de Francis Collins, qui est directeur de l'Institut national sur la recherche du génome humain, une division des NIH. Il travaille également en étroite collaboration avec Venter et jouit de la confiance de l'ensemble de la communauté qui travaille sur le génome. Si le souci principal des NIH est la santé

© Dunod – La photocopie non autorisée est un délit

des humains, le but de Patrinos est d'analyser l'ADN des animaux et des plantes afin de découvrir de nouvelles méthodes pour la bio-dépollution, le nettoyage des sites toxiques et la mise au point de carburants propres. C'est Patrinos qui avait négocié le compromis de 2000 qui donna lieu à l'annonce commune faite à la Maison Blanche au sujet de la cartographie du génome humain. Né à Athènes, il a obtenu son doctorat en ingénierie mécanique et en astronomie à l'université Northwestern, et il a le titre officiel de directeur du Bureau de la recherche environnementale et biologique au Département de l'énergie. Il se passionne pour le mariage de la technologie et de la recherche biologique qui pourrait permettre à Google d'apporter des réponses futuristes à toutes ces questions.

Selon Patrinos, Google a la capacité de fournir une nouvelle compréhension de la fonction des gènes ; étant donné l'énorme complexité du problème, il est vital de disposer d'une puissance informatique suffisante pour modéliser les diverses opérations à l'intérieur de la cellule. « Ce qu'il y a de magique avec ces moteurs de recherche, c'est qu'ils peuvent mouliner à toute vitesse à travers des bases de données, nous montrer des relations et nous faire découvrir des réponses. Il s'agit là d'informations qui peuvent être utilisées par des firmes technologiques ou par des entreprises travaillant dans le secteur de la biotechnologie industrielle et environnementale, qui est en pleine expansion. Google travaille actuellement sur sa propre version de ce type de logiciel. »

Google dispose d'autres amis à Washington et il en aura besoin au fur et à mesure de son expansion et de sa diversification. La puissance et la taille engendrent la méfiance, et il y a fatalement des concurrents et d'autres acteurs qui demandent à ce qu'il y ait davantage de réglementations et de restrictions. Google a déjà dû faire face à une opposition hostile de ceux qui craignent qu'il piétine leurs droits. À la suite d'objections juridiques des éditeurs, il a choisi de mettre fin temporairement à la numérisation des livres de bibliothèques faisant l'objet d'un copyright. De plus, étant donné l'importance du volume des informations stockées par Google et son incursion dans le domaine de la génétique et de la biologie, ses activités tentaculaires provoqueront des inquiétudes concernant l'éthique et la vie privée qui ont de fortes connotations politiques. Sharon Terry, présidente de l'Alliance génétique, est une personne que Google aura probablement de son côté lors de cette guerre de tranchées politique.

Le voyage de Sharon Terry vers la génétique a commencé en tant que mère lorsqu'en 1994 les médecins ont diagnostiqué chez ses deux enfants une maladie rare qui conduit à un vieillissement prématuré. Elle recherchait une information provenant de sources qualifiées et également d'autres parents qui se trouvaient dans la même situation qu'elle. Quand Google est arrivé sur Internet, elle s'en est servi pour faire des recherches à l'intérieur des forums en ligne. « Cela a fait exploser les possibilités de communication entre les gens » dit-elle.

Sharon Terry, qui est titulaire d'un diplôme de deuxième cycle en histoire des religions, mais qui n'a pas de formation scientifique, compte sur Google quotidiennement pour se tenir au courant de l'actualité concernant cette maladie et les recherches génétiques qui y sont liées. Est-ce qu'un groupe en Hongrie a posté un nouvel article concernant cette maladie ? Si c'est le cas, elle le trouve et elle le lit immédiatement grâce à Google. « Je peux dénicher des informations spécialisées très rapidement en utilisant Google, dit-elle. Cela permet à tout un chacun de s'informer rapidement sur des sujets particuliers et de se joindre à des discussions avec une facilité déconcertante. »

Le but de Sharon à la tête de l'Alliance génétique est d'en faire le passage obligé pour les personnes qui recherchent des informations sur la génétique. Elle se situe délibérément en dehors des clivages politiques, et elle positionne son organisation d'une manière qui lui permet d'avoir pour interlocuteurs des chercheurs, des décideurs et des sociétés pharmaceutiques du secteur privé. L'Alliance reçoit fréquemment des questions émanant d'individus qui recherchent des informations et Sharon et son personnel se servent de Google et de Google Scholar constamment afin de les aider à trouver des réponses. Elle se rappelle à quel point c'était plus difficile, il y a dix ans seulement, lorsque les moteurs de recherche n'avaient pas l'exhaustivité de Google et la capacité de classer les résultats en fonction de leur pertinence.

« Il n'y a rien qui possède la profondeur de Google lorsqu'il s'agit de se focaliser exactement sur la bonne information, dit Sharon. Notre travail, c'est de relier entre eux les points et Google est parfait pour cela. Il arrive que nous rencontrions quelqu'un qui nous dit "je m'inquiète à propos de telle pathologie" et très souvent nous effectuons une recherche sur Google nous-mêmes. Je me rappelle, il y a dix ans, à l'époque où les sites n'avaient pas de très bons index et où il fallait que

© Dunod – La photocopie non autorisée est un délit

l'on navigue à travers des quantités incroyables de réponses erronées afin de trouver l'information exacte dont on avait besoin. Notre organisation a grandi de manière exponentielle et c'est grâce à Internet et à de bons moteurs de recherche comme Google. Je n'arrive plus à imaginer la vie sans Google. »

Brin et Page souhaitent que ce soit encore plus facile pour Sharon de trouver l'information dont elle a besoin. Leurs ambitions et leurs idées, qui peuvent parfois sembler un peu folles, dépassent largement le seul cadre de Google. Les gens ont parfois tendance à considérer que Google et Internet ne font plus qu'un, mais Brin et Page envisagent carrément un rapprochement entre l'être humain et le moteur de recherche.

« Pourquoi ne pas se lancer dans l'amélioration du cerveau ? demandait Brin. Il faudrait beaucoup de puissance informatique. Peut-être qu'à l'avenir, nous pourrons fournir une version allégée de Google qu'il suffira de connecter à son cerveau. Il faudrait qu'on mette au point des versions élégantes et on aurait alors toutes les connaissances du monde immédiatement disponibles, ce qui serait vraiment passionnant. »

Annexe A

Astuces de recherche

Google peut faire office de calculatrice. Saisissez une formule mathématique dans la zone de recherche et Google effectuera le calcul. Vous pouvez saisir la formule en toutes lettres (deux plus deux ou bien douze divisé par trois), utiliser des nombres et des symboles (2+2, 12/3) ou bien encore taper un mélange des deux (dix millions * pi, 15 % de six).

Plus c'est long, plus c'est bon, mais quand c'est court, ce n'est pas mal non plus. Google est conçu pour retourner de très bons résultats même si vous ne saisissez qu'un ou deux mots dans une requête. Cependant, le fait d'ajouter quelques mots améliore souvent les résultats.

Exemple : si vous cherchez des informations sur les universités, le fait d'inclure le mot admission avant le nom de l'université sur laquelle vous voulez des renseignements vous donnera des résultats plus pertinents.

Utilisez des guillemets quand vous souhaitez une réponse précise. En saisissant "*Les joyeux bouchers*" dans Google, vous obtiendrez les pages Web sur la chanson de Boris Vian. Si vous omettez les guillemets, vous afficherez aussi toute une série de pages sans aucun rapport avec cette chanson. Le fait d'ajouter des guillemets indique à Google de chercher les occurrences de l'expression exacte telle qu'elle a été saisie. L'emploi des guillemets est donc très pratique quand vous recherchez les paroles d'une chanson, des noms de personnes ou biens des expressions comme "*être ou ne pas être*" qui comportent des mots très courants.

Google peut remplacer votre dictionnaire. Pour obtenir la définition d'un mot ou d'une expression, il vous suffit de

© Dunod – La photocopie non autorisée est un délit

saisir « définition de », suivi d'un espace et des termes de votre recherche. Si Google trouve la définition du mot ou de l'expression sur le Web, l'information est récupérée et affichée en haut des résultats de recherche.

Saisir les mots en majuscules ou en minuscules n'a pas d'importance. Gagnez du temps et oubliez la touche Majuscule : que vous saisissiez « *général de gaulle* » ou bien « *Général de Gaulle* », vous obtiendrez les mêmes résultats, n'en déplaise au Général.

Google ignore les mots vides de sens comme *le, la, les, et, de, etc.* quand vous les employez dans une requête sans guillemets. Vous n'améliorerez pas les résultats de recherche en les saisissant si bien que vous pouvez les laisser tomber quand vous tapez votre requête.

Vous cherchez une image de la Tour Eiffel ? Cliquez sur le lien Images au-dessus de la zone de recherche et saisissez votre requête ; Google affichera toutes les photos et images qui correspondent aux termes de votre requête ainsi qu'un lien vers la page où se trouve la photo. Pour cela, il utilise une base de données qui contient plus d'un milliard d'images. La recherche d'images vous permet de trouver des sites intéressants auxquels vous n'avez pas accès par la recherche classique.

Feuilletez la bibliothèque numérique du monde. Allez sur le site print.google.com (qui est encore en phase beta) et saisissez votre requête : vous obtiendrez des informations extraites des livres que Google a numérisés et indexés dans sa base de données. Vous pouvez consulter et lire le texte intégral des œuvres qui ne sont pas soumises à un copyright ; pour les autres, vous pouvez voir des extraits des pages où votre terme de recherche apparaît et obtenir les coordonnées d'un libraire pour en acheter un exemplaire.

J'ai de la chance. Saisissez votre requête et cliquez sur le bouton "j'ai de la chance" situé sur la page d'accueil afin d'éviter une longue liste de réponses et d'arriver directement sur la page Web qui correspond le mieux à votre recherche.

Google peut vous présenter les actualités. Google News, qui est accessible par le lien « News » ou « Actualités » situé au-dessus de la zone de recherche ou bien directement par l'adresse news.google.com, fournit des informations de dernière minute sur la politique, l'économie, la technologie, les loisirs, la santé, le sport, etc. Saisissez un domaine qui vous intéresse dans Google News et vous trouverez des informations récentes sur ce sujet qui sont extraites d'une banque de données de 4 500 organes de presse. Pour vous tenir au courant sur un sujet précis, abonnez-vous à Alertes Actualités (http://www.google.com/alerts?hl=fr) et vous recevrez dans votre boîte aux lettres électronique les dernières nouvelles ainsi que des liens hypertexte.

Devenez documentaliste. Google liste en général les pages les plus récentes et les plus populaires au sommet de sa liste de résultats ; si, pour un projet de recherche, vous avez besoin d'informations plus anciennes, vous ne les trouverez pas dans la première page de résultats, mais dans la deuxième ou la troisième page, voire au-delà. Vérifiez également les versions des pages Web en cache que Google collecte quand il ratisse et télécharge le Web ; ces pages sont accessibles grâce à un lien de couleur bleue (intitulé En cache), situé à la fin de chaque résumé. La version en cache est une version plus ancienne de la page qui contient souvent les informations que vous recherchez même si la version actuelle de la page a été modifiée. Par exemple, s'il s'agit d'un site Web d'un journal, vous pouvez trouver dans la version en cache un article qui n'est plus en ligne. Dans la version en cache, les termes de votre recherche apparaissent en couleur, ce qui est très pratique quand vous affichez un document qui est long.

Devenez chercheur ! En vous rendant à l'adresse scholar.google.com, vous aurez accès au moteur de recherche Google Scholar qui indexe des milliers d'articles de revues scientifiques.

Affichez plus de résultats sur chaque page. Le lien « Préférences » situé à droite de la zone de recherche permet d'optimiser différents paramètres de Google, dont le nombre de résultats affichés par page. Par défaut, Google affiche 10 résultats, mais vous pouvez augmenter ce nombre pour le porter à 20 ou 30, voire plus.

Traduisez dans toutes les langues. Le lien « Outils linguistiques » qui est situé en bas de la page d'accueil donne accès au service de traduction automatique de Google ainsi qu'à

© Dunod – La photocopie non autorisée est un délit

d'autres options linguistiques. À partir de cette page, vous pouvez traduire du texte dans de nombreuses langues (d'anglais en espagnol, de français en allemand, de chinois en anglais, etc.) ou bien traduire simplement une page Web en saisissant son adresse.

Dans la page Préférences, Google permet de filtrer le résultat de vos recherches à l'aide du paramètre SafeSearch. La fonction SafeSearch interdit l'affichage dans les résultats de recherche des pages Web à contenu sexuellement explicite. Trois niveaux de filtrage sont proposés : filtrage strict, modéré ou bien absence de filtrage.

Dans Google, cliquez sur le lien « plus » au-dessus de la zone de recherche pour avoir accès à des services supplémentaires. Si vous voulez connaître les futurs produits de Google, rendez vous à l'adresse http://labs.google.fr. Vous y découvrirez tous les projets de Google. Bonne chance !

Annexe B

GLAT : Google Labs Aptitude Test

Test d'aptitude des laboratoires Google

Quelle est votre capacité à résoudre les problèmes complexes d'ingénierie que rencontrent quotidiennement ceux qui travaillent dans les laboratoires Google ?

Répondez à chaque question du mieux que vous pouvez (les tricheurs seront traînés devant le tribunal de leur conscience). Une fois terminé, l'examen doit être mis dans l'enveloppe jointe et envoyé aux laboratoires Google. Si votre score est suffisamment élevé, on vous écrira. Bonne chance.

1. Résoudre cette équation (il est bien entendu que l'on peut procéder à une permutation des valeurs de E et de M). Pas de zéros au début de la réponse !

WWWDOT – GOOGLE = DOTCOM

2. Écrire un haïku décrivant les méthodes de prédiction des variations saisonnières de fréquentation des moteurs de recherche.

3. Trouver la ligne suivante.

```
1
11
21
1211
111221
```

4. Vous vous trouvez dans un labyrinthe formé de passages étroits et sinueux qui sont tous semblables. Il y a un portable

© Dunod – La photocopie non autorisée est un délit

poussiéreux disposant d'une connexion sans fil peu performante. Vous êtes entouré de gnomes au visage sans expression. Quelle attitude adopter ?

A) Errer sans but particulier et se cogner à divers obstacles avant d'être dévoré par un monstre ?

B) Se servir du portable pour creuser jusqu'au niveau suivant.

C) Jouer au MPoRPG jusqu'à la mort de la batterie de l'ordinateur (et de vos derniers espoirs).

D) Se servir de l'ordinateur afin d'élaborer une cartographie des points stratégiques du labyrinthe et trouver le chemin de la sortie.

E) Envoyer votre CV à Google, dire au chef des gnomes que vous partez, et atterrir dans un monde complètement nouveau.

5. Quels sont les défauts d'Unix ? Comment les corrigeriez-vous ?

6. Vous avez été embauché par Google et vous vous apercevez le premier jour que votre collègue de bureau est l'auteur du principal manuel que vous ayez utilisé en deuxième cycle à l'université. Quelle attitude adopter ?

A) Lui lécher les bottes et lui demander un autographe.

B) Rester bien tranquille et taper tout doucement sur votre clavier afin d'éviter de le distraire.

C) Laisser chaque jour sur son bureau des bouts de Granola et de caramel que vous aurez ramassés dans diverses corbeilles du bureau.

D) Lui citer votre formule favorite de son ouvrage et lui expliquer qu'elle est devenue votre devise.

E) Lui montrer comment l'exemple 17b avait une autre solution qui économisait 34 lignes de code.

7. Laquelle de ces expressions résume le mieux les fondements de la philosophie googlienne ?

A) J'ai de la chance.

B) Ne fais pas de mal.

C) J'ai déjà résolu ce problème.

D) Il ne faut jamais être à plus de 15 mètres d'une source de nourriture.

E) Toutes les réponses précédentes.

8. Combien de manières y a-t-il de colorier un icosaèdre si l'on dispose d'un choix de trois couleurs pour chacune des faces ? Quelles couleurs choisiriez-vous ?

9. L'espace ci-dessous a été laissé vierge intentionnellement. Mettez-y quelque chose qui vous semble une amélioration par rapport au vide.

10. Sur un treillis rectangulaire infini à deux dimensions composé de résistances d'1 ohm, quelle est la résistance de deux nœuds qui sont éloignés d'un coup du cavalier ?

11. Il est deux heures de l'après-midi par un jour de beau temps sur la baie de San Francisco. Vous êtes à dix minutes de l'océan Pacifique, des sentiers de randonnée de la forêt de séquoias et d'attractions culturelles de réputation mondiale. Que faites-vous ?

12. Selon vous, quelle est la plus belle équation mathématique jamais trouvée ?

13. Parmi ces noms d'associations, laquelle n'a jamais été formée par des employés de Google ?

A) Joueuses de basket.

B) Fans de Buffy.

C) Joueurs de cricket.

D) Prix Nobel.

E) Club d'œnologie.

14. Quelle sera la prochaine grande découverte dans le domaine des moteurs de recherche ?

15. Quelle est la taille optimale d'une équipe chargée d'un projet de recherche, au-delà de laquelle l'accroissement de la productivité généré par tout membre supplémentaire est inférieur en pourcentage à l'augmentation de la taille de l'équipe ?

A) 1

B) 3

C) 5

D) 11

E) 24

© Dunod – La photocopie non autorisée est un délit

16. Soit un triangle ABC. À l'aide d'un compas et d'une règle, trouver le point P tel que les triangles ABP, ACP et BCP aient la même aire (construire ABC de manière à ce qu'il y ait une solution).

17. Soit la fonction qui associe à un nombre entier n le nombre de chiffres 1 nécessaire pour les chiffres entre 0 et n (par exemple, f(13)=6). On remarque que f(1)=1. Quel est la plus petite valeur (autre que 1) pour laquelle f(n)=n ?

18. Quel est le meilleur programme que vous ayez jamais écrit ?

19. On sait dans le cercle des personnes les plus averties qu'il y a autant de manières de choisir un nombre k d'objets dans un ensemble qui en compte n, qu'il y a de manières d'en choisir n-k. Admettons que j'aie choisi k et vous le reste.

Définir néanmoins une bijection plus élégante où vous arrivez (grâce à votre ingéniosité hors du commun !) à ce que vos choix contiennent la totalité de mes k choix. Pour corser la difficulté, k ne peut être supérieur à la moitié de n.

20. Quel est le nombre qui suit dans la séquence 10, 9, 60, 90, 70, 66, ?

A) 96

B) 10^{174}

C) L'un ou l'autre

D) Aucun des deux

21. Essayez de décrire (en 29 mots maximum) ce que vous vous efforceriez d'accomplir si vous travailliez aux laboratoires Google.

Les réponses à ce test sont disponibles sur :

www.thegooglestory.com

Annexe C

Les performances financières de Google

Non seulement Google est le moteur de recherche le plus populaire du monde, mais c'est également l'un des moteurs financiers les plus puissants de la planète. La société est une véritable machine à générer des bénéfices, qui a déjà gagné des milliards de dollars au cours de sa brève histoire. Même si bon nombre de gens gardent les yeux rivés sur sa cotation boursière, ce n'est là qu'une façon parmi d'autres de mesurer ses performances. La somme des bénéfices amassés par une entreprise sur une certaine période de temps est fondamentalement le meilleur indicateur de sa santé financière à long terme. Depuis sa création en 1998, Google a gagné des milliards de dollars et n'a plus d'emprunts à rembourser, et cela même alors que la compagnie a réinvesti des sommes substantielles afin de mettre au point le réseau le plus rapide et le plus puissant de sa catégorie, capable de traiter plus de 120 000 recherches à la minute, la plupart ne prenant qu'une fraction de seconde.

Les ventes de Google proviennent de milliards de clics sur des publicités qui apparaissent à côté des résultats de la recherche, et sur des centaines de milliers d'autres sites qui font partie de son vaste réseau d'entreprises affiliées. Le chiffre d'affaires de la compagnie provient pour moitié de Google.com et d'autres sites Web appartenant à Google (Froogle, Gmail), l'autre moitié provenant des sites Web d'entreprises affiliées. En s'agrandissant, la compagnie a également prospéré financièrement. À l'heure actuelle, une portion croissante du chiffre d'affaires se transforme directement en bénéfices (dans le monde de la finance et de la technologie, on fait référence à ce phénomène en parlant d'économies d'échelle). Le taux de croissance de Google dans

© Dunod – La photocopie non autorisée est un délit

les années à venir constituera probablement l'un des meilleurs indicateurs du rôle croissant de l'Internet dans notre vie.

Même si les perspectives de croissance de Google peuvent paraître illimitées, ce serait une erreur de le croire. Aussi magique qu'ait pu paraître la lune de miel de ces dernières années, ce moteur de recherche est en fait une entreprise bien réelle qui a à sa tête des mortels qui feront fatalement des erreurs, malgré leur solide expérience et leur constant désir de supplanter la concurrence. Sergey Brin, Larry Page et Eric Schmidt prévoient également que cette concurrence, alliée à d'autres facteurs, finira par ralentir leur taux de croissance faramineux. Pas plus que d'autres ils ne sont en mesure de prédire quand ce ralentissement se produira. Entre-temps, cette croissance est limitée par la vitesse de recrutement et d'intégration de nouveaux employés (parfois appelés *Nooglers*, mot-valise formé à partir de « *New Googlers* ») aux États-Unis et partout dans le monde. Il se peut qu'un jour son avenir soit hypothéqué par « l'inconnue imprévue », le risque que constituent des événements imprévisibles dans un avenir incertain.

Les chiffres qui suivent permettront de se faire une idée de la solidité de Google en tant qu'entreprise financière.

Tableau 1. Performances financières de Google, en millions de dollars US, sauf indication contraire (Bilan de fin d'année civile, au 31 décembre)

	1999	2000	2001	2002	2003	2004
Chiffre d'affaires	220 mille	19,1	86,4	439,5	1,5 milliard	3,2 milliards
Dépenses (hormis l'impôt sur le revenu)	6,7	33,8	75,5	253	1,1 milliard	2,5 milliards
Bénéfices	–6,1	–14,7	7	99,7	105,6	399
Liquidités provenant d'opérations financières – (sauf investissement en matériel informatique)	–	–	31,1	155,3	395,4	977

Le 19 août 2004, Google a été introduit en Bourse à 85 dollars l'action. Le prix de l'action (dont l'abréviation à Wall Street est GOOG) a plus que triplé au cours de la première année, montant jusqu'à 317,80 dollars le 21 juillet 2005. Son cours n'est jamais descendu en dessous de celui de l'introduction en Bourse (85 dollars).

Le 18 août 2005, soit un an après son introduction en Bourse, l'action était à 280 dollars. Les fondateurs de Google, Sergey Brin et Larry Page, possédaient alors chacun 10 milliards de dollars en actions de la société. Afin de diversifier leurs investissements, chacun d'entre eux vendit l'équivalent de 750 millions de dollars au cours de l'année qui suivit cette introduction en Bourse.

Au cours de la première moitié de l'année 2005, les performances financières de Google atteignirent des sommets : le chiffre d'affaires de la compagnie doubla, ses bénéfices augmentèrent de 500% et ses liquidités, suite à des opérations financières, augmentèrent de 300%. À l'issue du premier semestre 2005, la société disposait de presque 3 milliards de dollars en liquidités et n'avait aucun emprunt.

Tableau 2. Premier semestre 2005 (Source : Google Inc.)

	2004	2005
Chiffre d'affaires	1,4 milliard	2,6 milliards
Dépenses (hormis l'impôt sur le revenu)	1 milliard	1,7 milliard
Bénéfices	143 millions	712 millions
Liquidités provenant d'opérations financières – (sauf investissement en matériel informatique)	370,6 millions	1,2 milliard

Le 18 août 2005, Google a fait part de son projet d'obtenir 4 milliards de dollars en vendant 14 159 265 actions supplémentaires. Il s'agissait de la plus grande offre d'épargne secondaire émise par une société technologique vieille d'un an seulement. Ce nombre inhabituel d'actions avait une signification cachée pour Sergey Brin et Larry Page, tous deux mathématiciens de formation. Il est formé des huit premiers chiffres qui suivent la virgule du nombre pi (3,14159265). Les deux fondateurs conservent toujours un vote majoritaire concernant toutes les décisions importantes touchant la compagnie à la suite de cette deuxième mise sur le marché pour 4 milliards de dollars.

© Dunod – La photocopie non autorisée est un délit

Tableau 3. Cotation boursière de Google comparée à d'autres sociétés américaines (Août 2005, en dollars)

Microsoft	287 milliards
Wal-Mart	197 milliards
Time Warner	85,9 milliards
Google	79,6 milliards
eBay	54,8 milliards
Disney	52,8 milliards
Yahoo	48,5 milliards
Mc Donald's	42,3 milliards
GM	19,3 milliards
Amazon	18,2 milliards

Note sur les sources utilisées dans cet ouvrage

Ce livre est basé principalement sur des interviews (plus de 150 personnes ont été interrogées) ainsi que sur des enregistrements sonores et vidéo, la lecture de milliers de pages de documents publics et privés, de forums Internet et de courriels. Nous avons interviewé des dizaines d'employés de Google (actuellement en poste ou bien ayant quitté l'entreprise), y compris des dirigeants et des directeurs de la compagnie, des chefs de produit, des ingénieurs, des spécialistes de la recherche et du marketing. Nous avons parlé avec de nombreux investisseurs, clients, concurrents et associés de Google, notamment des gens d'AOL, de Yahoo, de Microsoft, d'AltaVista, et d'Ask Jeeves. Nous avons interviewé des professeurs et des administrateurs de l'Université de Stanford qui connaissent en tant qu'étudiants Larry Page, Sergey Brin et d'autres employés de Google. Nous avons également parlé avec d'autres connaissances de Larry et Sergey à Stanford, qu'il s'agisse d'amis ou de camarades de promotion. En outre, nous avons parlé avec des dizaines d'analystes de l'industrie de la recherche et d'experts en matière de technologie, des analystes de Wall Street, la famille et les amis de Brin et Page, des employés de Google, des fonctionnaires des NIH, de grands généticiens et scientifiques, des fonctionnaires gouvernementaux du Département de l'énergie, des conseillers et associés de Google, les directeurs des bibliothèques de Stanford, d'Harvard, du Michigan, d'Oxford et de New York, des groupes de surveillance du respect de la vie privée, des internautes utilisant Google aux États-Unis et à l'étranger.

Plusieurs des entrevues ont été enregistrées et les personnes interrogées sont nommées dans le texte dans la mesure du possible. Plusieurs autres interviews ont été reconstituées en utilisant des informations fournies par des sources qui souhaitaient rester anonymes afin de ne pas nuire à des affaires en cours ou bien porter atteinte à des relations personnelles avec des gens de chez Google.

Nous souhaitons remercier chacune des personnes interrogées qui ont bien voulu nous accorder du temps et partager leur vision des choses. C'est grâce à leurs conseils, leur patience et leur confiance que nous avons pu dévoiler et relater les aspects les plus fascinants de

© Dunod – La photocopie non autorisée est un délit

cette compagnie et de ses fondateurs. Nous espérons avoir retranscrit fidèlement et précisément leurs mots, leurs expériences et leurs émotions.

D'une manière assez inattendue, une grande partie de l'enquête ayant précédé la rédaction de ce livre a été réalisée dans la région de Washington DC, jusqu'où les ramifications de Google Story s'étendent. Nous avons également passé un temps considérable dans le nord de la Californie et dans la Silicon Valley, où nous avons notamment visité le Googleplex et l'Université de Stanford. En outre, nous avons été le témoin de l'audience mondiale de Google au cours des voyages que nous avons effectués en l'Europe, en Amérique du Sud, en Israël, en Afrique de l'Ouest et dans certaines villes des États-Unis. Sur Internet, où l'essentiel de cette histoire a lieu, nous nous sommes servis des archives stockées sur Google et sur le site Wayback Machine (web.archive.org) pour consulter le contenu de certains sites Web à certains moments de leur histoire.

Ce livre prend sa source dans les reportages qu'a effectués David Vise pendant des années pour le *Washington Post*, où il traite des questions ayant trait à la technologie, aux affaires et aux médias.

Nous sommes conscients des difficultés de tenter de reconstruire les événements après qu'ils aient eu lieu. Dans la mesure du possible, nous avons vérifié les transcriptions des conversations et des événements avec les personnes impliquées ou bien avec d'autres personnes qui connaissaient bien le dossier afin de nous assurer que nous disposions bien de la meilleure version des faits. Nous avons également puisé abondamment dans les documents d'époque qui, à la différence de la mémoire, ne changent pas avec le temps. Nous avons notamment utilisé des enregistrements vidéo et audio, des documents de la SEC, des documents juridiques, des transcriptions, des archives Internet, des courriels et des présentations PowerPoint. Nous avons été témoins (ou avons obtenu les enregistrements vidéo) d'entretiens et de présentations donnés par des employés de Google, notamment la visite de Sergey Brin et de Larry Page à un lycée israélien et leurs explications du fonctionnement interne de Google lors d'une conférence à Stanford. Nous nous sommes également servis de vidéos des exposés d'Eric Schmidt et de Jeffrey Dean à l'Université de Washington. Nous avons aussi utilisé des informations disponibles sur le site Web de Google, ainsi que des études sur l'usage d'Internet compilées par Family Safe Media et Pew Internet & American Life Project. Nous avons également consulté plus d'une centaine de pages de correspondance entre la SEC et Google concernant l'introduction en Bourse peu orthodoxe de la compagnie.

Google a focalisé l'attention des médias au cours de ses sept années d'existence et nous avons été aidés énormément dans notre recherche par l'excellent travail d'autres journalistes et auteurs qui ont enquêté sur cette société. Dans certains cas, nous avons inclus des citations qui sont apparues la première fois dans des articles écrits par d'autres, en particulier quand ces articles étaient sous la forme d'interviews. Ceci a comme avantage de voir les déclarations, les opinions et les avis de Brin, de Page ainsi que d'autres acteurs principaux à des moments particuliers de l'évolution de Google, plutôt que de relater les faits une fois qu'ils se sont déroulés. Quand cela ne cassait pas le rythme du récit, nous avons identifié les sources de ces citations dans le texte. Bon nombre d'entre elles sont également créditées ici.

Nous avons beaucoup exploité l'excellent reportage de John Heilemann décrivant le jour de l'introduction en Bourse de Google et son histoire financière relatées dans son article « Journey to the (Revolutionary, Evil-Hating, Cash-Crazy, and Possibly Self-Destructive) Center of Google » du numéro d'avril 2005 de GQ magazine. Nous nous sommes également inspirés de l'interview de Sergey Brin et de Larry Page parue en août 2004 dans *Playboy* qui a été reproduite dans le dossier de la SEC. Deux longs et très bons articles sur les projets de Google et son combat contre Microsoft ont été particulièrement utiles : « Search and Destroy » de Fred Vogelstein, paru dans *Fortune* (le 2 mai 2005) et « What's Next for Google » de Charles H. Ferguson dans la *MIT Technology Review* (janvier 2005).

Des articles d'Adam Tanner (de Reuters) et de Tom Howell (du *Diamondback*, journal étudiant de l'Université du Maryland) nous ont fourni des informations sur l'enfance et la famille de Sergey Brin que nous n'aurions jamais pu nous procurer autrement. Le reportage de Scott Anderson pour *Ann Arbor News* et un profil paru dans le *Michigan Engineer* nous ont renseignés sur les premières années de Larry Page. L'article de Michael Specter « Search and Deploy » du 29 mai 2000, publié dans *The New Yorker*, offre un regard fascinant sur la vie chez Google avant qu'il ne devienne un géant. En relatant l'expérience de Burning Man, nous nous sommes appuyés en partie sur le livre de Brian Doherty *This is Burning Man*, ainsi que sur les reportages parus dans le *San Francisco Chronicle*, *Wired News* et *Black Rock Gazette*. Nous avons aussi puisé dans l'article « Googlemaniacs » de Charlie Rose paru dans Wired en mars 2004. De plus, nous avons utilisé le reportage de Lesley Stahl sur Google pour l'émission « 60 minutes » de janvier 2005 sur CBS. Les commentaires sur un discours de Larry Page en 2003 qui sont publiés sur le blog de Brad DeLong nous ont apporté un éclairage amusant sur les premiers bénéfices de Google.

Pour suivre les nouvelles quotidiennes à propos de Google et des industries de la recherche et des technologies, nous nous sommes appuyés sur l'excellente couverture médiatique du *Washington Post*, du *Wall Street Journal*, du *New York Times*, du *San Jose Mercury News* et de *BusinessWeek*. Nous avons aussi utilisé les versions en ligne de ses publications, ainsi que les excellents reportages et analyses fournis par Associated Press, Reuters, Cnet.com, Marketwatch.com et Wired News. Nous sommes particulièrement reconnaissants d'avoir eu au moment de la rédaction de cet ouvrage une ressource telle que

© Dunod – La photocopie non autorisée est un délit

SearchEngineWatch.com de Danny Sullivan. Nous avons beaucoup appris des bulletins de Danny, de son site Web et de ses conférences Search Engine Strategies.

Nous avons également tiré parti du travail journalistique sur le monde des affaires et de la technologie réalisée par CNBC, NPR, la BBC, le *San Francisco Chronicle*, *The Sun* (Baltimore), *The Boston Globe*, *The Seattle Times*, *Silicon Valley Business Journal*, *USA Today*, *Barron's*, *Fast Company*, *Forbes*, *Fortune*, *Newsweek*, *Time* et *Wired*. Les publications étrangères suivantes nous ont aussi aidés : *The Economist*, le *Financial Times*, *The Independent* (Angleterre), *The People's Daily* (Chine) et *Le Monde* (France). Nous avons consulté aussi l'actualité grâce à des services comme Google News, Yahoo News, Slashdot et MediaPost.

Plusieurs livres ont influencé notre travail : le classique *The Soul of a New Machine* de Tracy Kidder, « Les sorciers du Net », récit de la naissance d'Internet de Katie Hafner et Matthew Lyon (*Where Wizards Stay Up Late*), *The Perfect Store*, où Adam Cohen raconte l'histoire passionnante d'eBay, l'ouvrage de Karen Angel *Inside Yahoo! : Reinvention and the Road Ahead* et le livre de John Markoff *What the Dormouse Said*.

Nous nous excusons par avance de ne pas avoir cité d'autres travaux qui nous auraient inspirés pour la rédaction de cet ouvrage.

Notre première et dernière ressource lors de l'écriture de ce livre a été Google lui-même. Nous nous sommes tournés vers ce moteur de recherche plusieurs fois par jour pour consulter l'actualité, faire des recherches, trouver des images, des cartes et des informations sur les entreprises. Finalement, ce livre n'aurait pas été possible sans Google.

Remerciements

Ce livre n'aurait pas été possible sans l'énorme soutien du *Washington Post,* un journal qui possède une âme. Il n'y a pas de meilleur endroit pour exercer le métier de journaliste. Nous remercions le PDG de Post Company, Don Graham, l'éditeur Bo Jones et les rédacteurs Leonard Downie, Phil Bennett, Jill Dutt, Joe Elbert et Dan Beyers. Merci également à l'expert de la recherche Richard Drezen pour son aide précieuse.

Nous adressons nos remerciements aux cofondateurs de Google Sergey Brin et Larry Page ainsi qu'au PDG Eric Schmidt, qui nous ont fait confiance en nous racontant leur histoire. Tout en conservant le contrôle éditorial du contenu de ce livre, nous avons discuté du manuscrit avec des cadres de Google avant sa publication pour en assurer l'impartialité et l'exactitude maximales. Nous remercions particulièrement l'attaché de presse Google David Krane et son porte-parole Steve Langdon pour avoir organisé des entrevues avec des Googlers de la Silicon Valley et à l'étranger.

Nous voulons particulièrement exprimer notre gratitude à Ron Goldfarb qui est agent littéraire, Nita Taublib, éditeur de la division Bantam Dell de Random House et au président de Bantam Dell, Irwyn Applebaum. Nous remercions spécialement Ann Harris, rédactrice chez Bantam Dell, dont le travail éditorial et les questions ont nettement amélioré ce livre. Merci également à son assistante, Meghan Keenan, au directeur artistique Glen Edelstein, à l'administrateur Loren Noveck et à la relectrice Peggy McPartland. Cet ouvrage est publié dans de nombreuses langues étrangères grâce à Sharon Swados de Bantam Dell.

Nous sommes également très reconnaissants aux nombreuses personnes qui nous ont apporté leurs idées et leur soutien. Nous voudrions particulièrement remercier Joe

© Dunod – La photocopie non autorisée est un délit

Perpich qui nous a encouragé à explorer la convergence entre la génétique, la recherche scientifique et Google.

Remerciements de David :

En premier lieu, je remercie mon épouse Lori qui m'a encouragé à m'attaquer à Google Story ; elle a lu le manuscrit et fait d'excellentes suggestions.

J'adresse des remerciements spéciaux à mes parents, Doris et Harry Vise. En fait, maintenant que j'y pense, je suis né en plein milieu de la nuit et c'est la raison pour laquelle c'est mon heure favorite pour écrire.

Je remercie aussi nos filles formidables, Lisa, Allison et Jennifer, qui sont passées maîtresses dans l'art simultané du *chat*, de la conversation téléphonique et du Googling, mes sœurs, Judy Schaengold et Joyce Vise, ma belle-mère, Toby Silverman, nos nièces, Rachel et Jessica Schaengold, mes belles-sœurs Jan Allen et Jamie Be, mes beaux-frères, Mark Schaengold et Bobby Silverman. Vous avez tous contribué à Google Story.

Remerciements de Mark :

Merci à Bruce Brumberg, Howard Zaharoff et Matt Obernauer pour leurs conseils et leurs encouragements au début de ce projet, ainsi qu'à Alex Robbins pour son coup de pouce il y a quelques années. Je remercie tout particulièrement Bob Woodward et Elsa Walsh pour leur confiance, leur générosité, leurs conseils et leur amitié. J'ai également une dette envers Katie Kessenich, qui me laisse joyeusement transformer notre appartement en bureau, et Lori et les filles qui m'ont accueilli sous leur toit. Merci également à Caryn Aulenbach pour son hospitalité lors de nos voyages sur la côte ouest.

Pour avoir toujours été présente que vous soyez proche ou lointaine, Jenny, vous avez ma plus profonde affection. J'espère que nous aurons d'autres aventures et voyages ensemble.

Je dois beaucoup à ma petite mais merveilleuse famille. Merci à ma sœur, Natalie, à ma grand-mère pour son amour, et particulièrement à mes parents, Roger et Zoriana, pour une vie remplie d'amour, de soin et d'éducation. Vous êtes toujours le premier endroit vers lequel je me tourne pour les choses qui comptent le plus.

Index

© Dunod – La photocopie non autorisée est un délit

C

D

E

F

G

© Dunod – La photocopie non autorisée est un délit

© Dunod – La photocopie non autorisée est un délit

049894 - (I) - (4) - OSB 100° - CPW - ABS

Achevé d'imprimer sur les presses de
SNEL Grafics sa
rue Saint-Vincent 12 – B-4020 Liège
Tél +32(0)4 344 65 60 - Fax +32(0)4 341 48 41
février 2006 — 37074

Dépôt légal : mars 2006

Imprimé en Belgique